Reiner Elwers

Ab ins Grüne
Ausflüge rund um Hamburg

73 Rad- und Wandertouren mit
Bussen, Bahnen und Fähren

via reise verlag

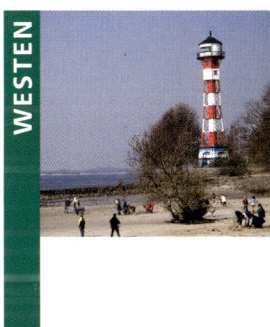

Liebe Leserinnen und Leser,

wir freuen uns, Ihre Meinung zu diesem Ausflugsführer zu erfahren. Bitte schreiben Sie uns, wenn Sie Berichtigungen und Ergänzungsvorschläge haben oder Ihnen etwas besonders gut gefällt.

via reise verlag
Lehderstraße 16-19
13086 Berlin
E-mail: post@viareise.de
www.viareise.de

Impressum

© via reise verlag Klaus Scheddel

Vollständig überarbeitete und erweiterte Neuauflage 2008, 2009

Alle Rechte vorbehalten.

Alle Angaben in diesem Ausflugsführer sind gewissenhaft geprüft. Preise, Öffnungszeiten usw. können sich aber schnell ändern. Für eventuelle Fehler übernimmt der Verlag keine Haftung.

ISBN 978-3-935029-25-4

Text und Recherche: Reiner Elwers, außer: Seiten 32-35, 134-135, 188-189 Dagmar Krappe
Bearbeitung und Recherche 2008: Dagmar Krappe

Redaktion: Klaus Scheddel

Fotos: Axel Baumann Klappe vorn, 35, 128, 134, 166; Betriebsgesellschaft BallinStadt mbH 189; Elbschloss Bleckede GmbH 97; Reiner Elwers 41, 43, 44, 65, 77, 79, 173; GDM GmbH 176; HADAK Seetouristik und Fahrdienst AG 66, 68, 93; HVV Hamburger Verkehrsverbund GmbH Umschlag vorn; Veronika Keltsch 148, 163, 164; Dagmar Krappe Umschlag hinten; Kurverwaltung Mölln 81, 83; Lüneburger Heide Tourismus GmbH 59, 96, 100, 101, 111, 121, 124, 125; Lüneburg Marketing GmbH 1, 58, 113, 116; Rüdiger Lubricht 139; Ratzeburg-Information 85, 86; Reinert Photo professional 137; S-Bahn Hamburg GmbH 11, 27, 29, 69, 71, 73, 103, 109, 127, 149, 152, 155, 157, 161, 165, 168, 169, 171, 179, 180, 181, 183, 185, 186, 187; U. Schneider 39; Stadt Bad Oldesloe 47; Stadt Bad Segeberg 10, 53; Stadt Buxtehude 131; Stadt Reinfeld 54, 56; Peter Steenbuck 19; Tierpark Hagenbeck 13; Tourismusbüro Bad Bramstedt 21; Tourist-Info Kehdingen 144; Wildpark Eekholt 24; Wildpark Schwarze Berge 38, 105.

Umschlag vorn: Alter Hafen in Stade

Herstellung und Gestaltung:
Tanja Onken via reise verlag
Layout: Boris Buchholz AGD I Michal Blum
Kartografie: Carlos Borrell, geoSYS/Ute Dolezal, Tanja Onken via reise verlag
Druck: Westermann Druck Zwickau GmbH

Wohin am Wochenende?

Wohin am Wochenende? Ins Grüne – da ist man sich schnell einig. Aber was und wohin denn nun genau? Wandern oder Rad fahren? Oder nur raus und spazierengehen? Natur pur oder darf auch etwas Kultur dabei sein? Und natürlich: Wie kommt man wo hin, wenn man das Auto endlich mal zu Hause lässt?

So viele Fragen. Dieser Ausflugsführer will helfen, die Antworten zu finden. Zunächst einmal: In Hamburg und dem Umland bietet der Hamburger Verkehrsverbund ein dichtes Netz von Bussen und Bahnen und sogar Fähren, so dass sich ein Ausflug ins Grüne problemlos mit den öffentlichen Verkehrsmitteln unternehmen lässt. Und seit der Ausdehnung des Verkehrsverbundes nach Süden reicht das Gebiet sogar bis Buxtehude, Stade und Lüneburg. Fahren Sie also so weit der Fahrschein reicht.

In diesem aktuellen Tourenplaner haben wir für Sie 73 Tipps für Ausflüge rund um Hamburg zusammengestellt, geordnet nach Himmelsrichtungen. Urwüchsige Natur und gepflegte Parks, malerische Städte und Dörfer, Schlösser und Museen inmitten ländlicher Idylle – wählen Sie einfach Ihr Lieblingsziel. Neben Ausflugsklassikern wie dem Alten Land und dem Elbuferweg, die es neu zu entdecken gilt, finden sich auch echte Geheimtipps wie die Fahrt nach Barmstedt oder der Besuch des Naturschutzgebietes Höltigbaum.

Was dieser Tourenplaner als besonderen Service bietet: als Ausgangspunkt ist für jede Tour eine Haltestelle des HVV angegeben. Und alle Ausflüge enden wieder an einer Station des öffentlichen Nahverkehrs. Außerdem Hinweise zu den jeweiligen Sehenswürdigkeiten, Tipps zu Restaurants und Ausflugslokalen sowie die Taktzeiten der Busse, Bahnen und Fähren. Aber nun wollen wir Sie gar nicht länger aufhalten. Suchen Sie sich den schönsten Ausflug raus und ab geht's – ab ins Grüne.

Zur genauen Orientierung vor Ort empfehlen wir Wander- oder Radwanderkarten. Für die nähere Umgebung eignet sich die Karte des Hamburger Wandervereins e.V. Für Radtouren empfehlen wir ADFC-Karten im Maßstab 1:75 000. Erhältlich im Buchhandel.

Der Autor
Reiner Elwers, geboren 1954 in Hamburg, studierte Publizistik. Er lebt als freier Reisejournalist und Buchautor in Hamburg und Berlin. Stets aufs Neue ist auch die Elbmetropole Hamburg und ihre Umgebung Thema seiner Bücher.

We are family!

Große Angebote für unsere Kleinen:

- Kinder unter 6 Jahren fahren kostenlos
- Günstige Fahrkarten für Kinder zwischen 6-14 Jahren
- Kostenlose Mitnahme bei ausgewählten Fahrkarten
- Sparen Sie jeden Monat 5 € mit dem
  Hamburger Familienpass

Mehr Infos zu den Familienangeboten vom HVV
bekommen Sie unter www.hvv.de oder 040-19 449.

www.hvv.de

Mehr als ein Ziel HVV

Ab ins Grüne – der HVV bringt Sie hin

In Hamburg, um Hamburg und um Hamburg herum – der Hamburger Verkehrsverbund bringt Sie überall hin.

Auf 27 Schnellbahn- und Regionalverkehrslinien kommen Sie schnell und zuverlässig durch die Metropole und weit darüber hinaus. Die U-, S-, A-, und R-Bahnen werden durch zahlreiche Buslinien ergänzt.

In den Nächten von Freitag auf Sonnabend und Sonnabend auf Sonntag und vor Feiertagen fahren die Schnellbahnen im Hamburger Stadtgebiet durchgehend und werden durch ein Busnetz ergänzt. Von Montag bis Freitag fahren vom Hamburger Rathausmarkt NachtBusse in fast alle Stadtteile Hamburgs halbstündlich oder stündlich. Und wie es sich in einer Hafenstadt gehört, dürfen Sie mit einer Fahrkarte des HVV auch Hafenfähren benutzen.

Park & Ride ist ein Serviceangebot des HVV für Autofahrer. Sie können Ihr Auto auf einer Park & Ride-Anlage abstellen, in die Bahn oder den Bus steigen und sich bequem in die Stadt chauffieren lassen. So kommen Sie entspannt und pünktlich ans Ziel! Durch ein kleines P+R-Symbol sind die Anlagen auf dem Schnellbahnplan gekennzeichnet.

Bike & Ride: An vielen Haltestellen gibt es Stellplätze fürs Fahrrad. Aber wenn Sie wollen, können Sie Ihr Fahrrad auch in den Schnellbahnen (U, S, A), den Hafenfähren und auf über 100 Buslinien kostenlos mitnehmen. Am Wochenende und feiertags rund um die Uhr. Nur Mo–Fr von 6–9 Uhr und von 16–18 Uhr ist die Fahrradmitnahme in den Bahnen und Bussen nicht gestattet. Auf den Linien des Regionalverkehrs im HVV ist der Kauf einer HVV-Fahrradkarte für Euro 3,50 pro Tag, für beliebig viele Fahrten, notwendig. Hier gibt es keine zeitliche Einschrän-

Wir beraten Sie persönlich
97 Servicestellen bieten Ihnen einen umfassenden Informations- und Beratungsservice. Hier eine Auswahl:

HVV-Kundenzentrum
Steinstraße 27
Mo–Fr 8–18 Uhr

Hauptbahnhof
Wandelhalle, Eingang Kirchenallee, Mo–Fr 6–21, Sa/So 7–21 Uhr

U-Hauptbahnhof Süd
Eingang Kirchenallee,
Mo–Fr 6–20 Uhr
Sa/So/Fei 10–20 Uhr

U/S-Jungfernstieg
Eingang Neuer Wall,
Mo–Fr 7–19 Uhr

Bahnhof Dammtor
Bahnhofsgebäude, Konzertkasse Funke,
Mo–Fr 8–19.45 Uhr

Bahnhof Altona
Mo–Fr 6–20:30 Uhr,
Sa/So 9–18:15 Uhr

Alle Servicestellen finden Sie unter www.hvv.de

Noch Fragen?
Über unsere Hotline
((0 40) 19 449
erhalten Sie Auskünfte über Fahrzeiten, Fahrtrouten und Fahrkarten – täglich, auch am Wochenende.

kung. Erhältlich an allen Fahrkartenautomaten auf den Bahnhöfen des Regionalverkehrs.

Persönlicher HVV-Fahrplan: Einen persönlichen Fahrplan können Sie sich im Internet unter www.hvv.de erstellen. Als weiteren Service bieten wir Ihnen dort auch Umgebungspläne und Fahrpläne zum ausdrucken.

Oder Sie fordern Ihren Fahrplan unter (0 40) 19 449 an und die Fahrpläne werden Ihnen kostenlos zugesandt.

Unterwegs mit dem Handy bestens informiert: SMS-Fahrplanauskunft via Handy:

Geben Sie ohne Leerzeichen Start!Ziel!Uhrzeit ein, z.B.: Rathausmarkt!Farmsen!11:20 und senden es an eine der unten genannten Nummern. Die Zeichen „!" oder „*" trennen die einzelnen Angaben. Start und Ziel können Haltestellen oder Straßen mit Hausnummern sein. Für die Ankunftszeit geben Sie Rathausmarkt!Farmsen!An11:20 ein. Und Sie erhalten umgehend und kostenlos den Fahrplan für Ihre nächste Verbindung. Es fallen lediglich die SMS-Kosten gemäß Ihres Vertrages an.

T-Mobile:	01 75/360 99 99
Vodafone:	01 73/882 99 99
E-Plus:	01 78/360 99 99
O2:	01 79/453 45 88

HandyTicket: In Zukunft gibt es keine Wartezeiten, keine Kleingeldnöte und keinen Zeitdruck mehr. Ein paar Tasten gedrückt und schon ist die Fahrkarte auf Ihrem Handy, ganz ohne Schlange stehen. Das neue und unkomplizierte HandyTicket macht es möglich. Im HVV-Großbereich steht Ihnen eine breite Auswahl an Fahrkarten zur Verfügung.

Weitere Infos finden Sie unter www.hvv.de

Der HVV hat für jeden das richtige Fahr-kartenangebot

Für Vielfahrer: Für alle, die regelmäßig mit dem HVV fahren, bieten wir zahl-reiche Wochen- und Monatskarten für un-terschiedliche Entfernungen an. Die Mitar-beiter in den HVV-Servicestellen beraten Sie gern.

Einzel- und Tageskarten: Für alle, die nur ab und zu mit Bus und Bahn fahren, gibt es Fahrkarten für einzelne Fahrten für unterschiedlich lange Strecken. Mit Tageskarten fahren Sie einen Tag zum Pau-schalpreis, so oft Sie wollen, 3 Kinder bis zu 14 Jahren fahren kostenlos mit. Mit der 9-Uhr-Gruppenkarte fahren bis zu 5 Per-sonen beliebigen Alters zum Sparpreis.

Diese Fahrkarten erhalten Sie am Fahr-kartenautomaten oder beim Busfahrer. Die Tickets sind sofort gültig. Übrigens: Kinder unter 6 Jahren fahren im HVV kostenlos.

Kombiticket:
Viele Eintrittskarten fürs Theater, Konzerte und Sportveranstaltungen sind gleichzeitig Hin- und Rück-fahrkarte im HVV. Deutlich durch das HVV-Symbol gekennzeichnet.

Für Touristen

Hamburg CARD: Besucher fahren güns-tig und flexibel mit der Hamburg CARD. Sie bietet zusätzlich zur HVV-Nutzung im Großbereich Rabatte bei über 110 Se-henswürdigkeiten, z. B. Stadt-, Hafen- und Alsterrundfahrten, in Restaurants sowie bei Shoppingpartnern. Die Hamburg CARD ist als 1-, 3- oder 5-Tage-Karte, für 1 Erwach-senen und 3 Kinder bis 14 Jahre oder als Gruppenkarte für 5 Personen beliebigen Alters erhältlich.

metropolcard: Sie haben mit der metro-polcard an einem Tag freie Fahrt mit Bus & Bahn im HVV-Gesamtbereich und im Gel-tungsgebiet des VNN und bekommen an 365 aufeinander folgenden Tagen Rabatte in rund 140 Freizeiteinrichtungen in der Metropolregion Hamburg. Mehr Infos dazu unter www.metropolcard.de.

NORDEN

Hagendeel

Hagenbecks Tierpark 🚉 ♿

Lutterothstraße ♿

Start
Hagenbecks Tierpark
U2 alle 5–10 Min.
MetroBus 22
alle 10–20 Min.

Stadtausflug

Hagenbecks Tierpark
Lokstedter Grenzstraße 2
(direkt an der U-Bahnsta-
tion)
☎ (0 40) 54 00 01 47
oder (0 40) 53 00 33-0
Tgl. von 9 Uhr bis zum
Einbruch der Dämmerung
(mind. bis 16.30 Uhr, max.
bis 19 Uhr)
Eintritt 15 €,
Kinder (4–16 Jahre) 10 €,
Familienkarte (2 Erwach-
sene + 2 Kinder) 45 €, (+ 3
Kinder) 51 €
www.hagenbeck.de

HAGENBECKS TIERPARK

Tiere ohne Gitter

Seit fast hundert Jahren gibt es in Stellingen eine Attraktion, die schon Generationen von Ausflüglern angezogen hat: Hagenbecks Tierpark, wo man wilde Tiere nicht in Käfigen, sondern durch unsichtbare Gräben von den Besuchern getrennt in Freigehegen erleben kann.

Angefangen hatte alles im Jahre 1848 mit sechs Seehunden, die der Fischhändler Gottfried Clas Carl Hagenbeck auf dem Spielbudenplatz in St. Pauli ausstellte. Die Tiere waren Finkenwerder Fischern als Beifang ins Netz gegangen. Beflügelt durch den Zuspruch der Besucher gründete Hagenbeck neben seinem Fischgeschäft eine Handelsmenagerie, heimkehrenden Seeleuten kaufte er exotische Tiere ab. Das Geschäft entwickelte sich so gut, dass sein Sohn und Nachfolger Carl Hagenbeck eigene Tierfänger engagierte, die bald die ganze Welt auf der Suche nach wilden Tieren durchstreiften.

Als es am Spielbudenplatz zu eng wurde, zog Hagenbeck auf ein größeres Gelände am Neuen Pferdemarkt um und eröffnete hier 1874 „Carl Hagenbecks Tierpark". Neben Tieren wurden auch fremde Völker, zum Beispiel Nubier, Eskimos und Ceylonesen den staunenden Besuchern präsentiert. Die Vorstellungen waren ein enormer Erfolg, so dass in den folgenden Jahren die Tier- und Völkerschauen zu Zirkussen ausgebaut wurden. Hagenbeck führte die „zahme Dressur" ein, bei der auf die damals üblichen Gewaltmethoden der Dompteure verzichtet wurde. Sorgfältig studierte Hagenbeck dabei auch die Sprunghöhen und Sprungweiten der Raubtiere. Sein Traum war ein Tierpark ganz neuer Art: Nur durch unsichtbare Gräben vom Publikum getrennt sollten die Tiere in einer ihrer Heimat ähnlichen Parklandschaft mit Seen und Bergen leben. Für diese Idee bekam Hagenbeck sogar ein Patent.

Im damals preußischen Dorf Stellingen vor

den Toren Hamburgs wurde ab 1897 die Idee Hagenbecks umgesetzt. Auf einem 27 ha großen Gelände entstand ein moderner Zoo mit Außenanlagen und Volieren, eingebettet in eine Parklandschaft mit Teichen, Brücken, Hügeln und einer artenreichen Bepflanzung. Am 7. Mai 1907 strömten erstmals die Besucher durch das im Jugendstil erbaute Eingangstor mit Tierbronzen und zwei Elefantenköpfen. Seit 2003 befindet sich der Haupteingang an der Lokstedter Grenzstraße, und man betritt den Park durch einen handgeschnitzten nepalesischen Pagoden-Tempel.

Die erste gitterlose Raubtierschlucht wurde nicht nur für Besucher, sondern auch für die Wissenschaft eine Sensation. Bald wurden überall auf der Welt die zoologischen Gärten nach dem Vorbild der Stellinger Anlage neu gestaltet.

Bis heute ist der Tierpark ein Privatunternehmen und wird bereits in der sechsten Generation ohne finanzielle Unterstützung der Stadt geführt. 350 Arten mit fast 2500 Tieren leben heute in den Freigehegen, Vogelvolieren, Aquarien und Terrarien. Für einen Rundgang sollte man sich also entsprechend viel Zeit nehmen. Allein am Afrikapanorama ließe sich stundenlang verweilen, und vor der Gemeinschaftsanlage für Giraffen, Springböcke und Kudus meint man einen Blick in die Serengeti zu werfen. An der Polarlandschaft wird sogar bei schönem Wetter ein Hauch von Arktis spürbar. Immer wieder viel Besucherandrang herrscht bei der Fütterung der Seelöwen und Pinguine.

Erlebnis Tierpark

Dschungel und Romantik
Besonders beliebt sind die „Dschungelnächte" und „Romantiknächte", die von Mai bis August an verschiedenen Samstagen stattfinden. Dabei werden Musik und Shows im nächtlichen Zoo-Ambiente geboten.

Joachim-Mähl-Straße

Niendorf Markt 🚇 ♿

Hagendeel

Start
Niendorf Markt
U2 alle 5–10 Min.
MetroBus 5
alle 5–10 Min.
MetroBus 23
alle 10 Min.
MetroBus 24
alle 10–20 Min.

Stadtausflug
Niendorfer Gehege

Niendorfer Gehege
Das Niendorfer Gehege
bietet Entspannung und
Erholung in einer natur-
nahen, von Liegewiesen
aufgelockerten Waldumge-
bung. Besonders Familien
mit Kindern kommen auf
ihre Kosten. Viel besuchte
Attraktionen sind der
Ponyhof, die Grillplätze,
die beiden Kinderspiel-
plätze und das Damwild-
gehege bei der Försterei.

Waldcafé Corell
Niendorfer Gehege 50
Beim Ponyhof
☎ (0 40) 58 53 78
Di–So 11–22 Uhr
Gute deutsche Küche,
speziell Wild- und Pfiffer-
lingsgerichte nach Saison
www.waldcafé-corell.de

NIENDORFER GEHEGE

Bäume suchen

**Für die meisten Besucher des Niendorfer Ge-
heges ist dieser Forst vor allem ein attraktives Naherholungsgebiet. Andere, Forsthis-
toriker nämlich, kommen hierher, um Bäume
zu suchen.**

Natürlich finden auch wir Normalbesucher jede
Menge Bäume, und das ohne groß zu suchen.
Besonders die stattlichen Eichen fallen sogar dem
Laien auf, manche können in den bis zu 200-jäh-
rigen Baumbeständen auch Rot- und Hainbuchen
ausmachen. Experten allerdings erkennen hier zudem Edellaubhölzer wie Esche, Berg- und Spitza-
horn, Winterlinde und Kirsche. Der aufmerksame
und botanisch bewanderte Besucher kann noch
viele Besonderheiten finden: Flügelnuss, Silber-
ahorn, Esskastanie, Hickory und verschiedene
Formen von Lebensbäumen und Scheinzypressen.
Was haben diese Exoten in einem deutschen Wald
zu suchen? Eigentlich gar nichts. Sie sind die lebenden Zeugen einer bewegten Vergangenheit des
Niendorfer Geheges.

Ende des 18. Jhs. entstand durch die so genannte Verkoppelung, einer Flurbereinigung mit
dem Ziel, zusammenhängende Ackerflächen zu
schaffen, ein aus mehreren privaten Wäldchen
einzelner Bauern zusammengefasstes Forstgebiet.
Es unterstand der Königlich-Dänischen Forstver-
waltung und wurde schon damals als Niendorfer
Gehege bezeichnet. Andere Waldstücke, nördlich
und östlich des herrschaftlichen Geheges, durften
die Bauern weiterhin gemeinschaftlich als so genannten Bondenwald nutzen.

Seit dem 19. Jh. gingen immer größere Teile
Niendorfs in den Besitz vermögender Hamburger Privatleute über, die sich dort repräsentative
Landsitze errichteten und eigene Waldparks anlegten. Diese Waldparks gestalteten die Besitzer
nach eigenem Gustus und dem jeweiligen Zeitgeschmack. Und fremde Gehölze waren damals sehr
in Mode.

1965 konnte Hamburg mit dem Gossler-Park ein letztes großes Teilstück des Niendorfer Geheges erwerben und damit beginnen, das Gebiet zu einem attraktiven Naherholungsziel auszugestalten.

Vom U-Bahnhof Niendorf Markt sind es nur ein paar Schritte, und man steht im Grünen. Diese wenigen Schritte führen vorbei an dem Wahrzeichen Niendorfs, der **Kirche am Markt**. Die achteckige Form des Backsteinbaus ist für eine Kirche eher ungewöhnlich. In Verbindung mit dem roten Krüppelwalmdach und der aufgesetzten Laterne ist der Bau für Freunde historischer Sakralarchitektur ein echtes Schmankerl. Auch der Alte Friedhof neben der Kirche lohnt einen Besuch.

Wie naturnah das Niendorfer Gehege trotz seiner Funktion als Naherholungsgebiet ist, zeigt sich daran, dass man nicht nur am **Wildgehege** Tiere sehen kann. Mit etwas Glück beobachten aufmerksame Besucher auch frei lebende Rehe, Hasen und Fasane (Leinenzwang für Hunde beachten!). Gesteigert wird die Attraktivität des Niendorfer Geheges als Ziel für einen Tagesausflug durch das **Bäderland Bondenwald**. Die moderne Anlage lässt sich vom Gehege aus ideal erreichen; sie liegt direkt am Ende des Weges Bondenwald. Apropos: Wer erinnert sich noch, was ein Bondenwald ist?

Bäderland Bondenwald
Friedrich-Ebert-Straße 71
Vom Niendorfer Gehege aus direkt über die Straße Bondenwald zu erreichen.
☎ (0 40) 5 51 86 29 oder 18 88 90
Ganzjährig tgl. 9–22 Uhr, am Wochenende ab 8 Uhr, Hallenbad, Freibad, Saunalandschaft
www.baederland.de
MetroBus 5 alle 5–10 Min.

Start
Quickborn
A1 ab Eidelstedt
alle 20–40 Min.
Bus 594 alle 30–60 Min.
ab Pinneberg
oder
U **A** Norderstedt Mitte
(Fahrradmitnahme
möglich)

Radwanderung
Quickborn – Ellernhoop
– Barmstedt

Länge
ca. 20 km

Rückfahrt
Ab Barmstedt **A3** nach
Ulzburg Süd
alle 60–120 Min.,
nach Elmshorn
alle 30–60 Min.
Bus 294 ab Barmstedt
bis **A** Quickborn
Mo–Fr 12 Fahrten
Sa 5 Fahrten
So kein Betrieb
Fahrradmitnahme
möglich

**Arboretum Baumpark
Ellerhoop-Thiensen**
Thiensen 4
25373 Ellerhoop
☎ (0 41 20) 2 18
März–Okt. tgl. 9–19 Uhr,
Nov.–Feb. tgl. 9 bis Ein-
bruch der Dunkelheit
März–Okt. 5 €,
Nov.– Feb. 4 €
Im Sommer Sa/So Café-
Betrieb in der Diele des
Münsterhofes für Arbore-
tum-Besucher.
www.arboretum-eller-
hoop.city-map.de

HIMMELMOOR

Gehölze sammeln

**Von Quickborn aus gelangt man auf einem
besonders schönen Weg nach Barmstedt.
Natur pur im Himmelmoor und Natur künstlich im Arboretum Ellerhoop-Thiensen erwarten den Radwanderer unterwegs.**

Wir verlassen Quickborn – eine typische Schlafstadt für Hamburg-Pendler – in Richtung Himmelmoor. Durchs Moor hindurch zu fahren ist
nicht möglich, aber am ehemaligen Torfwerk, auf
das man bei der Fahrt unweigerlich stößt, führt
ein Weg ins Moor hinein. Er verläuft parallel zu
den Gleisen der Kleinbahn auf der einst der Torf
aus dem Moor ins Torfwerk geschafft wurde.
Zahlreiche kleine Stichwege führen mitten ins
Moor und enden dort als Sackgasse. Sie sind also
nur dazu geeignet, um von ihnen aus die Natur,
die sich die Landschaft zurückerobert hat, zu
bewundern. Die ökologische Bedeutung hat die
wirtschaftliche heute vollständig verdrängt.

Das Himmelmoor umfahren wir teilweise, folgen der Dorfstraße im Dörfchen Renzel und biegen danach links ab. Durch ein Waldgebiet führt
der Weg zu einem Park der besonderen Art: Das
Arboretum Baumpark Ellerhoop-Thiensen. Es
dient sowohl der Naherholung, als auch der Infor-
mationsvermittlung. Der Begriff Arboretum leitet
sich von dem lateinischen Wort arbor – der Baum
oder Baumbestand – ab. Man versteht darunter
eine Sammlung von lebenden Bäumen und Sträu-
chern, die zumeist in parkähnlicher Anordnung
stehen und botanischen, forstlichen oder garten-
baulichen Zwecken dienen können. Die Gehölz-
sammlung des Arboretums Ellerhoop-Thiesen ent-
hält mehr als 2200 verschiedene Baum- und
Straucharten. Daneben sind auf der sieben Hektar
großen Parkanlage ein ökologischer Lehrpfad, ein
Hochmoorbiotop und ein Heidegarten angelegt
worden. Besonders sehenswert ist in den Sommermonaten der nach historischem Vorbild entstandene Bauerngarten mit alten Nutz- und Heilpflan-

zen. Inmitten des üppig blühenden Gartens liegt der Münsterhof, ein 1664 errichteter reetgedeckter Bau. So wird die historische Illusion perfekt.

Unser Weg geht durch die Ortschaft Ellerhoop und weiter in östlicher Richtung. Man stößt auf den Alten Ochsenweg, einen ausgeschilderten Radwanderweg, der durch weite Teile Schleswig-Holsteins führt. Er folgt dem historischem Weg, auf dem in früheren Zeiten die Ochsen nach Wedel zum Ochsenmarkt getrieben wurden. Wir befahren ihn in nördlicher Richtung und biegen nach etwa 6 km vor Hemdingen nach links ab. Nach weiteren 4 km erreichen wir Barmstedt, wo wir am Ortseingang in den Mühlenweg einbiegen, der zur **Schlossinsel Rantzau** (▸ Seite 18) führt. Wer jetzt noch nicht müde ist, kann die Tour in den Staatsforst Rantzau fortsetzen.

Gasthaus Zur Linde
Barmstedter Straße 23
25373 Ellerhoop
☏ (0 41 20) 2 00
Mi–So 11.30–22 Uhr
Typisches Landgasthaus
nahe dem Arboretum.

Stadt, Wald, See

„Waldstadt am Rantzauer See" – so nennt sich Barmstedt selbst. Das Pfund, mit dem das Städtchen im Norden des Kreises Pinneberg wuchert, ist die herrliche, waldreiche Umgebung.

Barmstedt liegt am Flüsschen Krückau, das zwischen Wedel und Glückstadt in die Elbe mündet. Die Krückau ist es auch, die zum landschaftlichen Reiz der über 850 Jahre alten Stadt beiträgt. Sowohl die ausgedehnten Laubwälder, als auch der im April prächtig blühende Rhododendronpark rund um den Rantzauer See haben das Städtchen zu einem immer beliebter werdenden Ziel für Erholungssuchende gemacht. Sportlich Ambitionierte besuchen Barmstedt am besten von Quickborn aus mit dem Fahrrad (▸ Seite 16). Oder man nimmt die AKN-Bahn, die Tagesausflügler, die lieber im Zug als auf dem Sattel sitzen, bis nach Barmstedt bringt.

Treffpunkt für alle ist der Rantzauer See. Ein Spaziergang an der Seepromenade oder eine Bootsfahrt auf dem Rantzauer See lassen Kuratmosphäre aufkommen. Die **Schlossinsel Rantzau** gehört wegen ihrer wechselvollen Geschichte und der eindrucksvollen Gebäude zu den herausragenden Kulturdenkmälern Schleswig-Holsteins. Aus dem ehemaligen Schlossareal des deutschen Reichsgrafen Christian Rantzau steht noch das Amtshaus aus dem Jahre 1806. Sehenswert sind auch das Gerichtsschreiberhaus von 1826, die alte Wassermühle und mehrere Bürgerhäuser.

Nach einer vor einigen Jahren vorgenommenen umfassenden Sanierung erwarten den Besucher im Schlossgefängnis Rantzau heute eine Galerie und ein kleines Café. Im Gebäude des ehemaligen Amtsgerichtes Rantzau befindet sich das Museum der Grafschaft Rantzau. Die umfangreichen Bestände des Museums sind vorwiegend volkskundlich-kulturgeschichtlicher Art. Neben einer kleinen Sammlung vorgeschichtlicher Funde

---

Langeln ⮖

Barmstedt ⮖

Barmstedt
Brunnenstraße

Start
Barmstedt
A3 von Ulzburg Süd
alle 60–120 Min.,
von Elmshorn
alle 30–60 Min.

Stadtspaziergang
Schlossinsel Rantzau

Karte ▸ Seite 17

Museum der Grafschaft Rantzau
Rantzau 8
25355 Barmstedt
☏ (0 41 23) 42 96
So 14–18 Uhr,
Sa 14–18 Uhr: für Gruppen
nach Vereinbarung.

Café und Galerie im Schlossgefängnis
Rantzau 1
25355 Barmstedt
☏ (0 41 23) 61 39
Mo–Sa 12–19 Uhr,
So 10–19 Uhr
www.cafe-schlossgefaeng-nis.de

Schlossinsel Rantzau

hat die stadtgeschichtliche Abteilung mit Boden-funden, Dokumenten zur Entwicklung des Orts- und Siedlungsbildes, zur Geschichte der Kirche und der Handwerke besonderes Gewicht.

Am Rantzauer See liegt auch das Strandbad Rantzau, das von Juni bis Anfang September geöffnet hat. Falls das Wetter beim Ausflug nicht mitspielt, bietet am Wochenende die Barmstedter „Badewonne" Spaß und Erholung. Also sicher-heitshalber Badebekleidung einstecken. Eine sol-che Ausrüstung ist bekanntlich die beste Gewähr dafür, dass es nicht regnet...

Holstentherme Kaltenkirchen

Ein noch aufwendiger gestaltetes Freizeitbad gibt es in Kaltenkirchen: die Holstentherme. Hier werden Wasserfälle und Geysire, tropischer Re-gen, Felsenquellen und Unterwassermassagen ge-boten. Für Mutige gibt es einen Wildwasserkanal und eine 92 m lange Riesenrutsche. Der Entspan-nung dient die umfangreiche Saunawelt, die als Besonderheit über eine altfinnische Erdsauna im Außenbereich verfügt. Die AKN-Linie A1 bringt die Besucher direkt vor die Tür (Haltestelle Hols-tentherme/dodenhof).

Barmstedter „Badewonne"
Seestraße 12
25355 Barmstedt
☎ (0 41 23) 6 81 70
Sa/So 8–19 Uhr
4 € (unbegrenzt), Jugend-liche 2,60 €

Holstentherme
Norderstraße 1
24568 Kaltenkirchen
☎ (0 41 91) 9 12 20
Tgl. 10–22 Uhr
www.holstentherme.de
Eintritt für 2 Stunden
8 €, ermäßigt 4 €, Kinder unter 5 Jahren frei,
Tageskarten 13 €,
ermäßigt 6,50 €
Saunawelt (mit Badein-tritt) 2 Std. 13 €, Tageskar-te 18 €
Kinder bis 6 Jahre frei
A1 ab Eidelstedt bis Hols-tentherme/dodenhof
alle 60–120 Min.

Großenaspe ⊞⊞
Wiemersdorf ⊞⊞
Bad Bramstedt ⊞⊞
Bad Bramstedt Kurhaus
Lentföhrden ⊞⊞
Nützen

Start
Bad Bramstedt
A1 Mo–Sa alle 20–60,
So alle 120 Min.

Stadtspaziergang
Altstadt
Kurviertel

Länge
ca. 8km

Rückfahrt
Bad Bramstedt Kur-
haus, **A1** Mo–Sa alle
20–60, So alle 120 Min.

Karte ▸ Seite 23

**Tourismusbüro
Bad Bramstedt**
Bleek 17-19 (Rathaus)
24576 Bad Bramstedt
☏ (0 41 92) 5 06 27
www.bad-bramstedt.de
Mo–Fr 9–12, Mo, Di, Fr
14–17 Uhr, Do 14–18 Uhr
Stadtführung
Okt.–Apr.
jeden 1. und 3. Samstag im
Monat 14.30 Uhr,
Mai–Sept.
jeden 3a um 14.30 Uhr,
Gruppenführungen nach
Vereinbarung
Treffpunkt: vor dem Ro-
land (am Schloss)

BAD BRAMSTEDT

Bad, Land, Fluss

**Der typische Bad Bramstedt-Tourist hat ent-
weder ein Paddelboot oder Rheuma. Ein Tagesausflug lohnt sich aber auch, wenn man
weder das eine noch das andere mitbringt.**

Von Hamburg aus kommend ist die erste Station
Bad Bramstedt Kurhaus, der Bahnhof der Klinik-
Stadt. Wir fahren aber weiter bis Bad Bramstedt.

Um zum alten Stadtkern zu gelangen, geht
man den gegenüber dem historischen Bahnhofsgebäude liegenden Schlüskamp hinein – und stößt
schon nach kurzem Weg auf den grünen Lauf der
Osterau, die hier eine kleine Insel im Fluss, die
Osterauinsel, ausbildet.

Gleich mehrere Flussläufe laden zum Paddeln
ein. In Bad Bramstedt vereinigt sich die Osterau,
einer der wenigen Wildflüsse in Norddeutschland,
mit der Hudau zur Bramau. Die Bramau, der die
Stadt ihren Namen verdankt, gilt als idealer An-
fängerfluss. Es treffen sich in Bad Bramstedt daher Paddler aller Ligen. Aber natürlich bieten die
Flüsse in und um Bad Bramstedt nicht nur den
Wasser-, sondern auch uns Fußwanderern natur-
nahe Erholung, sind doch an ihren Ufern meist
gute Wege angelegt.

Vor einer Wanderung lohnt eine Besichtigung
des alten Stadtkerns, in den man hinter der Osterauinsel gelangt. Zentrum des Stadtkerns ist der
Bleek, ein zentraler Platz. Bleek heißt im Niederdeutschen soviel wie „Flecken" und bedeutete
unbefestigte Stadt, die Bramstedt bis 1910 war.
Das historische – und heutige – Rathaus steht hier
am Bleek. Gegenüber liegt das **Schloss** mit dem
Roland, dem Wahrzeichen der Stadt, davor. Der
Roland war ein Symbol der Marktgerechtigkeit im
Ochsenhandel. Zu seinen Füßen wurden Kontrakte
geschlossen und bei Streitigkeiten rechtliche Ent-
scheidungen gefällt. Bis zum Jahre 1693 standen
an dem Platz hölzerne Roland-Standbilder. Dann
wurde der heutige Roland aus Oberkirchener
Sandstein aufgestellt. Die Originalfigur muss-

te sich im Laufe der Jahrhunderte mehrmals von Steinmetzen durchgeführten Schönheitsoperationen unterziehen; die letzte erfolgte 1965.

Der Bau, der heute als Schloss bezeichnet wird, ist eigentlich nur noch das Torhaus des ehemaligen Bramstedter Gutes. Das heute noch vorhandene Gebäude wurde zwischen 1631 und 1647 errichtet. Die Funktion als Torhaus für das dahinter liegende Schloss ist noch an den großen Toren erkennbar, durch die die Kutschen durchs Gebäude fahren konnten.

Nördlich des Bleecks, am Kirchenbleeck, steht die Maria-Magdalenen-Kirche. Vermutlich wurde der Bau in der ersten Hälfte des 13. Jh. errichtet, aber immer wieder umgestaltet. Heute stellt der Bau ein Sammelsurium unterschiedlichster Stile und Materialien dar.

Nach der Besichtigung der Altstadt bietet sich ein Spaziergang entlang der Hudau ins **Kurviertel** an. Ein Weg führt vom Stadtzentrum entlang des Flüsschens an der Kneippanlage und am Garten der Sinne vorbei. Wer dann dem Lauf der Hudau folgt, der gelangt automatisch in die Kuranlagen der Rheumaklinik. Die in den Wald eingefügten Bauten der Anlage stellen eine perfekte Verbindung zwischen Architektur und Natur dar. Hier mitten im Wald liegt malerisch der Haltepunkt Bad Bramstedt Kurhaus, von dem man bequem die Heimreise antreten kann – jedenfalls wenn man kein Rheuma in den Knochen und kein Faltboot im Gepäck hat.

Der Roland – das Wahrzeichen von Bad Bramstedt

Friesencafé
Birkenweg 23
24576 Bad Bramstedt
((0 41 92) 8 53 80
Tgl. 9.30–22.30 Uhr
Auf dem Kurhausareal nahe dem Bahnhof Kurhaus gelegen, großer Kaffeegarten, deutsche und internationale Küche

Boostedt
Großenaspe ▣
Wiemersdorf ▣
Bad Bramstedt ▣
Bad Bramstedt Kurhaus
Lentföhrden ▣
Nützen

Start
Bad Bramstedt
🅰🅰 Mo–Sa alle 20–60,
So alle 120 Min.

(Rad-)Wanderung
Bad Bramstedt –
Mönkloh – Bokel –
Dauenhof

Länge
ca. 16 km

Rückfahrt
Bhf. Dauenhof
🆁🆁 alle 60–120 Min.

STAATSFORST RANTZAU

Zum Butterberg

Keine Auswirkung einer verfehlten Agrar-politik, sondern eiszeitlichen Ursprungs ist der Butterberg, den man bei diesem Ausflug besteigen kann. Der gerade mal 33 Meter hohe Berg erhebt sich im schönen Staats-forst Rantzau, der allein schon einen Besuch Wert ist.

Der Staatsforst Rantzau liegt in dem Gebiet, das von den Städten Bad Bramstedt im Nordosten, Barmstedt im Süden und der Gemeinde Hörner-kirchen im Westen eingefasst wird. Das noch weitgehend zusammenhängende große Forstge-biet ist kaum zersiedelt – und ist damit schon eine Ausnahme.

In der Altstadt Bad Bramstedts startet ein Rad- und Wanderweg in westlicher Richtung nach Hitzhusen. Der Ort liegt nur knapp 3 km von der historischen Stadtmitte entfernt, gehört aber nicht mehr zu Bad Bramstedt. Anstatt uns an die Wanderwegmarkierung zu halten und geradewegs nach Hitzhusen hinein zu wandern oder zu ra-deln, folgen wir weiter der Glückstädter Straße, auf der wir schon in der Altstadt gestartet sind, und gelangen nach dem Weddelbrooker Damm schließlich nach Weddelbrook, an dessen Ortsaus-gang zur Linken ein kleiner aufgestauter Badesee liegt, und weiter in südwestlicher Richtung nach Mönkloh. Erst hier endet die Glückstädter Straße und der Staatsforst Rantzau beginnt.

Mönkloh ist der letzte Außenposten vor der Wanderung in die Wildnis. Hier steht die kleinste Kirche Schleswig-Holsteins, die Waldkapelle, die erst 2001 geweiht wurde. Der weitere Weg, der nun nach Bokel ausgeschildert ist, führt durch dichten Wald. Das Waldgebiet zur Rechten nennt sich Haselbusch, ist aber auch nur ein Ausläufer des Staatsforstes Rantzau. Der Weg zum Butter-berg zweigt nach links ab. Allerdings versperrt ein Schild „Wildschutzgebiet, betreten verboten" den Weg zum Butterberg. Aber das macht nichts,

denn so etwas wie einen Ausblick bietet die sanfte Erhebung nicht. Egal, ob man nun einen Abstecher zum Butterberg unternommen hat, um sagen zu können, man habe den „Butterberg" bestiegen, oder nicht – man sollte auf jeden Fall wieder auf den Hauptweg nach Bokel zurückkehren und zu diesem Ort, der schon zu der Gemeinde Brande-Hörnerkirchen gehört, wandern.

Brande-Hörnerkirchen ist ein Zusammenschluss mehrerer kleiner Dörfer ohne rechte eigene Struktur. Soll heißen, weder die Gesamtgemeinde noch die einzelnen Ursprungsdörfer haben eine eigene Struktur entwickeln oder bewahren können. Am deutlichsten zeigt noch Bokel seinen dörflichen Charakter.

Wenn man **Bokel** in Nord-Süd-Richtung durchquert, gelangt man an den Mühlenteich, ursprünglich eine Aufstauung des Krummbaches. Das hier angelegte Naturfreibad kann vor allem mit seiner malerischen Lage punkten. Zudem ist es auch zur Hochsaison nicht überlaufen.

Der Rest des Weges zum Bahnhof Dauenhof, im Gemeindeteil Westerhorn gelegen, ist unspektakulär. Aber immerhin liegt der kleine Bahnhof noch innerhalb des Verkehrsverbundes, so dass wir mit dem HVV-Tarif nach Hause kommen.

Wolters Gasthof von 1787
Glückstädter Straße 3
24576 Weddelbrook
((0 41 92) 14 12
Mi–Mo ab 17 Uhr
Traditionsgasthaus mit regionaler Küche, im Sommer Biergarten

Naturfreibad Bokel
Mühlenstraße
25364 Bokel
((0 41 27) 15 14
Mai–Sept. 8–20 Uhr,
Öffnungszeiten können je nach Wetterlage verkürzt oder verlängert werden.

Start
Bad Bramstedt
A1 Mo–Sa alle 20–60,
So alle 120 Min.

Radtour
Bad Bramstedt –Bi-
möhlen – Heidmüh-
len – Wahlstedt

Länge
ca. 17 km

Rückfahrt
Bhf. Wahlstedt
R11 alle 60 Min. nach
Bad Oldesloe mit An-
schluss nach Hamburg

STAATSFORST SEGEBERG

Im Reich der Riesengräber

**Im Staatsforst Segeberg findet sich die welt-
weit größte Ansammlung von Riesengrä-
bern. Durch diesen gigantischen vorzeit-
lichen Friedhof führt die heutige Tour.**

Ausgangspunkt der Tour, die sich gleichermaßen
zu Fuß wie mit dem Rad untenehmen lässt, ist der
Bahnhof Bad Bramstedt. Vom historischen Bahnhofsgebäude geht es gleich weiter in östlicher
Richtung. Man überquert die Gleise auf einem
Fußgängerüberweg und gelangt über den Weg
Am Badesteig in das Tal der Osterau. Wir folgen
hier dem ausgeschilderten Weg zum etwa 2 km
entfernten „Gesundbrunnen".

Seit seiner Entdeckung 1681 wechselten sich
Perioden der Popularität und des Vergessens der
Quelle ab. Im Jahre 1999 wurde der Gesundbrun-
nen dank des Engagements einzelner Bramstedter
Bürger und Sponsoren wieder hergerichtet. Nur
Trinkwasser bietet die Anlage heute nicht mehr.

Weiter geht es durch das Osterautal nach Bimöhlen. Zuvor wird die Autobahn A 7 auf einer
Brücke überquert. Gleich nach Brücke geht es
rechts ins Dorf **Bimöhlen**. Im Ort haben wir zwei
Möglichkeiten: Entweder wir biegen direkt vor
der Osteraubrücke auf die Straße
links ein und folgen am Ortsende
dem Wanderweg NPW. Das ist die
ruhigere, aber holprigere Strecke
nördlich der Osterau. Oder wir
überqueren in Bimöhlen die Osterau, fahren am Dorfplatz links
und nehmen die Weider Straße, eine
Landstraße mit mäßigem Verkehr.
In beiden Fällen fahren wir parallel
zur Osterau und in Richtung der
Siedlung Weide.

Zwei Kilometer hinter Weide ist
der **Wildpark Eekholt** erreicht. Danach geht der Weg nach Klint weiter, einige Kilometer östlich gele-

Im Wildpark Eekholt gibt
es auch ein Storchenhaus

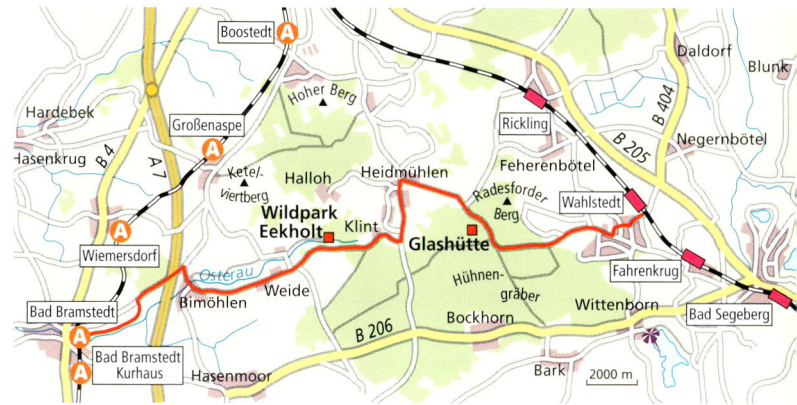

gen. Hier muss man sich entscheiden, ob man sich nach Norden über die mäßig befahrene Landstraße gen Heidmühlen oder über Waldwege durch den Staatsforst Segeberg nach Osten wendet. Auf jeden Fall treffen sich die Wege – denn von Heidmühlen aus halten wir uns wieder südostwärts – nahe der Kolonie **Glashütte**, die mitten im Wald liegt. Auf dem restlichen Weg durch den Staatsforst nach Wahlstedt liegen nun rechts des Weges die Hügelgräber dicht an dicht.

Hügel-, Riesen- oder Hünengräber werden vom Archäologen „Steinkammergräber" genannt, denn so ein Hügelgrab besteht aus einer Grabkammer aus großen Steinblöcken und der Erdummantelung. Diese Ummantelung lässt die Gebilde wie kleine Hügel aussehen. Hochgestellte Persönlichkeiten wurden so beigesetzt, denen man diverse Grabbeigaben mit auf den letzten Weg gab. Die hiesigen Hügelgräber stammen aus der Älteren Bronzezeit, 1800 bis 1000 v. Chr. Im Laufe der Jahrhunderte wurden die Gräber entweder geplündert, weil die nachfolgenden Kulturen der Meinung waren, dass es einem im Jenseits schon an nichts mangeln würde oder sie wurden abgetragen, weil sie dem sich ausbreitenden Ackerbau im Wege waren.

In Wahlstedt kann man in die Bahn steigen und nach einem hoffentlich erholsamen Ausflug nach Hause fahren. Wer noch nicht genug hat, der radelt weiter bis Bad Segeberg (▸ Seite 50).

Café Okal
Kronsheider Straße 41
23812 Wahlstedt
☎ (0 45 54) 28 06
Mo–Fr 11.30–17 Uhr,
Sa/So 14–18 Uhr
Kleine Gerichte,
im Sommer Terrasse

Wildpark Eekholt
24623 Großenaspe
☎ (0 43 27) 99 23-0
www.wildpark-eekholt.de
Ganzjährig ab 9 Uhr bis zum Einbruch der Dunkelheit geöffnet
6,50 €, ermäßigt 5 €, Kinder 4-9 Jahre 4 €, Kinder bis 4 Jahre frei
Der 67 ha große Park zeigt über 100 Arten einheimischer Wildtiere.
Im Sommerhalbjahr auch mit Anruf-Sammel-Taxis 7504 und 7951 erreichbar.
Infos unter: (040) 19 449

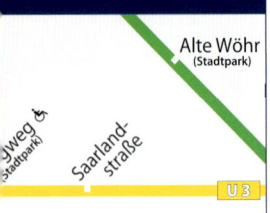

Alte Wöhr
(Stadtpark)

Saarland-
straße

U3

Start
Alte Wöhr
S1 **S11**
alle 5–10 Min.
MetroBus 23
alle 10 Min.

Borgweg
U3 alle 5–10 Min.
MetroBus 6
alle 5–10 Min.

Saarlandstraße
U3 alle 5–10 Min.

Stadtausflug
Stadtpark – Freibad –
Planetarium

Naturbad Stadtparksee
Südring 5b
Öffnungszeiten nach
Witterung 11–20 Uhr
((0 40) 18 88 90 (Zentrale
Telefonnummer Hamburg
Bäderland)
2,50 €, Kinder 1,30 €

Schumachers Biergarten
Südring 58
((0 40) 27 80 69 79

Café Sommer-Terrassen
Mit Bootsvermietung
Südring 44
((0 40) 2 70 62 74
Anfang Apr.–Anfang Okt.
tgl. ab 10 Uhr
Die Sommer-Terrassen
an der Brücke über den
Goldbekkanal bieten
die einzige Möglichkeit,
Sonne, Kaffee (bzw. Bier)
und Wasser gleichzeitig zu
genießen.

STADTPARK

Ab ins nahe Liegende

Dass man als Hamburger nicht unbedingt ins Umland zu fahren braucht, um ins Grüne zu kommen, beweist der Stadtpark. Sieh, das Grüne liegt so nah!

Besonders nah liegt das Grün des Stadtparks natürlich für die Bewohner der dichtbesiedelten Stadtteile Barmbek und Winterhude; sie können diese grüne Oase zu Fuß erreichen. Aber auch anderen Ausflüglern machen es die Nahverkehrsmittel leicht, schnell zum Ziel zu kommen.

Nicht nur deshalb ist der **Stadtpark**, eine der größten Parkanlagen der Hansestadt, bei der Bevölkerung sehr beliebt. Naturerleben und aktive Freizeitgestaltung lassen sich hier bestens verbinden. Viele pflegen auch die passive Freizeitgestaltung, fläzen sich einfach auf eine der Liegewiesen und lassen sich die Sonne auf die Nase oder den Bauch scheinen.

Aber der Park ist nicht nur eine willkommene Stätte der Erholung, er stellt auch ein bedeutendes Gartenkunstwerk des 20. Jhs. dar. Einerseits wegen seiner gestalterischen Qualität, andererseits weil er eine wesentliche Rolle für die Entwicklung des öffentlichen Grüns in ganz Deutschland spielte. Auf der Fläche von 180 ha wurde ab 1905 der Park geplant und geschaffen. Zum Wahrzeichen etablierte sich der Wasserturm, der schon vorher hier auf freiem Feld stand. Im Hamburger Stadtpark ist der Wandel des öffentlichen Parks des 19. Jhs. zum modernen Volkspark des 20. Jhs. endgültig vollzogen; Nutzungsprogramm und architektonisches Raumkonzept durchdringen sich vollständig. Der Park wurde Vorbild für die vielen nach dem I. Weltkrieg entstandenen Volksparks.

Soviel zur Theorie. In der Praxis wird tatsächlich der Erholungswert durch vielerlei Möglichkeiten für Spiel, Sport und Unterhaltung ergänzt: Das **Sommerbad**, das Planschbecken mit dem großen neuen Spielplatz, das Sonnenbad und mehrere Sportplätze sind ebenso gut besucht wie die Freilichtbühne oder die Vogelschutzwarte. Trotz der intensiven Nutzung des Parks als Freizeitanlage haben sich viele ökologische Nischen erhalten. In lauschigen Sommernächten herrscht bei den Freilichtveranstaltungen der unterschiedlichsten Art – Hardrock ebenso wie Klassik – im Stadtpark eine ganz besondere Atmosphäre. Manche halten den Stadtpark dann für den schönsten Ort der Stadt.

Der Wasserturm ist bis heute das Wahrzeichen des Parks geblieben, doch statt der Wasservorräte für die Barmbeker birgt der wuchtige Backsteinbau jetzt ein **Planetarium**. Und wer sich nicht für den Sternenhimmel interessiert, sollte wenigstens die Möglichkeit nutzen, von der Aussichtsplattform des Planetariums in 61 m Höhe einen Blick über das weitläufige Grün des Parkgeländes zu werfen – und über das angrenzende Häusermeer des Hamburger Nordens. Das wirkt von hier aus allerdings gleich um so grauer.

Planetarium
Hindenburgstraße1
((0 40) 42 88 65 20
Di 9–15, Mi 9–21, Do 9–21.30, Fr 9–21.45, Sa 12.30–21.30, So 10–19 Uhr
www.planetarium-hamburg.de
`U3` Borgweg

Landhaus Walter
Hindenburgstraße 2
((0 40) 27 50 54
Restaurant und Biergarten Apr. bis Sept. Mo 11–22, Di–Fr 11–24, Sa 10–24, So 10–22 Uhr
Okt. bis März
Di–Sa 11.30–24, So 10–18 Uhr
www.landhauswalter.de
Der Downtown-Bluesclub im Landhaus Walter bietet mehrmals wöchentlich Life-Konzerte, im Sommer im Biergarten, Programm unter: www. downtownbluesclub.de

Gartenkunstwerk und Stätte der Erholung: Der Stadtpark

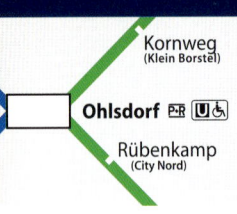

Kornweg
(Klein Borstel)

Ohlsdorf 🅿️ Ⓤ♿

Rübenkamp
(City Nord)

Start
Ohlsdorf
S1 S11
alle 5–10 Min.
U1 alle 5–10 Min.

Rundwanderung
durch den Ohlsdorfer
Friedhof

Länge
ca. 6 km

Friedhof Ohlsdorf
Fuhlsbüttler Straße 756
☎ (0 40) 5 93 88-0
www.friedhof-hamburg.
de
Apr.–Okt. tgl. 8–21 Uhr
Nov.–März tgl. 8–18 Uhr
Infohaus am Haupt-
eingang tgl. 11–15 Uhr
geöffnet

Friedhofsmuseum
neben dem Haupteingang
☎ (0 40) 50 05 33 87
So, Mo, Do 10–14 Uhr
Eintritt frei

Busverbindungen
durch den Friedhof:
Bus 170 Haupteingang
– Bramfeld, Maisredder
(südliche Route)
Bus 270 Haupteingang
– Bramfeld, See
(nördliche Route)
alle 20–30 Min.

FRIEDHOF OHLSDORF

Grün über Gräbern

**Hamburgs größte Grünanlage ist ein Fried-
hof: Mit einer Fläche von 400 ha ist der Ohlsdorfer Friedhof sogar der größte Parkfriedhof der Welt. Die Anlage mit 250 000 Grabstätten bietet den Toten eine letzte Ruhe in
schöner Umgebung und den Lebenden die
Möglichkeit eines erholsamen Ausflugs.**

Ein Rundgang beginnt praktischerweise am Haupteingang, der schon vom S/U-Bahnhof aus zu sehen ist. Hier starten auch die beiden Buslinien der
Hochbahn, die das weiträumige Areal erschließen.
Für Radfahrer sind die glatten, asphaltierten Pis-
ten hervorragend geeignet, und viele Radrennfah-
rer nutzen sie als regelmäßige Trainingsstrecken.
Wir jedoch erkunden den Ohlsdorfer Friedhof zu
Fuß, denn so lassen sich die gärtnerischen Schönheiten und die historisch und künstlerisch wert-
vollen Grabmale am besten entdecken.

Gegenüber dem Haupteingang erhebt sich die
Terrassenanlage des Althamburger Gedächtnis-
friedhofs. Hier ruhen die sterblichen Überreste
verdienter Persönlichkeiten der Stadt, bzw. solcher
Persönlichkeiten, die wer auch immer für verdient
hielt. Auffallend viele Kaufleute und hohe Beamte
sind darunter. Die Terrassen wurden schon um
die vorletzte Jahrhundertwende als gärtnerische
Schmuckanlage im neobarocken Stil gestaltet.
Davon sind heute nur noch die Sandsteintrep-
pen und, im Mittelpunkt und sich über allem
erhebend, die Christusfigur aus strahlend weißem
Marmor erhalten.

Hält man sich beim Rundgang in südlicher
Richtung, gelangt man schon bald zum **Rosengarten**, einer gärtnerischen Zieranlage, die für einen
Friedhof wohl einmalig ist. Der Rosengarten wurde vor über hundert Jahren angelegt. Nach jahr-
zehntelanger Vernachlässigung zeigt er sich heute
wieder annähernd in historischen Formen.

Der Bereich des Friedhofs, in dem wir uns gerade aufhalten, der westliche, ist der historische

Friedhof Ohlsdorf, der größte Parkfriedhof der Welt

Teil des Ohlsdorfer Friedhofs. Im Jahre 1877 eröffnet und von Wilhelm Cordes gestaltet, diente die damalige Anlage als Beispiel für zahlreiche andere Parkfriedhöfe. Charakteristisch für diesen nunmehr auch Cordes-Teil genannten Bereich sind der artenreiche, oft waldartige Baumbestand und die großen Grabflächen, die geschickt mit dichten Gehölzpflanzungen – heute meist Rhododendron – umgeben sind.

Der östliche Friedhofsteil wurde ab 1920 nach den streng landschaftsarchitektonischen Plänen von Otto Linné angelegt. Hier befinden sich mehrere Ehrenfriedhöfe und Mahnmale. Etwa 52 000 Kriegsopfer aus 30 Nationen wurden mit ewigem Ruherecht in Ehrenanlagen bestattet. Besonders beeindruckend ist das „Mahnmal für die Bombenopfer" von Gerhard Macks aus dem Jahre 1952. Es steht im Zentrum von vier Massengräbern, in denen im Sommer 1943 fast 39 000 Tote beigesetzt wurden.

Nachdem wir durch den nördlichen Teil des Friedhofs den Rundweg fortgesetzt haben und am beeindruckenden Klinkerbau des Krematoriums vorbei wieder am Haupteingang angekommen sind, lohnt hier noch der Besuch des kleinen **Friedhofsmuseums**. Es zeigt die Vielfalt der hamburgischen Friedhofs- und Bestattungskultur. Geschichtlich interessant sind die beiden Grabmalmuseen (am Heckengarten und an der Kapellenstraße). Die historischen Grabmäler stammen von den aufgelassenen Steintor- und Dammtorfriedhöfen bzw. von den Grabstätten der „Ämter", wie in Hamburg die Zunftvereinigungen der Handwerker hießen.

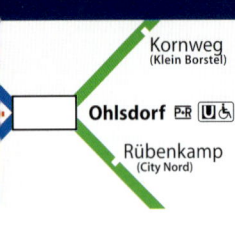

Kornweg
(Klein Borstel)

Ohlsdorf 🚈 Ⓤ♿

Rübenkamp
(City Nord)

Start
Ohlsdorf
S1 **S11**
alle 5–10 Min.
U1 alle 5–10 Min.

Wanderung
durch das obere
Alstertal

Länge
ca. 12 km

Rückfahrt
U1 Ohlstedt
alle 10–20 Min.

Bootsverleih Töns
Ratsmühlendamm 2
📞 (0 40) 59 94 98
Apr.–Okt. 9–21 Uhr
Kanus, Ruderboote und
Tretboote in Ohlsdorf
direkt an der Alster

Alstertalmuseum
(im Torhaus Wellings-
büttel)
Wellingsbütteler Weg 75a
📞 (0 40) 5 36 66 79
Sa/So 11–13 Uhr
und 15–17 Uhr
Eintritt frei
S1 **S11** Wellingsbüttel

Im Grünen Grunde

**Ein Name wird Programm: Gleich am Bahn-
hof des Ausgangspunktes dieser Tour weisen uns die Hinweisschilder den Weg: „Im
Grünen Grunde" steht über dem Ausgang,
den wir wählen. Und daran soll sich die
nächsten zwölf Kilometer nichts ändern.**

Die Straße Im Grünen Grunde ist noch vergleichsweise wenig grün. Jedenfalls im Vergleich mit
dem Alsterwanderweg, dem wir folgen wollen,
und der am Ufer des sich malerisch durch die
Landschaft schlängelnden Flusses verläuft. Oft ist
das Tal des oberen Alsterlaufes so urwüchsig, dass
man kaum glaubt, sich im Stadtgebiet einer Metropole zu bewegen. Wer allerdings vom Weg ab-
kommt, wird schnell feststellen, wie nah großstädtische Hektik und elegante vorstädtische Vil-
lengegenden an den Flusslauf heranragen. Auf jeden Fall orientiert man sich praktischerweise am
markierten Verlauf des offiziellen Alsterwan-
derweges: Die gelben Pfeile auf den Baumstäm-
men sind leicht zu erkennen. Meistens jedenfalls.

Unser Weg geht flussaufwärts, dorthin, wo die
Alster zu einem verwegen mäandernden Flüsschen und schließlich zu einem besseren Bach
wird. Vorher jedoch geht es an mehreren Schleusen vorbei. Die erste, gleich zweistufig, passieren
wir schon zu Beginn der Tour in Ohlsdorf. Meist
verläuft die Wegstrecke auf der rechten Seite des
Flusses, doch bieten die zahllosen Brücken immer
wieder die Möglichkeit, das Ufer zu wechseln.

Man erreicht nach ca. 5 km **Wellingsbüttel**,
wo man das Naturerleben kurz unterbrechen sollte, um das Herrenhaus Wellingsbüttel und das
ihm vorgelagerte alte Torhaus zu besichtigen.
Das repräsentative Herrenhaus stammt in seinen
Ursprüngen aus dem Jahre 1750, erhielt sein
heutiges Gesicht aber 1889 durch Martin Haller,
den als Rathausarchitekten berühmt gewordenen
Baumeister. Das Torhaus wurde 1757 erbaut, also
später als das Herrenhaus. Im Torhaus ist heute

das Alstertalmuseum untergebracht.

Vorbei am Teetzpark, dem heutigen Rest eines ehemals privaten Parks in einer malerischen Biegung der Alster, führt nun der Weg. Ein Rundweg erschließt den Park und führt um die beiden zentralen, mit der Alster verbundenen Teiche herum. An der Poppenbüttler Schleuse wird die Alster noch einmal zu einem kleinen See gestaut. Bald darauf liegt auf der linken Seite des Flusses das Gut Hohenbuchen.

Hinter der Mellingburger Schleuse wird der Fluss zum Bach; auch kühne Kanuten können hier kaum noch Kurs halten. Auf dem Landweg wird's noch schwieriger, denn der Alsterwanderweg verlässt den Flusslauf und führt ein Stück über besiedeltes Gelände, nämlich über die Straße Kortenland. Die Anwohner sind verirrte Wanderer gewohnt und weisen gern den Weg.

Im Roden-beker Quellental, einem Naturschutzgebiet, erleben wir dafür noch einmal fast urwaldmäßige Natur. Der Weg führt hindurch zwischen Teichen und Tümpeln, Bächen und toten Flussarmen. Und dann ganz unvermittelt auf eine Straße mit dem schönen Namen Haselknick, die auf die Bredenbekstraße führt. Diese überquert, stehen wir keine zehn Minuten später stehen wir schon vor dem U-Bahnhof Ohlstedt. So schnell hat uns jetzt also die Zivilisation wieder.

Bootsverleih Marienhof
an der Poppenbüttler Schleuse
((0 40) 6 06 66 77
Apr.–Okt. 10–18 Uhr
(bei Bedarf länger)
Kanus und Kajaks
S1 S11 Poppenbüttel

Restaurant The Locks
In der Poppenbüttler Schleuse
Marienhof 6
((0 40) 61 16 60-0
Mo–Sa 12–23 Uhr,
So 11–23 Uhr
Gehobene Gastronomie in einem alten Strohdachhaus, Sommergarten

Restaurant Mellingburger Schleuse
Mellingburgredder 1
((040) 6 02 40 01
Mi–Mo 12–22 Uhr
Wild- und Fischgerichte in einem 1717 erbauten Reetdachhaus, gediegen eingerichtet

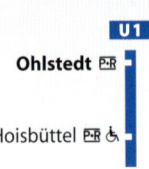

U1

Ohlstedt 🚏

Hoisbüttel 🚏 ♿

Start
Ohlstedt
U1 alle 10–20 Min.

**(Rad-)Rundwande-
rung**
Ohlstedt – Wohldor-
fer Wald – Mühlen-
teich – Duvenstedter
Brook – Ohlstedt

Länge
ca. 17 km

DUVENSTEDTER BROOK

Was röhrt denn da?

In Hamburg mit dem Fernglas auf die Pirsch gehen, um Kraniche beim Balztanz, Frösche im blauen Balzkleid oder Hirsche bei der Brunft zu beobachten – das kann man im Duvenstedter Brook.

Im äußersten Nordosten Hamburgs liegt das mit rund 780 ha zweitgrößte Naturschutzgebiet der Stadt. Die Bezeichnung Brook oder Bruch ist eine niederdeutsche Landschaftsbezeichnung für sumpfiges, von Wasser durchzogenes Gehölz und Gelände. 1958 wurde der Duvenstedter Brook unter Naturschutz gestellt. Ende der 1970er Jahre begann man mit der Wiederherstellung der abwechslungsreichen Landschaft. Denn durch die landwirtschaftliche Nutzung und Abtorfung der Moore war der ursprüngliche Charakter verloren gegangen.

Im Gegensatz zu vielen anderen Rückzugsgebieten der Natur gehört es im Duvenstedter Brook nicht zum Konzept, den Menschen als störendes Element fern zu halten. Im Gegenteil – die Naturschützer haben das Gebiet mit einer Infrastruktur versehen, die es auch dem Laien leicht macht, auf eine heimische Fotosafari zu gehen. Komfortable, überdachte Beobachtungsstationen mit ausführlichen Informationstafeln gehören ebenso dazu wie eigens angelegte Schauteiche.

Unsere Tor beginnt am U-Bahnhof Ohlstedt. Dies ist bereits die erste Station auf einem sieben Kilometer langen historisch-ökologischen Erlebnispfad. Die Geschichte des Ohlstedter Bahnhofs begann 1907, als die Kleinbahnstrecke von Alt-Rahlstedt bis nach Ohlstedt verlängert wurde. Doch das Ende der Kleinbahn nahte, als man 1925 das Streckennetz der Walddörferbahn, dem Vorläufer der heutigen U-Bahn, bis Ohlstedt ausbaute. Die letzte Teilstrecke von Ohlstedt nach Wohldorf, die mitten durch den Wohldorfer Wald führte, wurde aber sogar noch bis 1961 betrieben. An deren Endpunkt, im ehemaligen Bahnhofsgebäude

Wohldorf, ist heute ein Museum eingerichtet, das die Geschichte der Kleinbahn dokumentiert.

Wir aber wandern erst einmal vom U-Bahnhof Ohlstedt nach links in die Alte Dorfstraße und kurz darauf nach rechts in die Straße Timms Hege. Von ihr zweigt rechts der Kupferredder ab. Gegenüber der Schule Am Walde führt vom Kupferredder nach links der Erlebnispfad in den **Wohldorfer Wald** hinein. In früheren Jahrhunderten wurde dieser Wald hauptsächlich als Waldweide für Schweine und zum Sammeln von Bau- und Brennholz genutzt.

Auf dem Kleinbahnwanderweg, an dessen Rand die ersten Infotafeln zum Erlebnispfad stehen, geht es tiefer in den Wald hinein. Wenn man der fortlaufenden Nummerierung der Tafeln folgt, gelangt man durch den Wald bis zur „Brücke mit Ausblick". Man überquert die Aue und blickt nach links auf den Mühlenteich mit der Wohldorfer Kornmühle. Danach nach links abgebogen, erreicht man über den Weg „Holländer Berg" die Herrenhausallee. Man folgt ihrem Verlauf nach rechts bis in einer Kurve links ein Weg (Weberstieg) zum **Naturschutz-Informationshaus** Du-

Kleinbahnmuseum Wohldorf
Schleusenredder
So 13–16 Uhr
((0 40) 6 01 40 08
Gruppen ab 10 Personen auch nach Vereinbarung
www.kleinbahn-wohldorf.de

**Naturschutz-Informations-
haus Duvenstedter Brook**
Duvenstedter Triftweg 140
☎ (0 40) 6 07 24 66
Apr.–Okt.
Di–Fr 14–17 Uhr,
Sa 12–18 Uhr,
So/Fei 10–18 Uhr
Febr., März, Nov.
Sa 12–16 Uhr,
So/Fei 10–16 Uhr
Naturkundliche Ausstel-
lung und Informations-
material.
Ausleihen eines GPS-Na-
turscouts: 4 € mit Hinter-
legung des Personalaus-
weises.

Eine Gebietskarte über
den Duvenstedter Brook
kann man sich herunterla-
den unter:
www.nabu-hamburg.de.

Das Mitnehmen von Hun-
den – auch an der Leine
– in den Duvenstedter
Brook ist verboten, damit
die wild lebenden Tiere,
besonders die Bodenbrü-
ter, nicht aufgeschreckt
werden.

venstedter Brook abzweigt. Dort informiert eine Ausstellung über über die Tiere und Pflanzen, die im Duvenstedter Brook beheimatet sind.

Auf dem Duvenstedter Triftweg geht es nun in den Brook hinein. Bald tauchen am Wegrand die ersten Beobachtungsstände auf. Tafeln informieren über Damwild, Rehwild, Rotwild und Schwarzwild. Das Landschaftsbild des Duvenstedter Brooks wird durch Moore geprägt. Durch die in der Vergangenheit erfolgte Trockenlegung der Moore entstand Feuchtheide. Im Frühjahr werden diese im nordwestlichen Teil des Brooks gelegenen Gebiete von weißem Wollgras überzogen, im Sommer entfaltet die Glockenheide ihre lila Pracht.

Die Wiesen des Duvenstedter Brooks werden fast das ganze Jahr über zur Schaubühne. Mitte Februar kehren die Kraniche aus ihren Winterquartieren zurück und vollführen mit lauten Trompetenrufen ihre Balztänze. Von Mai bis Juli sind sie dann mit ihren noch flugunfähigen Jungen auf Nahrungssuche. Erst im Spätherbst ziehen sie sich wieder ins wärmere Spanien zurück.

Die vielen Bäche, Gräben und Teiche im Duvenstedter Brook enthalten zahlreiche Frosch- und Molcharten. Von Ende April bis Mitte Juni suchen die Amphibien ihre Laichgewässer auf. Die Männchen der Moorfrösche tragen dann ein leuchtend blaues Balzkleid.

Von Mitte September bis Anfang Oktober sind die Wiesen die große Bühne für die Rothirschbrunft. Überwiegend in der Dämmerung und nachts sind die Rangkämpfe von den Beobachtungsständen aus mit etwas Geduld zu sehen. Bis Mitte November folgt dann die Brunft der Damhirsche. Sie spielt sich allerdings verborgen im Wald ab.

Man bleibt auf dem Duvenstedter Triftweg bis zur Revierförsterei, die sich an einer Wegkreuzung befindet. Dort geht es links in den Bültenkrugweg. An seiner rechten Seite gibt es mehrere Schauteiche, zur linken Wiesen. Später wechselt die Landschaft. Die ersten Heideflächen tauchen auf. Wer mit dem Fahrrad unterwegs ist, muss nun bis zur Siedlung Bültenkrug geradeaus weiterfahren und an der Hauptstraße nach links auf dem Wiemerskamper Weg bis zum Infohaus zurückradeln. Fußgänger biegen vorher nach links durch ein Holzdrehkreuz in den schmalen Pfad „Am Professormoor" ab. Er mündet auf den Alten Grenzwall, auf dem man nach links wandert, bis er schließlich auf den Duvenstedter Triftweg mündet. Nach rechts eingebogen, gelangt man wieder zum Informationshaus zurück und über den Weberstieg auf bekannter Strecke in die Herrenhausallee – und somit wieder auf den historisch-ökologischen Erlebnispfad, an dem sich auch Einkehrmöglichkeiten befinden.

Fast am Ende der Allee biegt man hinter dem **Mühlenteich** nach links in den Mühlenredder ein, der geradeaus durch den Wohldorfer Wald nach Ohlstedt zurückführt. Er mündet in die Bredenbekstraße, und man befindet sich auf dem letzten Abschnitt des Erlebnispfads. Er führt noch an den letzten drei der insgesamt dreißig Stationen vorbei, der „Alten Post", dem „Waldhaus" und der 1954 errichteten Matthias-Claudius-Kirche. Links geht es in die Straße Timms Hege, und nach wenigen Schritten ist die U-Bahn Ohlstedt wieder erreicht.

Restaurant Zum Bäcker
Herrenhausallee 9
In der historischen Bäckerei
☎ (0 40) 60 76 53 97
Außer Mo tgl. 12–22 Uhr
Im besten Sinne rustikale Küche – und daher zu Recht nicht ganz billig

Restaurant Wohldorfer Mühle
Mühlenredder 38
☎ (0 40) 6 07 66 50
Außer Di tgl. ab 12 Uhr, Küche 12–14 und 18–21.30 Uhr
Ländliche Küche mit saisonal wechselnden Gerichten. In einem historischen Gasthaus bei der alten Mühle.

Im Duvenstedter Brook

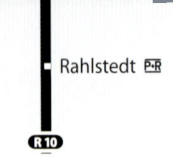

Rahlstedt 🚉

R10

Start
Rahlstedt
R10 alle 30 Min.
Bus 462
Rahlstedter Grenzweg
alle 30 Min.

(Rad-)Wanderung
durch das Naturschutz-
gebiet Höltigbaum nach
Ahrensburg

Länge
ca. 14 km

Rückfahrt
U1 ab Ahrensburg Ost
alle 10–20 Min. oder
R10 ab Ahrensburg
alle 30 Min.

Naturschutzstation
Höltigbaum
Stiftung Naturschutz
Schleswig-Holstein
Eichberg 63
☎ (0 40) 78 07 11 88
Mo–Fr 9–16 Uhr
Mai–Nov. zusätzlich
So 11–15 Uhr
Am Südeingang des Natur-
schutzgebiets

HÖLTIGBAUM

Bisons statt Panzer

**Noch vor wenigen Jahren war der „Höltig-
baum" ein streng gesichertes militärisches
Sperrgebiet. Heute bietet das Gelände Ausflüglern und Naturfreunden einen faszinierenden Einblick in das Entstehen eines neu-
en Naturschutzgebietes. Und sogar Hobbyar-
chäologen hoffen hier wieder auf reiche
Funde.**

Doch bevor man in die urwüchsige Landschaft
des jüngsten gemeinsamen Naturschutzgebietes
der Länder Hamburg und Schleswig-Holstein gelangt, hat man Gelegenheit, sich in der Schweri-
ner Straße die Rahlstedter Bausünden anzusehen.
Vom Bahnhof aus erreicht man den zur Fußgängerzone umgewandelten Bereich. In die viel
befahrene Rahlstedter Straße links eingebogen,
erblickt man schon bald die Martinskirche, einen
modernen weißen Bau. Hier gabelt sich der Weg.
Wir folgen der linken Biegung, der Sieker Landstraße, ein kurzes Stück, um dann links in den
Pahlblöckensredder einzubiegen, der durch einen
Grüngürtel führt. Über die Straße „Wiesenhof",
die vom Pahlblöckensredder nach rechts abzweigt,
trifft man auf die Straße „Bei den Boltwiesen", die
an die Hauptstraße Höltigbaum führt. Man unterquert diese und gelangt nun weiter geradeaus
auf eine Straße namens „Neuer Höltigbaum". Zur
Linken passiert man eine Sportanlage und ein
Parkplatzgelände.

Direkt hinter den Parkplätzen geht es links
in die Straße „Eichberg", an deren rechter Seite
sich die **Naturschutzstation Höltigbaum** befindet.
Der Besuch der kleinen Ausstellung hilft beim
Verständnis der ökologischen Zusammenhänge
des „Naturschutzgebietes Höltigbaum/Stellmoorer
Tunneltal" – so der offizielle, vollständige Name.
Die hier erhältliche Karte leistet bei der Erkundung gute Dienste.

An das 560 ha große Höltigbaum-Areal schlie-
ßen sich zwei weitere Naturschutzgebiete an: Im

Westen, auf Hamburger Seite, das Stellmoorer Tunneltal und im Norden das schleswig-holsteinische Ahrensburger Tunneltal. Damit ergibt sich eine Einheit, die ein geschlossenes, aber abwechslungsreiches Landschaftsbild bietet. Geprägt wurde dieses Bild von mehreren Eiszeiten.

Die letzte Eiszeit war noch nicht vorüber, als sich die ersten Menschen am Höltigbaum ansiedelten. In der dann folgenden Altsteinzeit hatten sie in der baumlosen, steppenartigen Landschaft als Rentierjäger ein ideales Revier. Diese Rentierjäger waren die ersten Menschen, die mit Pfeil und Bogen jagten – und damit die „Ahrensburger Kultur" begründeten. Archäologisch Interessierte wissen, dass sich dies etwa 8200 v. Chr. abspielte. Als Entdecker der Ahrensburger Kultur wurde Alfred Rust in Archäologenkreisen weltberühmt. In den 30er Jahren des 20. Jhs. förderte Rust hier die ersten Hinterlassenschaften der steinzeitlichen Rentierjäger zutage. Auf den Spuren Alfred Rusts durchstreifen heute wieder zahlreiche Amateurarchäologen das Gelände. Ob aber jedes von ihnen aus dem Boden geklaubte, halbwegs spitz zulaufende Steinchen tatsächlich eine steinzeitliche Pfeilspitze ist, darf man wohl bezweifeln.

Zurück ins Hier und Jetzt. Die halboffene Landschaft, die heute für das Naturschutzgebiet charakteristisch ist, gleicht einer historischen Kulturlandschaft. Ein Gebiet, das sich ohne Pflegemaßnahmen, also Beweiden und Mähen, wahrscheinlich zu einem geschlossenen Wald entwickeln würde.

Deshalb haben die Naturschützer ein Pflege- und Entwicklungskonzept entwickelt, das für den Erhalt des jetzigen Landschaftsbildes sorgen soll. Das Konzept sieht vor, dass ein offener Kernbereich von 200 ha ganzjährig im Sinne einer halboffenen Weidelandschaft beweidet wird. Eine robuste Heidschnuckenart und besondere, bisonähnliche Rinderrassen kommen dabei zum Einsatz. So wird verhindert, dass Büsche und Sträucher auf den offenen Grasflächen überhand nehmen. Die zotteligen, urigen Tiere sind zu ihrem eigenen Schutz eingezäunt. Das Weidegebiet erstreckt sich auf der rechten Seite des Hauptweges, der gleich hinter dem Infozentrum beginnt.

Die Wege sind mit dem Rad gut zu befahren, schließlich handelt es sich teilweise um ehemalige Betonpisten für Panzer. Das militärische Erbe des Höltigbaums kann und will das heutige Naturschutzgebiet nicht verleugnen. Panzerspuren, Gefechtshügel und Schanzflächen zeugen von der jüngsten Vergangenheit des Areals. Die Wehr-

Munitionsdepot
Fledermausführungen nach Anmeldung beim Verein Jordsand
☎ (0 41 02) 3 26 56
Kostenlos, Spenden werden gern angenommen

Auch Heidschnucken leben im Naturschutzgebiet Höltigbaum

macht hatte 1937 auf dem Gelände einen Übungs-
platz eingerichtet, in den 50er Jahren übernahm
die Bundeswehr den Höltigbaum. Eine besondere
Hinterlassenschaft der Militärs ist das über 80 ha
große Munitionsdepot. In der größtenteils unterir-
dischen Anlage am Nordrand des Höltigbaum, auf
die der Hauptweg uns führt, haben jetzt Hunderte
von Fledermäusen ein Quartier gefunden. Man
kann das Fledermausquartier im Rahmen einer
Führung besichtigen.

Man verlässt das Naturschutzgebiet über den
Hagenweg und biegt von dort in den Ahrensfelder
Weg ein. Bei den ersten Häusern der Siedlung
„Am Hagen" geht dieser über in den Ginsterweg.
Nach rechts biegt man in den Weg „Brauner
Hirsch" ein. Von hier zweigt bald darauf links die
Hagener Allee ab, die durch den Forst Hagen bis
ins Ahrensburger Zentrum führt (▶ Seite 40).

Im Forst Hagen sind noch einige Erdwälle der
Burg Arnesvelde aus dem 14. Jahrhundert zu
sehen. Die Burg selbst, der die Stadt Ahrensburg
ihren Namen verdankt, existiert nicht mehr.

kamp
Ahrensburg
West ⊞

Ahrensburg
Ost ⊞

Schmale

Start
Ahrensburg
R10 alle 30 Min.
Ahrensburg West
U1 alle 10–20 Min.

Stadtausflug
Schlossbesichtigung

Karte ▸ Seite 37

Schloss Ahrensburg
Lübecker Straße 1
22026 Ahrensburg
((0 41 02) 4 25 10
www.schloss-ahrensburg.
de
März–Okt.
Di–Do, Sa/So 11–17 Uhr
Nov.–Feb.
Mi, Sa, So 11–17 Uhr
Eintritt:
Erwachsene 4 €,
Kinder bis 12 Jahre 1,50 €,
Familienkarte 8 €,

**Bienen-Lehr- und
Schaugarten**
An der Bagatelle 2,
angrenzend an den
Schlosspark
((0 41 02) 4 19 18
Mai–Sept.
1. und 3. So im Monat
14–17 Uhr
Okt.–Apr.
1. So im Monat
14–17 Uhr

AHRENSBURG

In Filzpantoffeln durch Prunksäle

Hamburgs schönstes Schloss liegt nicht in der Hansestadt, sondern in Schleswig-Holstein. Das Schloss Ahrensburg verdankt seine Pracht einem dänischen Minister. Oder besser: Westindischen Sklaven.

Vom Bahnhof sind es nur wenige Schritte in den kleinen Stadtkern von Ahrensburg. Dort bietet sich bald ein herrlicher Anblick: Inmitten eines Parks erhebt sich auf einer Insel der strahlend weiße Bau eines Schlosses. Das Wahrzeichen der Stadt Ahrensburg gehört zu den am besten erhaltenen Renaissancebauten Schleswig-Holsteins. Seit 1938 ist es als Museum zugänglich und legt Zeugnis ab von der adligen Wohnkultur des 18. Jhs. Und das, obwohl der Mann, der hier sein Repräsentationsbedürfnis auslebte, so gar kein typischer Adeliger war.

Aber der Reihe nach. Schon um das Jahr 1585 hatte Peter Rantzau, ein Spross des weitverzweigten Holsteinischen Uradelsgeschlechts, den befestigten Herrensitz als Mittelpunkt seines ausgedehnten Gutsterritoriums errichten lassen. Die Grundzüge, die Hofanlage und der bauliche Kernbestand sind trotz aller Umgestaltungen bis heute erhalten: Eine von breiten Wassergräben und dem aufgestauten Mühlenteich umzogene rechteckige Insel mit Resten von Befestigungswällen, auf der sich das Schloss auf einem hohen Granitsockel erhebt. Die Rantzaus regierten von ihrem Herrensitz mehrere Generationen lang, bis wirtschaftliche Schwierigkeiten im 18. Jh. zum Niedergang des Gutes führten.

Im Jahre 1759 erwarb Carl Schimmelmann den vor dem Konkurs stehenden Besitz. Zu dieser Zeit war Schimmelmann schon ein schwerreicher Mann, der es vom kleinen mecklenburgischen Kaufmann als Heeresausrüster Friedrichs des Großen, als Steuerpächter, als Spekulant sowie als

Schatzmeister des dänischen Königs zu etwas gebracht hatte. Nun war er auf die Idee verfallen, marode Güter zu kaufen, um auf ihnen Gewerbe anzusiedeln und Manufakturen zu betreiben. Das Schloss war sozusagen nur eine Dreingabe. Gleichwohl stattete er seinen Besitz prachtvoll aus.

Schloss Ahrensburg

Das war ein Leichtes für Schimmelmann, zumal er als Unternehmer bald in einen lukrativen Dreieckshandel einstieg: Von Europa brachte er mit eigenen Schiffen Gewehre und Tand nach Afrika, von Afrika Sklaven nach Amerika, mit Rohrzucker kehrten seine Schiffe aus der Karibik zurück. Schnell war Schimmelmann einer der größten Sklavenhändler der Westindischen Inseln.

Diese Vorabinformation lässt die Besucher des Schlosses die Pracht vielleicht mit etwas kritischeren Augen betrachten, wenn sie mit dicken Filzpantoffeln die Säle durchstreifen. Natürlich dient das unhandliche Schuhwerk der Schonung des Schmuckparketts. Es ist mit Ahorn auf Nussbaum, mit Eiche sowie Kirschbaumholz ausgelegt, stammt aus dem Jahre 1855 und ist somit schon nicht mehr mit Sklavenblut getränkt.

Von der Gartenanlage, die Graf Schimmelmann (denn zum Grafen hatte der dankbare Dänenkönig den Krämer noch ernannt) geplant, aber nur zu Teilen realisiert hatte, blieb fast nichts erhalten. Die heutige gärtnerische Gestaltung geht auf eine Anlage im englischen Stil von 1870 zurück. Beim Rundgang ergeben sich schöne Ausblicke über den Mühlteich auf die aus dem 17. Jh. stammende Schlossmühle und den Marstall aus dem Jahre 1845.

Restaurant Strehl
Reeshoop 60 a, direkt neben dem badlantic
((0 41 02) 4 12 61
Mo–Sa ab 17,
So 12–14.30 und ab 17 Uhr
Di/Mi Ruhetag
Gehobene Regionalküche, berühmt für Wildspezialitäten aus eigener Jagd

badlantic
Hallen- und Freibad mit Sauna
Reeshoop 60
((0 41 02) 4 82 80
Mo 12–20.15 Uhr,
Di, Mi, Do 6.30–21.45,
Fr 6.30–20.45 Uhr
Sa/So 9–18.45 Uhr
Preise Hallenbad:
Tageskarte 7 €,
Kinder bis 16 Jahre 4 €
Preise Freibad:
3 €, Kinder 2 €
www.badlantic.de

Start
Ahrensburg West
[U1] alle 10–20 Min.

(Rad-)Wanderung
rund um den
Bredenbeker Teich

Länge
ca. 9 km

Karte ▸ Seite 37

BREDENBEKER TEICH

Ab auf die Insel

Die Seen der Holsteinischen und der Stormarnschen Schweiz sind seit langem beliebte Ausflugsziele. Fast noch ein Geheimtipp hingegen: Der Bredenbeker Teich.

Dass der Bredenbeker Teich kaum bekannt ist, erstaunt, weil er äußerst verkehrsgünstig liegt, nämlich in direkter Nähe zum U-Bahnhof Ahrensburg West. Gleich hinter dem Bahnhof führt ein schmaler Weg in ein urwüchsiges, teilweise etwas sumpfiges Grüngebiet, das von einigen Bächen und Rinnsalen durchflossen wird. Wer dem dortigen Bachverlauf folgt, gelangt auf den Wulfsdorfer Weg – genau dort, wo sich der alte Jüdische Friedhof Ahrensburg befindet. Der im Jahre 1822 angelegte Begräbnisplatz ist hinter einer Mauer versteckt und leider nicht zur Besichtigung geöffnet. Der Blick durch das Gittertor gibt aber den Blick frei auf das Gelände: Unter mächtigen Bäumen drängen sich die einheitlich hohen Grabsteine, auf denen noch die lateinischen und hebräischen Schriftzeichen zu erkennen sind.

Für die Umrundung des Bredenbeker Teichs folgt man dem unscheinbaren, aber ausgeschilderten Weg, der nahe dem Westufer entlangläuft, im Uhrzeigersinn. Dabei bietet sich schon nach einiger Zeit die erste Möglichkeit, eine Insel zu besuchen. Das winzige Eiland ist mit zwei Dämmen, Schlehenstieg und Föhrenstieg, mit unserem Ufer und dem gegenüberliegenden verbunden. Man könnte also die Umrundung des Bredenbeker Teiches hier erheblich abkürzen. Das aber wäre schade, denn für den weiteren Wegverlauf, der über schmale Feld- und Uferwege führt, lässt sich nur der sonst leicht überstrapazierte Begriff malerisch verwenden. Immer wieder bieten sich abwechslungsreiche Blicke über das Wasser auf die andere Seite des Ufers, teils waldbestanden, teils von Feldern gesäumt.

Das **Strandbad**, zu dem der Weg führt, beeindruckt eher durch landschaftliche Schönheit, als durch besonderen Komfort. Zu dem weitläufigen Gelände gehört auch eine Insel, die sich immerhin 52 m über den Bredenbeker Teich erhebt. Auch diese Insel lässt sich über einen Damm trockenen Fußes erreichen. Also haben auch Nichtschwimmer die Chance, das idyllische Landschaftspanorama zu genießen. Bei aller landschaftlichen Schönheit fällt ein Schandfleck um so mehr ins Auge: der zum Gelände des Strandbades gehörende Dauercampingplatz, der so gar nicht in die Natur passen will.

Nach einem erfrischenden Bad – oder nachdem man fast den ganzen Tag badend oder sonnenbadend im Strandbad verbracht hat – geht es um einen Golfplatz herum zur Straße mit dem treffenden Namen Am Golfplatz. Auf ihr nach rechts eingebogen, gelangt man über den Haidschlag wieder zum Wulfsdorfer Weg – und zum U-Bahnhof Ahrensburg West.

Für Radfahrer bietet sich noch ein Abstecher zum Staatsgut Wulfsdorf an (gut ausgeschildert). Im prächtigen ehemaligen Gutshaus ist hier das „Haus der Natur" mit wechselnden Ausstellungen zum Thema Natur untergebracht. Im benachbarten Hofladen des Gutes werden Produkte aus eigenem Anbau angeboten und alles, was sonst noch zum Sortiment eines Naturkostladens gehört. Aber von Natur haben wir heute ja fast schon genug.

Strandbad
(CBT – Campingplatz Bredenbeker Teich)
☎ (0 41 02) 5 85 63
Geöffnet 15. Mai–15. Sept., witterungsabhängig, meist 10–19 Uhr

Haus der Natur
im Gutshaus Wulfsdorf
Informationszentrum des Vereins Jordsand
☎ (0 41 02) 3 26 56
Bornkampsweg 35
22926 Ahrensburg
Tgl. 10–17 Uhr
U1 Buchenkamp

Bredenbeker Teich

Ahrensburg

Start
Ahrensburg Ost
U1 alle 10–20 Min.

Wanderung
von Ahrensburg Ost
nach Großhansdorf

Länge
ca. 5 km

Rückfahrt
U1 von Großhansdorf
oder Kiekut
alle 10–20 Min.

Im Staatsforst Trittau

STAATSFORST TRITTAU

Wälder und Villen

Von einem Häuschen im Grünen träumen viele, manche gar von einer Villa am Waldrand. Wer sich den Traum in Großhansdorf, der traditionsreichen Villenkolonie nordöstlich von Hamburg, verwirklichen kann, der muss schon zu den Betuchteren gehören.

Seit etwa hundert Jahren gilt der Ort Großhansdorf am Rande des Staatsforstes Trittau als bevorzugte Wohngegend wohlhabender Hamburger. Schon in den 20er Jahren sorgten die einflussreichen Großhansdorfer dafür, dass ihr Ort bald an das neue Hamburger U-Bahnnetz angeschlossen wurde.

Ausgangspunkt der Tour ist aber der U-Bahnhof Ahrensburg Ost. Von dort aus folgt man der Straße Am Aalfang, die neben dem Hopfenbach entlang führt. Zur Rechten taucht bald eine Hochstraße auf. Unterquert man das Bauwerk, gelangt man in die Sieker Landstraße und erblickt dort bald ein inmitten eines großzügigen Parks gelegenes schlossähnliches Anwesen. Anfang des 20. Jhs. wurde es im Auftrag eines reichen Kaufmannes errichtet. Heute ist darin das Institut für Forstgenetik und Forstpflanzenzüchtung untergebracht. Der Park muss von außen bewundert werden, er ist der Öffentlichkeit leider nicht zugänglich. Auf der gegenüberliegenden Straßenseite hat mit einem nicht ganz so beeindruckenden Park, aber mit einem noch respektheischenderen Namen das Biochemische Institut für Umweltcarcinogene repräsentatives Quartier bezogen.

Leider wird der Staatsforst Trittau, an dessen Rand wir uns jetzt schon befinden, durch die Hansdorfer Landstraße in zwei Teile zerschnitten. Nahe der Straße, im südlichen Teil, liegt gleich zu Anfang der **Manhagenteich**. Trotz der Algenbelastung nutzen ihn im Sommer manche Unerschrockene als Badegelegenheit. Hier am Teich oder auf der nahen Liegewiese kann man schon die erste Rast einlegen. Der Staatsforst Trittau

wird nicht forstwirtschaftlich genutzt, sondern dient vor allem der Erholung. Mit einer Mischung aus den unterschiedlichsten alten Laub- und Nadelbäumen erwartet uns hier keine der üblichen Holzplantagen. Diverse Wander- und Spazierwege durchziehen den Wald. Ebenso zahlreich wie die möglichen Routen sind die Markierungen und Hinweistäfelchen – mit dem Ergebnis, dass die Orientierung eher erschwert wird. Das ist allerdings nicht allzu schlimm, denn erstens ist der Forst nicht sehr groß und zweitens kann man, wenn man dann tatsächlich an den Waldrand stößt, dort überall die großzügigen Villen bewundern.

Beizeiten gilt es zu überlegen, ob der Weg schließlich in den Ort Großhansdorf führen soll oder durch den südöstlichen Teil des Forstes, den Hamburger Wald, zur U-Bahnstation Kiekut, die direkt am Waldrand liegt. Beim Weg nach Großhansdorf lohnt ein Abstecher zum **Mühlenteich**. Der wird zwar vom so genannten Mühlenbach durchflossen und liegt am Hansdorfer Mühlendamm, doch eine Mühle oder einen Hinweis, wo eine solche einmal gestanden haben mag, sucht der Ausflügler vergebens.

Der Ort **Großhansdorf** ist quasi in den Wald hineingebaut worden. Neben den vielen ruhigen Villenstraßen gibt es nur eine kurze Hauptstraße namens Eilbergweg, an der sich alle Geschäfte drängen und die auch direkt auf den U-Bahnhof Großhansdorf führt. Von der U-Bahn aus, die von hier bis weit nach Hamburg hinein oberirdisch verkehrt, haben wir noch eine letzte Gelegenheit, einen Blick in die Gärten und auf die Villen zu werfen – auf dem Weg zurück in die Etagenwohnung.

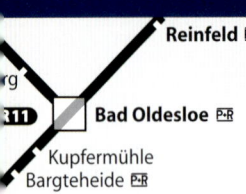

Reinfeld ⊟

Bad Oldesloe ⊟

Kupfermühle
Bargteheide ⊟

Start
Bad Oldesloe
R10 R11
alle 60 Min.

**Stadtbesichtigung
und Radtour**
von Bad Oldesloe nach
Henstedt-Ulzburg

Länge
ca. 25 km

Rückfahrt
Bhf. Henstedt-Ulzburg
A1 alle 20–40 Min.
nach Eidelstedt,
A3 alle 60–120 Min.
nach Elmshorn

**Heimatmuseum
Bad Oldesloe**
Königstraße 32
23843 Bad Oldesloe
((0 45 31) 21 43
Fr 14–16 Uhr,
Sa 10–12 Uhr
und nach Vereinbarung
unter ((0 45 31) 31 77
Eintritt frei

Ratskeller
Mühlenstraße 3
23843 Bad Oldesloe
((0 45 31) 34 46
Tgl. 11.30–24 Uhr
Im Sommer kann man
auch draußen sitzen, näm-
lich direkt in der Fußgängerzone.

BAD OLDESLOE

Einst ein Bad

**Viel ist in Bad Oldesloe von der ruhmreichen
Vergangenheit als Kurbad nicht mehr zu
spüren, dennoch lohnt ein Besuch der Trave-
stadt. Und die schöne Umgebung ist allemal
eine Radtour wert.**

Die bequemste Radtour von Bad Oldesloe aus ist
sicher die Strecke nach Henstedt-Ulzburg. Der
Weg – ein Teilstück des Radfernwanderweges
Lübeck-Glückstadt – verläuft die meiste Zeit auf
einer ehemaligen Bahntrasse.

Vor der eigentlichen Radtour aber sollte man
eine Besichtigung der nordwestlich des Bahnhofs gelegenen **Altstadt** einplanen. Hier fließt
die Trave in einer großen Schleife mit der Beste
zusammen und macht die Altstadt quasi zu einer
Insel. Im Mittelalter, als die Trave von Lübeck aus
mit den speziellen Travekoggen noch bis Oldesloe
schiffbar war, entwickelte sich die Stadt zu einem
bedeutenden Umschlag- und Handelsplatz. Davon zeugt das Lübsche Haus, auch Blaues Haus
genannt. Das einstige Lagerhaus am Traveufer ist
heute neben der Peter-und Paul-Kirche von 1764
das älteste Gebäude der Stadt – und überhaupt
der einzige wirklich alte Bau, denn ein verhee-
render Stadtbrand zerstörte im Jahre 1798 den
größten Teil Bad Oldesloes. Der Wiederaufbau
erfolgte durch den berühmten Baumeister und
Begründer des „weißen Klassizismus" Christian
Frederik Hansen. Von ihm stammen auch das
Stadthaus und das Rathaus. Zahlreiche kleine
Gassen, Durchgänge und Brücken verleihen der
Altstadt bis heute besonderen Reiz.

Über die Geschichte der Stadt kann man sich –
jedenfalls freitags und samstags – im Heimatmuseum Bad Oldesloe informieren. Die Ausstellung,
nur ein paar Schritte südlich von der Altstadt in
der Königstraße gelegen, führt zurück bis in die
Jüngere Altsteinzeit 12 500 bis 10 000 v. Chr.
Werkzeuge aus dieser Epoche hat man zahlreich
in der Umgebung der Stadt gefunden. Die Ge-

schichte Bad Oldesloes endet im Museum in der Neuzeit und beantwortet endlich die Frage, die wir uns schon die ganze Zeit gestellt haben: Wieso nennt sich Bad Oldesloe „Bad" Oldesloe? Denn von Kureinrichtungen haben wir bei unserer bisherigen kurzen Erkundung nichts mitbekommen.

Bürgerhaus Bad Oldesloe

Bad Oldesloe ist ein ehemaliges Sole-, Moor- und Schwefelbad. Die Entdeckung einer Schwefelquelle 1812 war der Anlass, bereits ein Jahr später mit bereits vorhandener Sole und Moor einen Badebetrieb einzurichten. Oldesloe war das erste Bad seiner Art in Norddeutschland, und wegen des regen Zuspruchs erfolgte ein schneller Ausbau des Badebetriebes. Ein Kurhaus mit dem „größten und schönsten Saal im Lande" wurde 1828 errichtet. Während der Blütezeit als Kurbad zählte Bad Oldesloe bis zu 6000 Badegäste – bei gerade einmal 1800 Einwohnern. Aber das ist alles längst Geschichte. Die Konkurrenz der aufkommenden Seebäder und die allgemeine Wirtschaftskrise ließen die Anziehungskraft Bad Oldesloes sinken. Ende der zwanziger Jahre wurde der Kurbetrieb eingestellt. Heute ist die Vergangenheit des Bades im Museum gelandet. Auf den Titel Bad allerdings mag die Stadt Oldesloe nicht verzichten.

Radtour nach Henstedt-Ulzburg

Das Einzige, was von der Kurbadvergangenheit erhalten ist, ist der Kurpark. Die malerische Anlage erstreckt sich südlich der Altstadt am Ufer der Beste. Und genau hier, nämlich durch den Kurpark, direkt am Ufer der Beste entlang, verläuft der Radfernwanderweg Lübeck-Glückstadt, dem wir nun bis Henstedt-Ulzburg folgen. Am Stadtrand von Bad Oldesloe führt der Weg ein erstes und einziges Mal an einer belebten Straße

entlang, an der B 75, die hier Hamburger Straße heißt. Aber schon nach 1,5 km verlassen wir in Blumendorf die Bundesstraße und biegen nach rechts ab, um auf der zum Rad- und Wanderweg umgewandelten Bahntrasse ungestört zu radeln.

Erste Station der Reise ist **Grabau**, oder besser der **Grabauer See**, etwas nördlich des Radfernweges gelegen. Dieser See ist nicht wie so viele andere schleswig-holsteinische Seen ein Produkt der Eiszeit. Er entstand vielmehr im Mittelalter durch das Aufstauen der Norderbeste, des Flüsschens, das sich bei Blumendorf mit der Süderbeste zur Beste vereint, die wir ja aus Bad Oldesloe schon kennen. An der Siedlung Hoherdamm, nahe unserem Radweg, findet sich noch heute der Rest einer Wassermühle. Es wird vermutet, dass Reinfelder Mönche (▸ Seite 54) die Urheber waren. Heute ist der See mit einem dichten Schilfgürtel umgeben und bietet hier vielen Wasservögeln ein ideales Rückzugsgebiet.

Das Dorf Grabau ist nach den historischen Strukturen neu gestaltet. Die künstliche Idylle ist sicher nicht jedermanns Geschmack, doch stellt sie einen fairen Kompromiss dar zwischen den vielen ohne Rücksicht auf Vergangenes verschandelten „modernen" Dörtern und den verkitschten Wiederaufbauten im Stil eines bewohnten Freilichtmuseums.Wer keinen Abstecher nach Grabau unternimmt, der hat bald die Möglichkeit, kurz vor Sülfeld, der nächsten Station der Tour, nach rechts zum 3 km entfernten **Klingberg** zu radeln. Von dem 78 m hohen Berg bietet sich ein schöner

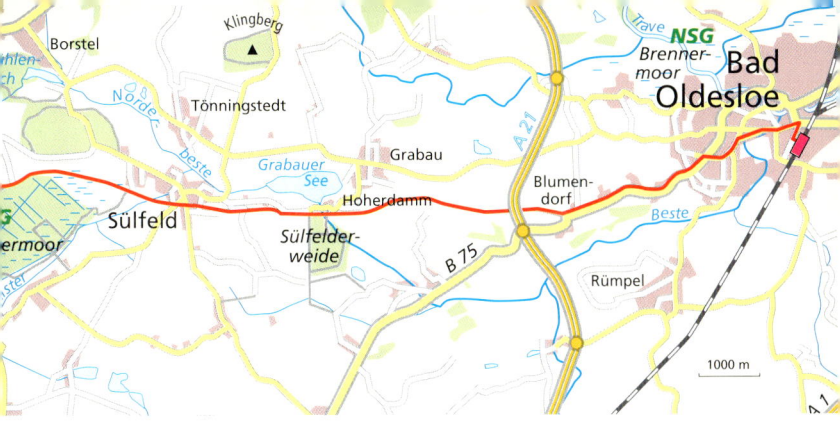

Blick über die weite Landschaft Nordstormarns.

Sülfeld streifen wir am südlichen Ortsrand. Der Straßenname „An der Bahn" erinnert hier noch an den Ursprung des Radweges. Hinter Sülfeld verläuft der Radfernweg durch ein urwüchsiges Naturschutzgebiet, das Sülfelder Moor. Nach etwa 7 km stößt der Weg auf die B 432, die man überquert, um am nördlichen Ortsrand von Nahe problemlos weiterzuradeln. Das Dorf **Nahe** ist schon ein Teil des nördlich unserer Route gelegenen Ortes Itzstedt. Den **Itzstedter See** sollten sich Badefreunde nicht entgehen lassen. Neben den drei (!) Campingplätzen haben die Gemeindeväter an seinem Ufer eine schöne Seebadeanstalt angelegt. Der Weg zum See führt in Nahe an der Dorfstraße, über die unsere Trasse verläuft, nach rechts und endet genau an der Badeanstalt.

Nach weiteren 10 km auf dem Radroute erreicht man die 26 000 Einwohner zählende Gemeinde **Henstedt-Ulzburg**. Sie ist aus den Dörfern Henstedt, Ulzburg und Götzberg entstanden. Heute ist Henstedt-Ulzburg eine typische Schlafstadt im Speckgürtel Hamburgs. Kurz vor dem Ziel gibt's in Henstedt-Ulzburg noch eine letzte Chance, ein Bad zu nehmen. Das Naturbad Beckersberg ist ein gut ausgestattetes Freibad an einem naturbelassenen Badesee in zentraler Lage, nur einen Katzensprung von unserer Bahntrasse entfernt – und leider im Sommer recht überlaufen.

So wie einst die Bahn, auf deren Trasse wir heute unterwegs waren, endet auch der Radweg direkt am Bahnhof Henstedt-Ulzburg.

Naturbad Beckersberg
Beckersbergstraße
Henstedt-Ulzburg
☎ (04193) 75 95 85 (Saisontelefonnummer)
Mitte Mai–Anfang Sept.
10–19 Uhr,
je nach Witterungsverhältnissen auch länger
2 €, ermäßigt 1 €,
Kinder bis 4 Jahre 0,50 €

Rickling ⊟
Wahlstedt ⊟
Fahrenkrug ⊟
Bad Segeberg ⊟
Altengörs ⊟
Wakendorf ⊟

Start
Bad Segeberg
R11 alle 60 Min. von
Bad Oldesloe
(Anschluss von
Hamburg mit **R10**)

**Stadtbesichtigung
und Rundwande-
rung**
um den Großen
Segeberger See

Länge
ca. 12 km

Tourist- und Kurinfor-
mation der Stadt Bad
Segeberg
Oldesloer Straße 20
23795 Bad Segeberg
((0 45 51) 96 49-0
www.badsegeberg.de
Mai–Sept.:
Mo–Fr 9–18, Sa 9–15 Uhr,
Okt.–Apr. Mo–Fr 9–16 Uhr
Stadtführung
Treffpunkt: Tourist-Infor-
mation Mi 15 Uhr

Karl-May-Spiele Bad
Segeberg
Veranstalter: Kalkberg
GmbH
Karl-May-Platz
23795 Bad Segeberg
((0 45 51) 95 21-0,
Vorstellungen Juni–Sept.
Do–Sa 15 und 20 Uhr,
So 15 Uhr
Karten je nach Sitzplatz-
kategorie 12,50–23,50 €,
Kinder 9–17,50 €
Infos und Eintrittskarten
((0 18 05) 95 21 11
www.karl-may-spiele.de

BAD SEGEBERG

Bad Segeberg ohne Karl May?

Dass jeder zuerst an Karl May denkt, wenn der Name Bad Segeberg fällt, damit hat man sich in der ostholsteinischen Stadt mittlerweile abgefunden. Aber auch ohne die berühmten Karl-May-Festspiele ist Bad Segeberg allemal einen Ausflug wert.

Wie sehr Bad Segeberg von den Festspielen geprägt ist, zeigt sich schon beim Verlassen des Bahnhofs: Unübersehbar sind die Wegweiser zur Freilichtbühne. Und auch falls ein Besuch der Karl-May-Festspiele heute nicht auf unserem Programm steht, sollten wir ruhig der Ausschilderung folgen. Der Kalkberg, das 91 m hohe Wahrzeichen Bad Segebergs, zu dem uns der Weg führt, dient seit 1952 als eindrucksvolle Kulisse bei den jeden Sommer stattfindenden Karl-May-Festspielen. Selbst nach über 50 Jahren haben die Freilicht-Spektakel nichts von ihrer Popularität verloren. Und so sattelt auch dieses Jahr der edle Apachenhäuptling wieder sein treues Pferd Iltschi und reitet dem ewigen Kampf für Gerechtigkeit und wahre Freundschaft entgegen.

Wildwestfans besuchen neben der Festspiel-Aufführung auch noch das neben der 7 500 Besucher fassenden **Freilichtbühne** gelegene Indian Village. In dieser Westernstadt mit Blockhäusern, der Wohnung einer Siedlerfamilie und dem Marshall-Office samt Gefängnis wird neben den Ausstellungen zur Geschichte der Indianer und der Karl-May-Festspiele vor allem allerlei Unterhaltung für Kinder geboten.

Was man sich aber auf keinen Fall entgehen lassen darf, ist die Besteigung des **Kalkberges**. Durch wild zerklüftete, felsige Landschaft geht der Aufstieg bis kurz unter den Gipfel. Der Blick über die Stadt Bad Segeberg und die malerische Umgebung mit ihren Wiesen, Wäldern und Seen ist wahrhaft beeindruckend. Man kann hier von

oben in den historischen Brunnenschacht der Siegesburg, die einst auf dem Gipfel des Kalkberges thronte, hineinschauen. Kaiser Lothar der II. war es, der sie im Jahre 1134 erbauen ließ. 1644, während des 30jährigen Krieges, wüteten die Schweden in Segeberg. Zwar blieb die Stadt verschont, dafür wurde die Burg zerstört und später vollständig abgebrochen.

Im Jahre 1876 begann man nach Salz zu bohren und wurde nach zwei Jahren fündig: Am Kalkberg fand sich in einer Tiefe von 148 m Salz von besonders guter Qualität. Das Wasser am Grunde eines Salzschachtes erwies sich als voll gesättigte Sole von heilkräftiger Wirkung. Damit war der Grundstock des Kur- und Heilbades gelegt, und 1884 eröffneten die Stadtväter von Bad Segeberg das erste Kurhaus am Segeberger See.

Auf das Jahr 1913 schließlich datiert das letzte spektakuläre Ereignis in Bad Segeberg. Spielende Kinder stiegen damals am Kalkberg, auf dem wir ja nach dem Genuss des grandiosen Ausblicks gerade wieder hinab klettern, in ein Loch - und entdeckten darunter eine riesige Höhle, oder besser ein fast 1000 m langes Höhlensystem. Es sind Deutschlands nördlichste Höhlen und seit Jahrzehnten eine Attraktion für Millionen von Besuchern. Über 16 000 Fledermäuse kommen jedes Jahr in die Höhlen. Etwa zweihundert Arten sollen es sein Alles über die Welt der Fledermäuse präsentiert gleich nebenan die Erlebnisausstellung Noctalis. Sie ist ganzjährig geöffnet und hat sich unter anderem zum Ziel gesetzt, Vorurteile vieler Menschen gegenüber Fledermäusen abzubauen. Einen Höhepunkt bietet das **Fledermauszentrum** im obersten Stock. Hier leben über 100 Blattnasen-Fledermäuse hinter einer 75 qm großen Glasfront und warten auf die gespannten Blicke der Besucher

Aus der faszinierenden Welt der Fledermäuse steigen wir hinab in die Altstadt, die im wesent-

Restaurant
Das Bergschlösschen
Am Kalkberg 31
23795 Bad Segeberg
☎ (0 45 51) 99 95 40
Di–Sa 18–22,
So 12–22 Uhr
Direkt auf dem Kalkberg gelegen, fantastische Aussicht, große Terrasse

Noctalis – Welt der Fledermäuse und Kalkberghöhlen
Oberbergstraße 27
23795 Bad Segeberg
☎ (0 45 51) 8 08 20
April bis September
Tgl. 9–18 Uhr
Oktober bis März
Mo–Fr 9–17 Uhr,
Sa/So 10–18 Uhr
Erw. 7 €, Kinder 5 €

Kalkberghöhlen
April bis September
Tgl. 10–18 Uhr,
letzte Führung um 17 Uhr
Für Menschen mit Atemwegserkrankungen ist die Höhle ganzjährig geöffnet: Fr 14–15 Uhr
Erw. 4,50 €, Kinder 3 €

Kombi-Ticket Noctalis und Kalkberghöhlen: Erw. 9,70 €, Kinder 6,70 €
www.noctalis.de

Bürgerstuben
Lübecker Straße 12 a
23795 Bad Segeberg
((0 45 51) 74 75
Tgl. außer Di 11–14 Uhr
und 18–22 Uhr
Im denkmalgeschütztem
Haus in der Altstadt un-
tergebracht, Holsteiner
Küche

**Heimatmuseum im Alt-
Segeberger-Bürgerhaus**
Lübecker Straße 15
23795 Bad Segeberg
((0 45 51) 96 42 04
Apr.–Okt.
Di–Fr 10–17 Uhr,
Sa/So 14.30–17 Uhr,
Nov.–März geschlossen
1 €, Kinder bis 14 Jahre
0,50 €, Familienkarte
2,50 €

**Strandbad Großer
Segeberger See**
Am Südufer gelegen
((0 45 51) 49 91
Mai–Sept. 9–19 Uhr, bei
Bedarf abends länger

lichen aus der Lübecker Straße besteht. Sie zieht sich in einer weiten, sanften Kurve um den nördlichen Kalkberg. Das älteste Haus ist hier – und damit in ganz Bad Segeberg – das „Alt-Segeberger-Bürgerhaus" von 1606. Heute ist in dem Bau das Heimatmuseum untergebracht.

Überragt wird die Altstadt vom Turm der Marienkirche, einem der bedeutendsten romanischen Bauwerke in Norddeutschland. Der Baubeginn fällt auf das Jahr 1156. Es ist der erste Bau überhaupt, bei dem das Gewölbe aus Backstein geschaffen wurde. Nach der Besichtigung der Kirche sollte man noch einen Blick auf den hinter dem Gotteshaus gelegenen Friedhof werfen.

Es bietet sich an, gleich vom Friedhof ans Ufer des Großen Segeberger Sees zu spazieren. Es sei denn, man will in der Fußgängerzone, die direkt vor der Kirche beginnt, noch etwas Proviant für die Wanderung um den See einkaufen. Was eine gute Idee ist, denn der Weg führt durch gastronomisches Niemandsland. Auf jeden Fall stößt der Friedhof im Norden direkt an den Rundwanderweg um den **Großen Segeberger See**, genau dort, wo sich die Bootsvermietung befindet.

Der Rundwanderweg um den Großen Segeberger See verläuft den größten Teil der Strecke unmittelbar am Ufer des Sees. Insgesamt soll er – wenn man denn den Schildern glauben will – 8,5 km lang sein und in 2,5 Stunden zu umrunden sein. Es sei hier aber ausdrücklich empfohlen, etwas mehr Zeit einzuplanen und keinen Gewaltmarsch zu absolvieren, sondern an einigen der vielen schönen Stellen eine Pause einzulegen. Auch ein erfrischendes Bad bietet sich an. Das offizielle Strandbad Großer Segeberger See liegt nur ein paar Schritte von unserem Ausgangspunkt entfernt, wenn wir uns nach rechts halten. Aber Wasserfreunde sind nicht auf das bisweilen etwas wuselige Strandbad angewiesen. Auf eine nette Badestelle stößt man etwa in der sich in östlicher Richtung ausdehnenden Bucht kurz vor **Stipsdorf**, der einzigen Ansiedlung, die unser Weg streift. Hier besteht auch die einzige Chance, sich zu verlaufen, da der Weg nicht am Ufer entlang führt. Also verschärft auf die Wegmarkierungen achten!

Am Nordufer gibt es noch einen kleinen Badestrand nahe einem Campingplatz, danach verläuft der Wanderweg am bewaldeten Westufer zurück in Richtung Bad Segeberg. Am Ende der Rundtour findet sich der Wanderer im Kurviertel von Bad Segeberg wieder. Hier am Südwestufer herrscht tatsächlich klassische Kuratmosphäre.

Am Beginn der Seepromenade, dort wo der Musikpavillon steht, lohnt es sich, einen Abstecher in die Bismarckallee hinein zu machen - zur Städtischen Kunsthalle und zur Villa Flath. Der Holzbildhauer und Maler Otto Flath (1906-1987) lebte

Großer Segeberger See

seit 1935 in Bad Segeberg und schuf hier viele seiner Werke. Schon 1948 wurde dem Wohnhaus und dem Atelier ein erster Ausstellungsraum angegliedert. Daraus entstand im Laufe der Zeit die Kunsthalle Otto Flath. In der Kunsthalle und auf dem Gelände um die ehemalige Villa des Künstlers werden heute Skulpturen, Gemälde und Zeichnungen Otto Flaths gezeigt. Die „Villa Flath" bietet Arbeitsmöglichkeiten und Ausstellungsraum für junge Künstler, die von der Flath-Stiftung gefördert werden. Der kunstbeflissene Ausflügler hat also die Möglichkeit, das Naturerleben rund um den Großen Segeberger See mit einem kulturellen Abschluss zu krönen.

Der Rest des Ausflugs ist schnell beschrieben, denn zurück auf der Seepromenade, die man auch durch den Kurpark erreicht, bietet sich noch einmal für kurze Zeit eine schöner Blick über den See zur Linken. Über die Große Seestraße erreicht man die Fußgängerzone und über Oldesloer und Bahnhofstraße den Bahnhof.

Städtische Kunsthalle Otto Flaht und Villa Flaht
Bismarckallee 5
23795 Bad Segeberg
☎ (0 45 51) 87 99 00
Di–So 14–18 Uhr
1,50 €, Familien 3,50 €

Richtung Lübeck

R10
Reinfeld

Bad Oldesloe

Start
Reinfeld
R10 alle 60 Min.

**Stadtbesichtigung
und Wanderung**
um den Herrenteich

Länge
ca. 9 km

Gasthof Kalkgraben
Hamburger Chaussee 50
23858 Reinfeld
((0 45 33) 29 19,
Mo–Sa 11.30–22 Uhr,
So 11.30–21 Uhr
Traditionsreiches Gasthaus,
an der B 75 gelegen. Die
Spezialität ist seit alters
her – natürlich – Karpfen.
Im Sommer Biergarten.

Kleiner Neuhöfer Teich

REINFELD

Karpfen füttern, Karpfen futtern

Karpfenstadt nennt sich Reinfeld stolz – und verweist auf die jahrhunderte lange Tradition seiner Karpfenzucht. Aber das Städtchen ist nicht nur zur Karpfensaison einen Besuch wert.

Seinen landschaftlichen Reiz verdankt Reinfeld den Karpfen: Der Herrenteich, quasi das Hausgewässer Reinfelds, wurde einst als riesiger Karpfenteich angelegt. Es waren Zisterziensermönche, die seit 1189 zwischen Lübeck und Bad Oldesloe in der Sumpfniederung des Flüsschens Heilsau lebten. Durch das Aufstauen der Heilsau, eines Nebenflusses der Trave, entstand der Herrenteich. Außer diesem 60 ha großen Teich, der eigentlich schon als See durchgehen könnte, legten die Mönche noch zahlreiche weitere, kleinere Teiche an, von denen immerhin acht bis heute existieren. In den so geschaffenen Teichen begannen die Mönche Karpfen, genauer Spiegelkarpfen, zu züchten. Die Tradition der Karpfenzucht hat sich in Reinfeld bis heute erhalten, und der Herrenteich gilt sowohl als der älteste, als auch der größte Karpfenteich überhaupt. (Möglicherweise gibt's in China noch ältere, aber wir wollen nicht kleinlich sein.) Das alljährliche „Abfischen" im Oktober findet in Reinfeld seit 50 Jahren statt.

Der Besucher der Stadt erreicht vom Bahnhof aus in wenigen Minuten über die Bahnhofstraße den Mittelpunkt des Ortes mit dem Marktplatz und der Paul-von-Schoenaich-Straße. Hier steht die evangelisch-lutherische Kirche, bei der es sich nicht, wie bisweilen behauptet wird, um die ehemalige Klosterkirche handelt, sondern um einen 1636 errichteten Ersatz für die Zisterzienserkirche, die an diesem Ort stand. Das ursprüngliche Gotteshaus war ein Jahr vorher einem Unwetter zum Opfer gefallen, bei dem der Staudamm des Herrenteiches gebrochen war. Südwestlich der Kirche befindet sich das Rathaus. Es wurde 1907 im Stil des historischen Barock errichtet, zeigt aber auch Jugendstil-Elemente.

Nur ein paar Schritte sind es nun zur Matthias-Claudius-Straße und dem Südufer des Herrenteiches, an dem die Straße entlangführt. Hier beginnen mehrere ausgeschilderte Wanderwege. Bei unserer Tour schlagen wir den Weg am Westufer des Herrenteiches ein – und kommen dabei an dem an der Matthias-Claudius-Straße gelegenen so genannten Claudius-Pastorat vorbei. In den Stadtplänen ist es meist als „Geburtsstätte von Matthias Claudius" verzeichnet. Das ist allerdings nicht ganz korrekt, denn das Backsteinhaus wurde 1782 erbaut – an der Stelle des Hauses, in dem der berühmte Dichter und größte Sohn der Stadt im Jahre 1740 geboren wurde. Die Stadt Reinfeld hat ihm ein Denkmal am Herrenteich gesetzt.

Hier beginnt auch der Natur-, Lehr- und Erlebnispfad, der den Wanderer rund um den Teich führt. Einige Zeilen aus einem Claudius-Gedicht vor sich her sagend – auch wenn der Mond natürlich noch nicht aufgegangen ist – wandert man den Weg am Westufer des Herrenteichs entlang, vorbei an der Naturbadestelle. Oder man wandert nicht vorbei und nimmt ein erfrischendes Bad.

Dem Weg am Ufer folgend durchquert man einen Fichtenwald und steht bald vor der Wahl, ob man nach links einbiegt und auf dem mit der Nummer 2 gekennzeichneten großen Rundweg in den Staatsforst Reinfeld wandert, oder sich nach rechts orientiert, um weiter am Herrenteich entlang zu wandern. Der Staatsforst Reinfeld erstreckt sich westlich und nordwestlich des

Naturbadestelle Herrenteich
Am Herrenteich
23858 Reinfeld
((0 45 33) 20 01 65
Mai–Sept. 8–20 Uhr

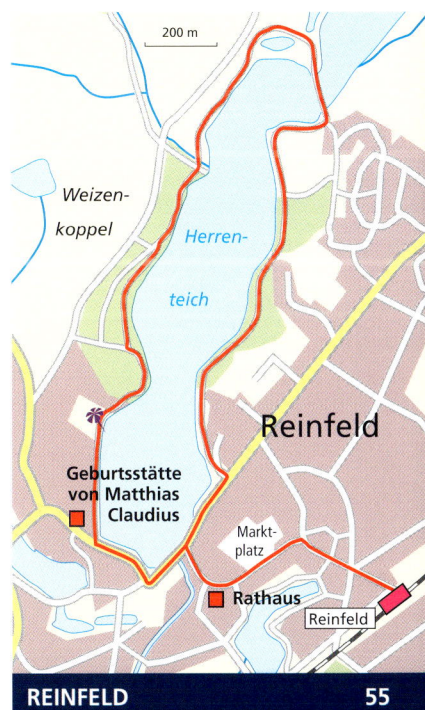

Heimatmuseum Reinfeld
Neuer Garten 9
23858 Reinfeld
☎ (0 45 33) 20 01 64
So 11–12.30 Uhr
und nach Vereinbarung
Der Eintritt ist frei

Herrenteiches. Das Waldgebiet wird nur von einer wenig befahrenen Straße durchquert und bietet auf gut ausgebauten und beschilderten Wegen Naturfreunden ein erholsames Wanderrevier.

Wer nicht so wanderwütig ist, hält sich an den mit der Nummer 1 gekennzeichneten Weg, der rund um den Herrenteich verläuft und gelangt dabei weiter am Ufer entlang zur großen Brücke des Fischhusener Dammes. Der Fischhusener Damm teilt vom Herrenteich den nördlich gelegenen Oberen Herrenteich ab. Von der Brücke hat man einen guten Ausblick auf das Naturschutzgebiet Oberer Herrenteich mit den ihn umgebenden Wäldern und Wiesen. Im Gegensatz zum unteren Teil des Herrenteiches, der zur Erholung und Freizeit genutzt wird, ist der obere Teil nicht direkt zugänglich.

Hinter der Brücke über den Fischhusener Damm verläuft der Wanderweg nun entlang der Ostseite des Herrenteiches. Nach einiger Zeit führt eine Treppe zur Straße, der man nach Süden folgt, um zum Ausgangspunkt der Wanderung, der Promenade am Südufer, zurückzukehren.

Der Weg führt dabei auch zur „Claudius-Mühle". Bereits im 13. Jh. begannen die Zisterzienser-Mönche mit dem Bau von Wassermühlen. Die Mühle in nächster Nähe ihres Klosters am Herrenteich überdauerte fast 700 Jahre. Bei der heutigen Claudius-Mühle, die sich an dem historischen Standort befindet, handelt es sich um einen Klinkerbau aus den 20er Jahren, der inzwischen in eine Anlage für betreutes Wohnen integriert wurde.

Zurück am Ausgangspunkt der Rundwanderung kann man nun noch einen Besuch des nahe gelegenen Heimatmuseums einplanen. Das Museum zeigt neben anderen Exponaten zur Stadtgeschichte eine umfangreiche Sammlung von Funden des nicht mehr erhaltenen Klosterbaues: Profilsteine und Fußbodenfliesen, Dachpfannen und Kleinkeramiken. Auch eine gotische Madonna hat die Wirren der Zeit überstanden und zeugt heute von der großen Vergangenheit des kleinen Ortes.

Kirche in Reinfeld

Wir bringen Sie günstig auf Touren!

**Die 9-Uhr-Gruppenkarte lohnt sich oft schon ab zwei Personen.
Gültig für beliebig viele Fahrten am Lösungstag:
Montag bis Freitag ab 9 Uhr, Samstag und Sonntag ganztägig.**

www.hvv.de

Mehr als ein Ziel   **HVV**

OSTEN

Start
Steinfurther Allee
`U3` alle 5–10 Min.
MetroBus 11
alle 10 Min.

Radwanderung
Steinfurther Allee –
Glinde – Papendorf –
Großensee – Lütjen-
see – Hoisdorf – Groß-
hansdorf

Länge
ca. 35 km

Rückfahrt
`U1` Großhansdorf
alle 10-20 Min.

Baden

Großensee
Freibad Trittauer Straße/
Seestraße, Eintritt.
Großensee (Nordspit-
ze), großer Sandstrand,
teilweise von mächtigen
Kiefern beschattet, am
Ufer relativ flach, Zugang
über Strandweg.
Weitere kleine „wilde"
Badestellen am Westufer
des Großensees, Zugang
über die Straße Am Pfef-
ferberg.

Lütjensee
(Nordspitze), schöner
Sandstrand, frei zugäng-
lich über die Straße See-
redder.

Mönchsteich
Hauptbadestelle an der
Trittauer Straße, kleine
Badestellen am Südufer

STORMARNSCHE SCHWEIZ

Auf totem Gleis

**Der bestausgebaute Radwanderweg im Ham-
burger Umland führt von Glinde in das Seen-
gebiet der Stormarnschen Schweiz. Was die
meisten Radler nicht ahnen: Sie benutzen
eine ehemalige Bahntrasse.**

Von 1907 bis 1952 dampfte die Südstormarnsche
Kreisbahn durch die ländliche Region. Als die
Kleinbahn wie viele andere aufgegeben wurde,
hatten helle Köpfe die Idee, die eingleisige Strecke zu asphaltieren. Heute kann man hier fast
störungsfrei Rad fahren und dabei die schöne
Landschaft genießen.

Ausgangspunkt des Radwanderweges ist das
Städtchen **Glinde**, das leider keinen Bahnanschluss
hat. Daher starten wir unsere Tour am U-Bahnhof
Steinfurther Allee und fahren von dort durch den
nahe gelegenen Grünzug Steinfurther Diek/Glin-
der Au auf Feld- und Wanderwegen nach Glinde.
Weil es in Glinde selbst nicht viel Interessantes
zu entdecken gibt, durchqueren wir die Stadt von
Süd nach Nord über die Mühlenstraße bis zur Autobahn. Eine Brücke führt hier über die Betonpiste
– und direkt auf der anderen Seite beginnt schon
der **Radwanderweg**.

Verfahren kann man sich nun nicht mehr, denn
man bleibt einfach auf der Bahntrasse. Diese führt
vorbei an Stellau, Langelohe und **Papendorf**. Kurz
hinter Papendorf verlassen wir den Radweg, um
nach rechts über Wirtschaftswege Richtung **Großensee** zu fahren. Dort angekommen radeln wir in
Richtung Osten, vorbei am Strandbad, und biegen
von der Trittauer Straße links in den Wald ein.
Wer sich auf malerischen Wegen unter mächtigen
Fichten und Buchen nordwärts hält, der gelangt
zwangsläufig zum **Mönchsteich**.

Hier am Südufer des Mönchsteichs findet man
besonders romantisch gelegene Badestellen. Die
Hauptbadestelle liegt allerdings am gegenüberliegenden Ufer, wo sich auch eine Gaststätte befindet. Die Straße, die hier entlang führt, heißt auch

Trittauer Straße. Wer auf ihr nach links radelt, der ist bald an der Grönwohlder Straße, von der nach wenigen hundert Metern nach links unsere alte Bahntrasse abbiegt.

Jetzt hat uns die Strecke wieder, und wir folgen ihr in Richtung Glinde. Jedenfalls so lange, bis ein Hinweisschild nach **Hoisdorf** zeigt. Ein kurzer Abstecher über die Bahnhofstraße ins Zentrum des schmucken Dorfes lohnt sich für Freunde ländlicher Architektur. Hier hat das Stormarnsche Dorfmuseum in einem Bauernhaus von 1750 Quartier bezogen. Am Museum weisen schon die ersten Hinweisschilder nach Großhansdorf. Auf ruhigen, verkehrsarmen Straßen geht der Weg dorthin und endet direkt am U-Bahnhof.

Stormarnsches Dorfmuseum
Hoisdorf
Thie, Ecke Sprenger Weg 1
((0 41 07) 45 56
Di 9–12 Uhr, Sa 14–17 Uhr

Hotel-Restaurant Forsthaus Seebergen
An den Schwanenteichen
Seebergen 9-15
22952 Lütjensee
((0 41 54) 7 92 90
Ab 12 Uhr,
Küche bis 21.30 Uhr
Traditionsreiches Ausflugslokal und Luxusrestaurant gleichzeitig. Im Sommer große Terrasse direkt am Wasser, Kinderspielplatz.

Billwerder-Moorfleet

Mittlerer Landweg 🚉

Allermöhe ♿

Nettelnburg

Start
Mittlerer Landweg
S2 S21
alle 10 Min.

(Rad-)Wanderung
um die Boberger Niede-
rung, Badesee

Länge
ca. 8 km

Naturschutz-Infohaus
Boberger Furt 50
☎ (0 40) 73 93 12 66
Mi–Fr 9–13 Uhr, Sa 12–17
Uhr, So 11–17 Uhr
Nov.–Feb. samstags
geschlossen
Bus 221 Mo–Sa etwa alle
60 Min., So alle 120 Min.
Fahrradmitnahme mög-
lich (Haltestelle Boberger
Furtweg) von S Mittlerer
Landweg

Badesee
Der Badesee in der Nähe
des Billwerder Billdeiches
ist frei zugänglich.
Bus 330 (alle 60 Min.,
Fahrradmitnahme mög-
lich) bis Haltestelle Billwerder Billdeich 174.

BOBERGER NIEDERUNG

Zwischen Dünen

**Vom S-Bahnhof Mittlerer Landweg gelangt
man in wenigen Minuten in die Boberger
Niederung. Das unter Naturschutz stehende
Areal ist eine der reizvollsten Erholungs-
landschaften im Hamburger Raum. Für Naturschützer ist es noch viel mehr.**

Die Boberger Niederung ist keine künstlich angelegte Erholungslandschaft, sondern war ursprünglich ein von mehreren großen Binnendü-
nen geprägtes Gebiet. Es ist dem Geesthang vorgelagert, der von Blankenese bis Bergedorf das
alte Urstromtal der Elbe begleitet. Zu Beginn des
vorigen Jahrhunderts wurde der Großteil der Dünen als Baumaterial für die Hamburg-Bergedorfer
Eisenbahn und zur Aufschüttung von Billbrook
und Hamm abgebaut. Das im Nordwesten gelegene Achtermoor ist ein Relikt eines viel größeren
Moorgebietes. Es ist ein Feuchtgebiet mit charak-
teristischer Pflanzen- und Tierwelt, das zahlreichen Vogelarten als Brutplatz dient.

Neben den Schönheiten der Natur bietet die
Boberger Niederung zahlreiche Möglichkeiten für
aktive Freizeitgestaltung: Reiter, Angler und Se-
gelflieger finden ein Dorado. Ein großer Badesee,
der aus unerfindlichen Gründen keinen Namen
hat, lädt im Sommer zum Schwimmen ein mit
und ohne Badehose. Mehrere Radwege erschließen das Gelände. Im Winter gilt die Boberger
Niederung bei den Hamburger Wintersportlern
längst nicht mehr als Geheimtipp. Auf zahlreichen
Loipen ziehen sie dann über die Dünen, während
sich der Nachwuchs an den Rodelbergen austobt.

Aktiven Naturgenießern sei ein Besuch des **Naturschutz Informationshauses** am Boberger Furt
weg empfohlen. Die Mitarbeiter der „Gesellschaft
für ökologische Planung e. V." haben mehrere Na-
turlehrpfade eingerichtet. Jeder Lehrpfad ist als
Rundweg angelegt und mit verschiedenen Sym-
bolen markiert. Damit man sich nicht verläuft
und unterwegs richtig schlau wird in Sachen Flo-

ra und Fauna, gibt es zu jedem Weg – Dünenweg, Wiesenweg, Terrassenweg und Moorweg – eine bebilderte Broschüre kostenlos. Also auf jeden Fall vor der Wanderung hier vorbei schauen!

Wenn man schon einmal einen Ausflug in die Boberger Niederung unternimmt, dann sollte man gleich einen Besuch des **Deutschen Maler- und Lackierermuseums** einplanen. Es liegt am Billwerder Billdeich, also an der Bille, die die Boberger Niederung im Süden begrenzt; allerdings schon auf der anderen Seite der Autobahn, die das Gebiet im Nordwesten streift. (Der Bus 330 hält vor der Tür.) Untergebracht ist das Museum im Billwerder Glockenhaus, einem ehemaligen Bauernhaus, so benannt nach dem Dachreiteraufbau mit einer Glocke. In dem aufwendig restaurierten Fachwerkhaus aus dem 18. Jh. dokumentiert die Sammlung die Geschichte der Zünfte, Malerämter und Innungen sowie des kreativen Maler- und Lackiererhandwerks.

Neben dem Museum befindet sich ein kleiner Ziergarten, der in den 80er Jahren des vorigen Jahrhunderts im barocken Stil angelegt wurde. Nein, Sie haben uns nicht bei einer Nachlässigkeit erwischt: Der Garten wurde tatsächlich in den 80er Jahren des 20. Jhs. angelegt! Und ist somit wohl der jüngste Barockgarten überhaupt. Was die Schöpfer zu ihrem Werk bewogen hat, war nicht zu ermitteln. Vielleicht wollten sie einen kleinen Kontrapunkt setzen zu der nahe gelegenen ganz und gar von der Natur geschaffenen Natur und haben so ein wenig künstliche Natur kreiert.

Deutsches Maler- und Lackierermuseum
Billwerder Billdeich 72
℡ (0 40) 34 38 87
Sa/So 10–13, im Sommer auch Mi 10–13 Uhr
Eintritt 4 €
Bus 330 (Haltestelle Maler- und Lackierermuseum)

Tierstack 🚇

Billwerder-Moorfleet

Mittlerer Landweg 🅿️

Allermöhe ♿

Nettelnburg

Start
Mittlerer Landweg
🚊 S2 🚊 S21 alle 10 Min.

Spaziergang und Badeausflug

Länge
2 km Fußweg bis zum
Wasserpark Dove-Elbe,
Bus 321
etwa alle 120 Min.

Karte ▸ Seite 67

WASSERPARK DOVE-ELBE

Natur künstlich

Der Eichbaumsee ist kein Produkt eiszeitlicher Gletscher oder mäandernder Flussarme. Geschaffen wurde dieses Badeparadies an der Dove-Elbe von Menschenhand. Oder besser: von den Greifarmen riesiger Bagger.

Ausgangspunkt für die Entstehung des Eichbaumsees und des Wasserparks Dove-Elbe, dessen Mittelpunkt der See ist, war die Flutkatastrophe von 1962. Damals hielten die Deiche Hamburgs dem Hochwasser nicht mehr stand. Die Flut forderte viele Menschenleben und verursachte enorme Sachschäden. Nach der Katastrophe wurde beschlossen, die Deiche rasch und im großen Stil zu erhöhen. Dafür waren enorme Mengen Sand und Kies notwendig. Woher sollte man dieses Baumaterial nehmen? Zwischen der Tatenberger Schleuse und dem Zusammenfluss zweier nördlicher Seitenarme der Elbe, der Dove- und der Gose-Elbe, fand sich ein geeignetes Gebiet, um hier im großen Stil Kies und Sand abzubauen. Besonders günstig: Das Material ließ sich auf dem Wasserweg direkt vom Ort des Abbaus zu den jeweiligen Bestimmungsorten, den Elbdeichen, schaffen.

Was zurückblieb, war eine Mondlandschaft. In mehren Phasen wurde daraus der Wasserpark Dove-Elbe, ein großes, attraktives Naherholungsgebiet im Südosten der Hansestadt. Vollendet wurde der Wasserpark erst in den 80er Jahren, nachdem dort für den Bau der nahen Autobahn noch einmal viel Sand entnommen wurde. Seitdem haben sich die großen Wasserflächen, die durch den Sandabbau entstanden sind, dank geschickten menschlichen Zutuns zu einer herrlichen Landschaft entwickelt. Eine zwei Kilometer lange Ruder-Regatta-Strecke in der Elbe entstand dabei ebenso wie ein 20 ha großer Badesee, der Eichbaumsee. Ziel der Landschaftsplaner war es, ein naturnahes Erholungsgebiet zu schaffen, das sich in den Elblandschaftsraum einfügt und an die gewachsenen Siedlungs- und Landschaftsbilder der

Vier- und Marschlande mit ihren traditionellen Gartenbaukulturen anknüpft.

Hauptattraktion für die meisten Ausflügler ist der **Eichbaumsee**, ein Badesee im Eichbaumpark. Im Gegensatz zu den meisten natürlichen Seen verfügt der Eichbaumsee über mehrere ausgedehnte Badestellen, so dass auch bei schönem Wetter und entsprechend vielen Besuchern jeder Badegast noch genügend Platz findet. Der Park bietet zudem viele Aufenthaltsräume und Spielwiesen, die von Gebüsch eingerahmt werden. Zur naturnahen Gestaltung gehört auch, dass die Station der Lebensrettungsgesellschaft und die Toiletten und Kioske in so genannten Erdhügelhäusern untergebracht sind. Die komfortable Infrastruktur geht also quasi den Weg der Maulwürfe.

Wer nicht nur in der Sonne liegen oder sich im Wasser vergnügen will, der sollte die historische Kulturlandschaft der Vier- und Marschlande, die sich südöstlich an den Wasserpark Dove-Elbe anschließt, erkunden. Ein gut ausgebautes Wander- und Radwegenetz lädt dazu ein (▸ Seite 66).

Eine andere Möglichkeit einer Erkundungsfahrt besteht darin, an der Elbe über das Sperrwerk Kaltehofe und am Hafen entlang auf dem Deich nach Rothenburgsort und zum dortigen S-Bahnhof zu fahren. Die acht Kilometer lange Tour geht immer auf dem Deich lang, verfahren kann man sich nicht. Und dabei kann sich der Radler noch einmal vor Augen halten, dass dieser Deich und das Ausflugsziel, an dem er sich heute so gut erholt hat, in ursächlichen Zusammenhang stehen.

Wasserpark Dove-Elbe
Der Wasserpark Dove-Elbe und der Eichbaumsee sind frei zugänglich, ein Eintrittsgeld wird nicht erhoben.
In den markanten Erdhügelhäusern sind Imbisse und Kioske untergebracht. Auf der anderen Seite der Dove-Elbe bietet sich ein nettes Ausflugslokal mit Biergarten an.

Landhaus Voigt
Ochsenwerder Norderdeich 113
((0 40) 7 37 24 40
Tgl. außer Mi 16–22 Uhr
Sa 12–22 Uhr, So 11–22 Uhr
Ländliche Idylle am Ufer der Gohse-Elbe an der kleinen Reit-Schleuse. Rustikale Küche im besten Sinne.

Am Eichbaumsee

Start
Bergedorf
S 2 **S 21**
alle 10 Min.
MetroBus 12 alle 10 Min.

Radwanderung
Bergedorf – Neuen-
gamme – Zollenspieker
Fährhaus – Fünfhausen –
Mittlerer Landweg

Länge
ca. 20 km

Rückfahrt
Mittlerer Landweg
S 2 **S 21** alle 10 Min.

**Vierländer Freilicht-
museum Rieckhaus**
Curslacker Deich 284
☎ (0 40) 7 23 12 23
April–Sept.
Di–So 10–17 Uhr
Okt.–März:
Di–So 10–16 Uhr
3 €, ermäßigt 2 €, Kinder
bis 16 J. frei

VIER- UND MARSCHLANDE

Quer durch den Garten

**Deutschlands größter Gemüse- und Blumen-
garten liegt auf Hamburger Gebiet. Die Vier-
und Marschlande im Südosten der Stadt präsentieren die ländliche Seite der Millionen-
metropole.**

Ein besonderer Vorteil dieser Idylle ist ihre gute
Erreichbarkeit: Vom Bahnhof Bergedorf sind es
nur ein paar Radminuten und man ist umgeben von Gemüsefeldern und Blumenbeeten, von
schmucken alten Bauernhäusern und modernen
Gewächshäusern. Über die kleinen Straßen Wei-
denbaumsweg und Randersweide geht es unter
der Autobahn hindurch. Wer sich links hält, gelangt zum Curslacker Deich. Die Dörfer **Curslack**,
Neuengamme und **Altengamme** erstrecken sich
längs der Deiche und gehen ineinander über. Die
gepflegten alten Bauernhäuser – viele reetgedeckt
– zeugen von dem traditionellen Wohlstand der
Bewohner.

Die Fruchtbarkeit des Marschbodens und
die Nähe zum Markt in Hamburg boten ideale Voraussetzungen für eine profitable Landwirtschaft. Schönstes Beispiel für frühe ländliche Architektur ist das Rieckhaus am Curslacker
Deich. Es ist ein Niederdeutsches Hallenhaus des
Vierländer Typs aus dem 16. Jh. Heute steht es
als Vierländer Freilichtmuseum zur Besichtigung
offen. Auch die zur Anlage gehörende Entwäs-
serungsmühle ist einen Blick wert, besonders für
Freunde ursprünglicher Technik.

Nach kurzer Fahrt ist man in Neuengamme.
Von hier lohnt ein Abstecher nach Altengamme
zur dortigen Nicolai-Kirche – sie zählt nicht nur
zu den schönsten Bauernbarock-Kirchen Norddeutschlands, sondern auch zu den bedeutendsten. Ihr Bronzetaufbecken stammt aus dem Jahre
1380. Aber ob über Altengamme oder weiter von
Neuengamme über den Neuengammer Heerweg

– alle Wege führen zur heftig ausgeschilderten Elbfähre, zum geschichtsträchtigen Zollenspieker. Das **Zollenspieker Fährhaus** soll gar 800 Jahre alt sein. Auf jeden Fall ist es vor einigen Jahren frisch renoviert worden und dient heute als Ausflugslokal der gehobenen Kategorie – und sogar als Gasthaus kann es schon auf eine hundertjährige Tradition verweisen. Der geschichtsbewusste Ausflügler kann sich hier also auf angemessene Weise für den Rest der Strecke stärken.

Die Fähre über die Elbe verkehrt seit Jahrhunderten zwischen Zollenspieker und **Hoopte**. Heute ist die Fähre ein modernes Fahrzeug, das im Pendelverkehr alle zehn Minuten Fußgänger, Radler und Autos übersetzt. Wer genügend Zeit einge-

KZ-Gedenkstätte Neuengamme
Jean-Dolidier-Weg
☎ (0 40) 4 28 13 15 00
Mo–Fr 9.30–16 Uhr,
Sa/So/Fei: Okt.–März 12–17 Uhr, April–Sept. 12–19 Uhr
Eintritt frei
Eine Ausstellung auf dem Gelände des ehemaligen Konzentrationslagers erinnert an Leben und Leiden der Insassen – und an die politischen Hintergründe.
Bus 227/337 alle 30–60 Min., Fahrradmitnahme möglich

Zollenspieker Fährhaus
Zollenspieker Haupt-
deich 143
((0 40) 79 31 33-0
Tgl. 11–22 Uhr
www.zollenspieker-
faehrhaus.de
Herrlicher Blick über die
Elbe, besonders vom
Biergarten unter alten
Kastanien aus.

Elbfähre
((0 40) 7 68 41 94
Zollenspieker–Hoopte (bei
Winsen an der Luhe):
1. März–30. Nov.
Sa/So/Fei 8.30–20 Uhr
werktags 6–20 Uhr
1,30 €, Kinder 0,50 €,
Fahrrad 1,20 €
www.faehre-zollenspie-
ker.de

Bus 120
Hauptbahnhof – Geest-
hacht, alle 60 Min.
Eine praktische Sache ist
der Bus 120, der die Vier-
und Marschlande durch-
quert. Bis hinunter zum
Zollenspieker Fährhaus
führt die Linie und nimmt
auch Fahrräder mit.

plant hat, kann von der guten Fährverbindung Gebrauch machen und ist in kurzer Zeit vom Anleger Hoopte ins nahe Winsen an der Luhe geradelt. Dort lohnt im Zentrum der alten Stadt eine Besichtigung des Schlosses (▶ Seite 96).

Ob nach einem Abstecher nach Hoopte/Winsen oder ohne die Elbe überquert zu haben, geht es vom Zollenspieker, der südlichsten Spitze von Vierlanden, durch das Naturschutzgebiet Kirchwerder Wiesen nach **Fünfhausen**. Vom Marschbahndamm, einem ehemaligen Bahndamm und jetzigen Radweg, auf dem wir radeln, bietet sich ein schöner Blick über die Landschaft. Über Durchdeich und Ochsenwerder Norderdeich führt der Weg nach Ochsenwerder. Hier gilt es, den Reitdeich nicht zu verpassen, denn er führt durch das Naturschutzgebiet Reit an die Dove-Elbe. Bei Allermöhe überquert man diesen Seitenarm des Flusses und findet sich unvermittelt in einer anderen Welt wieder: Angesichts der Autobahnauffahrt kann man sich noch einmal freuen über die verkehrsarmen Straßen in den Vier- und Marschlanden, auf denen man heute so entspannt geradelt ist. Über den Mittleren Landweg ist in wenigen Minuten der S-Bahnhof Mittlerer Landweg erreicht.

BERGEDORF

Wo die Bille verschwindet

Natürlich wird niemand leugnen, dass Bergedorf rein verwaltungsmäßig zu Hamburg gehört. Dennoch legen die Bergedorfer bis heute viel Wert auf ihre Eigenständigkeit.

Start
Bergedorf
S2 S21
alle 10 Min.
MetroBus 12 alle 10 Min.

Stadtausflug
Bergedorfer Schloss –
Schlossgarten

Zwar ist Bergedorf von der Fläche her der zweitgrößte Bezirk Hamburgs, seine Einwohnerzahl ist jedoch die geringste aller Stadtbezirke. Das von Grünflächen durchzogene Wohngebiet liegt im Bereich der Vier- und Marschlande. Am Ende einer wechselvollen Geschichte, während der Bergedorf in der Hand verschiedener Herrscher lag, fiel die Stadt 1867 an Hamburg. Allerdings auf eine ganz und gar unkriegerische Art: Die Hamburger zahlten den Lübeckern, mit denen sie sich lange die Herrschaft über Bergedorf geteilt hatten, 200 000 Taler und sicherten sich so vertraglich die Alleinherrschaft – eine Machtübernahme nach Art der Pfeffersäcke.

Dass dieses Geschäft nicht schlecht war, und die Hamburger ein wahres Juwel im Südosten ihrer Metropole erhielten, davon kann sich der Ausflügler noch heute überzeugen.

Schon nach wenigen Minuten Fußweg vom Bahnhof durch die Fußgängerzone geht der Blick zur Rechten über ein malerisches Gewässer. Der Fluss Bille ist hier teichartig aufgestaut und gibt den größten Teil seines Wassers in den schiffbaren Schleusengraben ab, der in die Dove-Elbe mündet. Beim Blick über den Teich lassen sich zwischen den Wipfeln alter Bäume schon die Backsteingiebel des Bergedor-

Bergedorfer Schloss

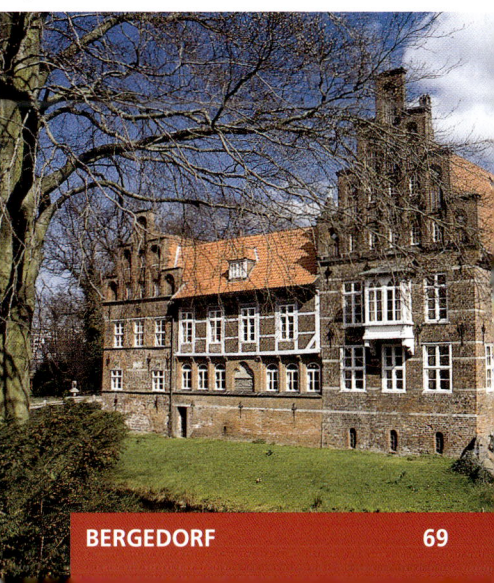

BERGEDORF   69

Schloss Bergedorf
Museum für Bergedorf
und die Vierlande
Bergedorfer Schlossstr. 4
☏ (0 40) 4 28 91 25 09
www.bergedorfmuseum.
de
Nov.–März tgl. 11–16 Uhr
außer Mo und Fr
April–Okt. tgl. 10–18 Uhr
außer Mo und Fr
Eintritt 3 €,
ermäßigt 1,50 €
Kinder und Jugendliche
bis 18 J. frei

Schlosscafé
☏ (0 40) 76 99 50 00
Mo–Sa 9–20, So 10–20 Uhr
Im Café, das mit der
historischen Einrichtung
des Bergedorfer Cafés
„Möller" ausgestattet ist,
finden wechselnde Aus-
stellungen statt.

Historische Eisenbahn
An mehreren Sommer-
wochenenden verkehrt
der Dampf-Sonderzug
der Arbeitsgemeinschaft
Geesthachter Eisenbahn
e. V. mit seiner Lok Karo-
line zwischen Bergedorf
Süd und Geesthacht.
Fahrplaninfos:
VHH (0 40) 72 59 40
oder www.eisenbahn.
geesthacht.de

fer Schlosses erkennen.

Unser Weg führt uns aber zuvor an die Pfarrkirche St. Petri-und-Pauli. Sie wurde schon 1162
erstmals erwähnt, doch stammt die heutige Bausubstanz im wesentlichen aus der Zeit um 1500.
Im Inneren kann man, wenn denn der Bau aus-
nahmsweise einmal zugänglich ist, den Altar, die
geschnitzte Kanzel und Emporenmalereien aus
dem 16. und 17. Jahrhundert bewundern.

Neben der Kirche steht das alte Organistenhaus
von 1630, das heute Hasse-Haus heißt. Schließlich wurde hier am 23.3.1699 der Komponist
Johann Adolf Hasse als Sohn des Stadtorganis-
ten geboren. Hasse gilt in Fachkreisen als einer
der produktivsten Komponisten überhaupt, und
die Hasse-Gesellschaft, die heute in diesem Haus
ihren Sitz hat, beklagt in ihrem Schaukasten
bitterlich, dass der große Sohn Bergedorfs in der
breiten Öffentlichkeit weitgehend in Vergessenheit
geraten ist.

Hinter der St. Petri und Pauli Kirche führt
der Weg zum Schloss und zum Schlossgarten.
Das **Bergedorfer Schloss** ist die einzige aus dem
Mittelalter erhaltene Burg im Hamburger Raum.
Die Geschichte des Baues reicht bis ins 13. Jh.
zurück. Heute beherbergt der Bau das Museum
für Bergedorf und die Vierlande. Die historischen
Gerichtsräume und vor allem das reich mit In-
tarsien geschmückte Landherrenzimmer erinnern
noch an die Zeit, als das Schloss Herrschaftssitz
war. Im Kellergewölbe wird der Besucher über die
Geschichte der Stadt Bergedorf und die Vor- und
Frühgeschichte der Region informiert. Der weitere Rundgang durch das Schloss ist im oberen
Stockwerk um den Innenhof angelegt. Möbel,
Trachten und prächtiger Silberschmuck zeugen
im Vierlandezimmer vom Reichtum und dem
handwerklichen Geschick der Vierländer Bauern
und Handwerker. In sechs Räumen des Schlosses
finden wechselnde Sonderausstellungen statt.

Einen Spaziergang durch den Schlossgarten
sollte man nicht versäumen. Nachdem die Wälle
aus dem 16. Jh. im Jahre 1805 geschleift worden
waren, erhielten sie um 1900 eine neue, diesmal
gärtnerische Gestaltung. Bewachsene Grabenein-

schnitte bildeten die wesentlichen gestalterischen Elemente, die durch Findlingsmauern und eine stilisierte Hängebrücke unterstrichen wurden. Im Gegensatz dazu steht der sich östlich anschließende geometrische Gartenbereich, in dem Rosen- und Sommerblumenbeete eine rechteckige Rasenfläche umrahmen.

Im alten Stadtkern von Bergedorf stehen heute Häuser der unterschiedlichsten Jahrhunderte und Stilepochen nebeneinander. Bei einem Bummel durch die Straße Sachsentor, die als Fußgängerzone das gesamte Areal der Altstadt erschließt, fällt der Stilmix deutlich ins Auge. Besondere Aufmerksamkeit verdient das Fachwerkhaus Sachsentor 2, der einstige Gasthof „Stadt Hamburg". Es gilt als der älteste Profanbau der Hansestadt nach dem Leuchtturm auf Neuwerk. Das ursprünglich um 1550 erbaute Eckhaus zieren reiche Schnitzornamente. Im Jahre 1958 wurde das Haus, weil es der Verkehrsführung im Wege war, abgetragen und um einige Meter versetzt erneut aufgebaut. In der Straße Sachsentor sind daneben noch drei weitere schöne Fachwerkhäuser erhalten (Nr. 50, 52 und 54). Sie stammen aus dem 17. Jahrhundert.

Wer Natur in ihrer urwüchsigen Form erleben will, durchquert das östlich der Chrysanderstraße gelegene Villenviertel mit schönen Landhäusern der Gründerzeit. Dahinter erstreckt sich das Bergedorfer Gehölz, wo man sich auf schönen Spazierwegen erholen kann.

Fachwerkkirche in Bergedorf

Holland kurz vorm Sachsenwald

Start
Reinbek
S 21 alle 20 Min.

Stadtausflug
Schloss – Schlosspark – Museum Rade

Karte ▸ Seite 75

Schloss Reinbek
Schlossstraße 5
☎ (0 40) 7 27 34 60
Mi–So, Fei 10–17 Uhr
Eintritt 2,50 €, ermäßigt 1,25 €, Familienkarte 3 €

Restaurant Schloss Reinbek
Schlossstraße 5
☎ (0 40) 7 27 91 62
www.schloss-reinbek.de
Mi–Sa 12–22, So 12–21 Uhr
In stilvollerem Ambiente als hier im Südflügel des Schlosses, der ehemaligen Schlosskapelle, lässt sich kaum speisen. Es stehen auch schlichte Gerichte zu vergleichsweise moderaten Preisen auf der Karte. Im Sommer Kaffeegarten.

In Reinbek kann man eines der bedeutendsten Beispiele der niederländischen Renaissancearchitektur bewundern. Außerdem gibt´s hier die exotischste Kunstsammlung Norddeutschlands. Und wem das nicht genügt, der kann in einem geheimnisvollen Heilwasser untertauchen.

Zu Recht stolz ist man in Reinbek auf das dortige **Schloss**, hat die Stadt doch die einstige Ruine mit enormem Aufwand restaurieren lassen. Heute erstrahlen der Bau und der Schlosspark im neuen alten Glanz. Zur wechselvollen Geschichte der Anlage – über die sich Interessierte im Schloss ausführlich informieren können – nur soviel: Herzog Adolf von Schleswig-Holstein-Gottorf ließ das Bauwerk im 16. Jh. vermutlich als Jagdschloss am Rande des wildreichen Sachsenwaldes errichten. Der Baumeister ist bis heute unbekannt, man schließt aber aus der Art der Ausführung, dass es sich um einen Holländer gehandelt haben muss. Im 18. Jh. war das Schloss Sitz der Amtmänner und später des ersten Landrates des Kreises Stormarn, es bildete also die Grundlage der Entwicklung des Ortes Reinbek. Gleichwohl wurde der Bau so vernachlässigt, dass 1773 der Abriss wegen Baufälligkeit drohte. Dieser konnte glücklicherweise von dem damaligen Bauinspektor Christian Frederik Hansen abgewendet werden. Richtig, genau der Hansen, dem Hamburg seine berühmten Bauten des weißen Klassizismus in den Elbvororten verdankt.

Nach der Renovierung dient der Bau heute als Kunst- und Kulturzentrum und steht somit erstmals in seiner 400-jährigen Geschichte allen interessierten Bürgern offen. Architekturhistorisch besonders eindrucksvoll ist die original erhaltene Roofen-Dachkonstruktion niederländischer Art mit einem Kniestock aus krumm gewachsenen

Eichenbindern. Neben dem Schloss ist auch der Schlosspark sehenswert. Hier wurden die Reste der verschiedenen ehemaligen Parkanlagen harmonisch miteinander verknüpft, so dass sich durch die Einbeziehung des Mühlenteiches, der durch die Aufstauung der Bille entstand, eine wunderschöne Gesamtanlage ergibt.

Direkt gegenüber dem Schloss hat in einer Gründerzeitvilla ein Museum der ganz besonderen Art Quartier bezogen:

Schloss Reinbek ist heute ein stilvolles und Kultur- und Veranstaltungszentrum

Das **Museum Rade** des privaten Sammlers Rolf Italiaander. Auf vier Etagen erwarten den Besucher weit mehr als 1000 Exponate: Bilder, Skulpturen, Batiken und Keramiken aus allen Gegenden der Erde. Die Bilder sind extrem dicht gehängt, um möglichst viele Exponate zeigen zu können. Auch diese ungewohnte Art der Präsentation trägt zu dem ganz besonderen Charme des Hauses bei.

Eine gewässerkundliche Einmaligkeit ist das Sachsenwaldbad Tonteich: Auf dem Gelände des heutigen Bades lag bis Anfang des 19. Jh. die Ziegeleigrube des Friedrichsruher Tonwerkes. 1911 brannten die Gebäude bis auf die Grundmauern nieder. Die Tongrube füllte sich langsam mit Regenwasser und es entstand der Tonteich. Aus dem Regenwasser, das über ein Glimmertonfeld rinnt, entwickelte sich ein stark saures und manganhaltiges Wasser, dass eine wohltuende Wirkung auf die menschliche Haut hat und deshalb als Heilwasser eingestuft wird. Vom Schloss aus gelangt man am Ufer des Mühlenteichs auf einem malerischen Weg dorthin.

Von Reinbek führen ausgeschilderte Wanderwege in den Sachsenwald, die unter anderem in Friedrichsruh (▸ Seite 76) und Aumühle (▸ Seite 74) enden.

Museum Rade
Schlossstraße 4
☏ (0 40) 7 22 91 58
Mi–So 10–17 Uhr
Eintritt 1,50 €,
Kinder 0,50 €
Familienkarte 3 €
Neben der deutschen und internationalen naiven Malerei, sind es vor allem die Abteilungen mit Volkskunst aus Papua-Neuginea und Zentralafrika, die den Rang des Museums begründet haben. Weitere Abteilungen sind Künstlern aus Amerika und Asien vorbehalten. Außerdem gibt es auch noch die „Norddeutsche Stube", Künstlern der Hamburgischen Sezession gewidmet.

Sachsenwaldbad Tonteich
Am Tonteich 35
21521 Wohltorf
☏ (0 41 04) 28 93
1. Mai–15. Sept.

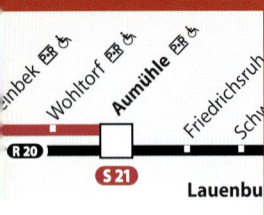

Die Sommerfrische

Ein Ausflugsziel seit Generationen – so stellt sich die Ortschaft Aumühle am Westrand des Sachsenwaldes dar. Allen Moden zum Trotz hat sie sich bis heute den Charme einer klassischen Sommerfrische bewahrt.

Start
Aumühle
S21 alle 20 Min.

Spaziergang
Mühlenteich –
Bismarckturm –
Lokschuppen

Länge
ca. 4 km

Von Events ist man in Aumühle weit entfernt. Die spektakulärste Freizeitaktivität besteht hier in einer Paddelbootstour über den Mühlenteich. Ohnehin ist der idyllische Mühlenteich, zu dem die Aue, ein kleiner Zufluss der Bille, aufgestaut ist, der touristische Mittelpunkt des Ortes. Um den Mühlenteich herum findet der Sommerfrischler mehrere klassische Ausflugslokale; viele existieren schon seit Generationen und auch die Gäste scheinen ihre Vorliebe für einzelne Lokale geerbt zu haben. Wer sich nicht in den Kaffeegarten eines der Lokale setzen möchte, packt beizeiten einen Picknickkorb und ist in wenigen Augenblicken im Sachsenwald.

Der Sachsenwald bietet eine Vielzahl von Wanderwegen und Radwanderwegen, von denen die meisten Aumühle als Ausgangs- oder Zielpunkt haben. Was liegt demnach näher, als sich zumindest auf einen Spaziergang in diese grüne Lunge Hamburgs aufzumachen (▶ Seite 78). Aber auch ein Bummel durch den Ort selbst ist erholsam, besonders die historische Villenkolonie Hofriede lohnt einen Besuch. Mittelpunkt der Siedlung ist der wuchtige, 28 m hohe **Bismarckturm** am Berliner Platz. 1901 eingeweiht, diente er bis 1928 als Bismarckmuseum und bot von der Aussichtsplattform einen Blick über die umliegenden Villen, Aumühle und den Sachsenwald. Heute ist in dem Turm die Gemeindebibliothek und das Archiv untergebracht; eine Besteigung ist leider nicht mehr möglich.

Fürst-Bismarck-Mühle
Mühlenweg 3
((0 41 04) 20 28
Do–Di 11–24 Uhr
Küche Do–Di 12–21.30 Uhr
Berühmtes Traditionslokal, das sich im Besitz der Familie Bismarck befindet. Wildgerichte, zwei schöne Sommerterrassen. Kinderzoo mit Schafen, Ziegen, Ponys und Gänsen. www.bismarckmuehle.de

Ein Muss für Eisenbahnfreunde ist der Besuch des **Lokomotivschuppens**, am östlichen Ende von Aumühle (auf der Nordseite der Bahnstrecke Richtung Friedrichsruh). Schon zu Dampflok-

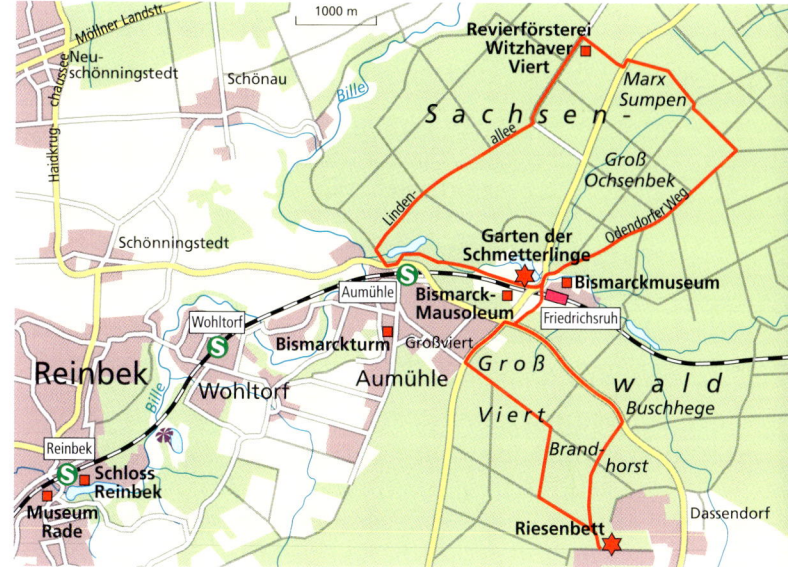

zeiten endete ein großer Teil der auf der Berlin-Hamburg-Trasse eingesetzten Nahverkehrszüge in Aumühle. Im Lokomotivschuppen Aumühle mussten Zuggarnituren abgestellt, die Loks entschlackt und mit neuer Kohle versehen sowie Wasser gefasst werden. Heute werden hier von den Mitgliedern des Fördervereins in mühevoller Kleinarbeit die teils vielfach umgebauten, teils in ihrer Substanz stark angegriffenen Fahrzeuge restauriert und ausgestellt. Auf drei Zufahrtgleisen steht eine umfangreiche Sammlung von Feldbahnen, einer Art Schmalspurbahn für den Ackerbau, sowie eine Sammlung von Schienenfahrzeugen des Nahverkehrs. Zweimal jährlich – im Frühjahr und im Herbst – gibt es Ausstellungen zum Hamburger Nahverkehr.

Man kann mit den restaurierten Zügen auch fahren, aber leider nicht in Aumühle selbst, sondern in den Sommermonaten an der Ostsee zwischen Schönberg und Schönberger Strand. Wir müssen den engagierten Eisenbahnern also einfach mal glauben, wenn sie versichern, dass ihre Museumsstücke tatsächlich einsatzbereit sind.

Lokschuppen Aumühle
Am Gleise 6
Verein Verkehrsamateure und Museumsbahn e.V.
☏ (0 40) 5 54 21 10
So 11–17 Uhr
Eintritt frei, außer bei Sonderveranstaltungen
www.vvm-museumsbahn.de

Hotel Waldesruh am See
Am Mühlenteich 2
☏ (0 41 04) 6 95 30
www.waldesruh-am-see.de
Mi–Mo 11.30–21.30 Uhr
Jagdrestaurant mit offenem Kamin und Seeterrasse

Start
Friedrichsruh
R20 etwa
alle 60–120 Min.

Spaziergang
Bismarck-Museum –
Garten der Schmetter-
linge

Länge
ca. 2 km

Karte ▸ Seite 75

Friedrichsruh
ist Zentrum des Sachsen-
waldes. Von hier aus füh-
ren diverse Wanderwege
in den Forst. Mehr dazu
▸ Seite 78

Bismarck-Museum
Am Museum 2
✆ (0 41 04) 24 19
Apr.–Okt.
Tgl. 10–18 Uhr
Nov.–März
Mi, Do, Sa/So 10–16 Uhr
Eintritt 4 € für Museum
und Mausoleum

FRIEDRICHSRUH

Bei Bismarck auf dem Sofa

Der kleine Ort Friedrichsruh ist Mittelpunkt des Sachsenwaldes und Zentrum der Bismarckverehrung. Aber der eiserne Kanzler hat Konkurrenz als Besuchermagnet bekommen. Und zwar von Schmetterlingen.

Friedrichsruh ist ein Ort, der eigentlich nur aus wenigen Häusern besteht. In dieser Sachsenwald-idylle lebte der Reichskanzler Fürst Otto von Bismarck (geb. 1815) von 1871 bis zu seinem Tode im Jahre 1898. Mitten im Sachsenwald, den der Kanzler aus Dankbarkeit vom Kaiser geschenkt bekommen hatte, lag einst das Gasthaus Frascati, das Bismarck 1894 erwarb. Er ließ es zu einem Schloss ausbauen und bewohnte es bis zu seinem Tode. Ende des II. Weltkrieges zerstört, wurde es durch einen schlichten Neubau ersetzt, in dem die Nachfahren Bismarcks bis heute leben. Noch original erhalten blieb der alte Marstall.

In einem Fachwerkhaus gegenüber vom alten Marstall, dem „Alten Landhaus", befindet sich heute das **Bismarck-Museum**. In neun Räumen ist hier eine ansprechend gestaltete Erinnerungsstätte geschaffen worden. Die Sammlung umfasst neben Dokumenten, Briefen, Handschriften, Orden und Geschenken aus aller Welt auch zahlreiche Ehrenbürgerbriefe. Höhepunkt für Bismarckverehrer allerdings ist das Originalarbeitszimmer des Reichskanzlers, das hier so aufgestellt ist, wie es vorher im alten Schloss stand.

Bismarck hat in Friedrichsruh seine letzte Ruhe gefunden. Und zwar im **Bismarck-Mausoleum**, das sich vom Museum aus direkt rechts hinter der Bahnlinie befindet. In der Gruftkapelle kann man die Sarkophage des Eisernen Kanzlers und seiner Gemahlin besichtigen.

Eine Attraktion ganz anderer Art bietet sich auf dem Gelände der Fürstlich von Bismarckschen Gärtnerei. Es ist der **Garten der Schmetterlinge**. Die großzügige Anlage besteht aus dem eigentlichen Schmetterlingsgarten – zwei rund 600 qm

Im Bismarck-Museum kann man das Arbeitszimmer des „Eisernen Kanzlers" ansehen

großen Glashäusern –, einem Duftgarten mit 80 bekannten und unbekannten stark duftenden Pflanzen, einem „Singenden Wassergarten", in dem Wasser durch Bambusrohre plätschert und so diverse Töne erzeugt, sowie einer Traumlandschaft mit künstlichen Seen, Gärten und heimischen Tieren.

In den beiden Glashäusern sind Hunderte von einheimischen und exotischen Schmetterlingen zu beobachten. Unter den 30 verschiedenen Arten gibt es zahlreiche Gattungen aus Südasien, wobei dafür gesorgt ist, dass alle Schmetterlinge ihre natürliche Umgebung finden. Die rund 300 Puppen entwickeln sich in eigens dafür geschaffenen Brutkästen; in den Morgenstunden beginnen die Falter zu schlüpfen. In weiteren Vitrinen befinden sich Eier und Raupen. Somit sind alle Stadien der Metamorphose zu beobachten. Anzuraten ist daher ein Besuch am Vormittag, wenn die faszinierenden Tiere ihre größte Aktivität entfalten. Für unsere Ausflugsplanung heißt das: Erst die Schmetterlinge, dann der Kanzler.

Garten der Schmetterlinge
Am Schlossteich 8
((0 41 04) 60 37
www.garten-der-schmet-terlinge.de
20. März bis letzten So im Oktober
tgl. 9–18 Uhr
Eintritt 5 €
Kinder/Studenten 3,50 €
Der Singende Wasser-garten und das Café Vanessa sind im Winter-halbjahr an Wochenenden geöffnet.

Café Vanessa
im Garten der Schmetter-linge
((0 41 04) 72 93
20. März–Ende Okt.
tgl. 10–18 Uhr
1. Nov.–20. März
Sa/ So 10–18 Uhr
Besonders idyllisch sitzt man an den im Singenden Wassergarten aufgestell-ten Tischen.

Unterm Blätterdach

Start
Friedrichsruh
R20 etwa
alle 60–120 Min.

**Zwei Rund-
wanderungen**
ab Friedrichsruh

Länge
ca. 6 km und 8 km

Karte ▶ Seite 75

Die Touren
verlaufen auf bequemen
Waldwegen, man kann
sie auch mit einem Fahr-
rad zurücklegen.

**Der Sachsenwald ist für Naturfreunde und
Wanderer ein Dorado. Zahllose Wege durchziehen den herrlichen Forst – und manche
führen zu verborgenen Hünengräbern.**

Fast 70 qkm groß ist der östlich Hamburgs gelegene Sachsenwald. Damit ist er das größte
geschlossene Waldgebiet Schleswig-Holsteins.
Der Wald besteht vorwiegend aus Buchen, Fichten und Kiefern. Unter knorrigen Bäumen stehen
seit Jahrtausenden mächtige Felssteine – Zeichen
einer frühen Besiedlung. Es sind die Grabhügel
und Steinsetzungen aus der Jungsteinzeit. In
sehr viel späteren Zeiten war der Sachsenwald
Grenzwald des Reiches Karls des Großen und
durfte nicht besiedelt werden. Nur daher ist er bis
heute geschlossen erhalten geblieben. Im Jahre
1871 begann das letzte berühmte Kapitel in der
Geschichte des Sachsenwaldes. Reichskanzler Otto
von Bismarck erhielt ihn als Zeichen besonderen
Dankes von Kaiser Wilhelm I. als Geschenk. Der
Sachsenwald ist bis heute in bismarckschem Fami-
lienbesitz.

Der Forst dient als Grüne Lunge der nahen
Großstadt Hamburg und bietet mit seinen zahlreichen markierten Wanderwegen beste Gelegenheit
zu naturnaher Erholung. Allerdings nimmt das
auf manchen Wegen geradezu überhand. Soll heißen: Es finden sich verwirrend viele und unterschiedliche Markierungen. Machen Sie sich also
darauf gefasst, sich im Sachsenwald immer wieder einmal zu verlaufen. Allerdings ist das trotz
der Größe des Areals nicht dramatisch, denn der
Wald ist gut erschlossen. Man gerät schnell auf
den nächsten Weg, der dann hoffentlich verständ-
licher ausgeschildert ist, – und damit letztlich
auch nach einigen Umwegen an sein Ziel.

Nach dieser Warnung seien hier zwei schöne
Routen empfohlen, die beide in Friedrichsruh
beginnen und dort wieder enden. Sie lassen sich
also bestens zu einer Tour kombinieren. Die erste

führt durch den südlichen Sachsenwald, die zweite durch den nördlichen; beide sind durch Nummern an den Bäumen markiert.

Die südliche Strecke ist etwa 6 km lang und mit der Nummer 5 gekennzeichnet. Sie führt vom Bahnhof über die Schranken und gleich dahinter links hoch zum Hirschdenkmal. In südöstlicher Richtung führt der Weg durch den Bramhorst und Buschhege West bis an den Bach Süsterbek und weiter an den Ortsrand von **Dassendorf**. Hier geht links ein Weg ab zum Riesenbett, einem Grab aus der jüngeren Steinzeit. Zurück geht es dann in nordwestlicher Richtung durch die Waldabschnitte Brandhorst und Groß Viert zur kleinen Siedlung Groß Viert, die schon an der Friedrichsruher Straße liegt. Von hier aus ist es nur ein kurzer Weg zurück zum Bahnhof Friedrichsruh.

Die Anschlusstour in den nördlichen Sachsenwald führt bei der Gaststätte **Forsthaus Friedrichsruh** in den Ödendorfer Weg. Die etwa 8 km lange Strecke ist mit der Nummer 2 markiert. Sie führt nach Norden durch die Waldabschnitte Groß Ochsenbeck und Marx Sumpen. Während wir noch über die eigentümlichen Namen der einzelnen Teile des Sachsenwaldes nachgrübeln, biegt der Weg nach links ab und kreuzt die Straße nach Kuddewörde, um zur Försterei Witzhafer Viert zu führen. Hier geht es in südlicher Richtung zurück, bis wir an das Flüsschen Au kommen. Nach links dem Lauf des Gewässers gefolgt, gelangt man rasch wieder nach Friedrichsruh (▸ Seite 76). Man kann aber auch die Au überqueren und sich dann rechts halten; der Weg führt dann direkt nach Aumühle (▸ Seite 74).

Jagdhaus am Riesenbett
Am Riesenbett 1
21521 Dassendorf
✆ (0 41 04) 96 15 24
Di–So 12–22 Uhr
Ambiente und Küche nach Gutsherrenart, großer Garten

Forsthaus Friedrichsruh
Ödendorfer Weg 5
21521 Friedrichsruh
✆ (0 41 04) 69 23 66
Tgl. 11–22 Uhr
Ausflugs-Restaurant-Café, Deftiges aus der Region

Bismarck-Mausoleum in Friedrichsruh

Start
Mölln
R21 alle 60 Min. ab
Büchen (Anschluss von
Hamburg mit **R20**)

Stadtbesichtigung

Karte ▸ Seite 89

Kurverwaltung Mölln
Hindenburgstraße
23879 Mölln
☎ (0 45 42) 70 90 oder
70 99
www.moelln.de
Mo 7–21, Do–Fr 7–22,
Sa 9–17, So 9–13 Uhr

**Möllner Museum
Historisches Rathaus**
Am Markt 12
23879 Mölln
☎ (0 45 42) 83 54 62
Mai–Oktober
Di–Fr 10–13 und 14–17,
Sa/So 11–17 Uhr
Nov.–April
Di–Fr 13–16 Uhr,
Sa/So 11–16 Uhr
2 €, ermäßigt (Kinder und
Kurgäste) 1,50 €
Eintrittspreise incl. Besuch
des gegenüberliegenden
Eulenspiegel-Museums,
Am Markt 2

**Naturkundliche Aus-
stellung im historischen
Wasserturm**
Auf dem Klüschenberg
Mai–Sept. Di–So 14–16 Uhr
1,50 €

MÖLLN

Eulenspiegeleien

**Mölln, das malerische mittelalterliche Städt-
chen an der Alten Salzstraße, ist ein Kneipp-
kurort. Weithin bekannt geworden ist Mölln
durch einen seiner Einwohner, der noch
nicht einmal ein gebürtiger Möllner war: Till
Eulenspiegel.**

Allerdings ist der berühmte Narr hier gestorben,
und zwar im Heilig-Geist-Hospital, einem Armen-
und Siechenhaus. Das war im Jahre 1350, kurz
nachdem Eulenspiegel in die Stadt gekommen
war. Gleichwohl hat Mölln den Narren vollkom-
men vereinnahmt, und der Besucher wird ihm
noch öfter begegnen.

Auf den ersten Blick wird die Stadtansicht
beherrscht von der romanischen **St. Nicolai-Kirche**
aus dem 12. Jh. mit ihrem quadratischen Turm.
Man sollte unbedingt den Innenraum besichtigen. Das Gestühl der Stecknitzfahrer, die ihr Geld
mit Salztransporten über die Kanäle der alten
Salzstraße verdienten, ist vollständig erhalten.
Der gewaltige siebenarmige Leuchter von 1436
wurde angeblich 1669 von Stecknitzfahrern aus
dem Fluss gefischt, vermutlich aber stammt er aus
einem geplünderten Kloster. Ganz vorne rechts
in der St. Nicolai-Kirche findet sich ein einzelner Klappstuhl, der die Jahreszahl 1632 trägt. Er
war einem besonderen Kirchgänger vorbehalten:
dem Henker. Dieser hatte beim Besuch des Got-
teshauses zwei Auflagen zu befolgen. Er durfte
weder den heiligen Boden der Kirche mit den
Füßen berühren, noch durfte er in den Altarraum
blicken.

Hinter der St. Nikolai-Kirche findet sich ein
Stein, der angeblich Till Eulenspiegels Grabstein
ist. Leider wurde der Stein erst Anfang des 16.
Jhs. aufgestellt und außerdem der Heiligen Jung-
frau geweiht. Das bekannte Denkmal für den um
1300 in Kneitlingen bei Braunschweig geborenen
Narren steht vor dem Rathaus an der Mauer des
Kirchhügels. Es ist eine bronzene Brunnenfigur,

1950 geschaffen von dem Möllnner Bildhauer Karlheinz Goedtke. Auffällig ist der blank gewetzte rechte Daumen der Figur. Dem Aberglauben nach bringt es Glück, den Daumen der Figur zu berühren. Übrigens soll der echte Eulenspiegel seine letzte Ruhestätte hinter der Kirche gefunden haben, dort wo heute eine große Linde steht – aber sicher ist auch das nicht.

Unterhalb der Kirche liegt der mittelalterliche Stadtkern. Das historische Rathaus am Markt schmückt sich mit einem prächtigen Stufengiebel. Es ist mit dem Baujahr 1373 das zweitälteste Rathaus Schleswig-Holsteins. Heute ist in dem Bau die stadtgeschichtliche Sammlung des Möllnner Museums untergebracht. Bereits 1889 wurde diese Sammlung von engagierten Bürgern begründet. Die Ausstellung zeigt Ausschnitte aus dem Alltag von 1750 bis 1950.

In der Möllner Altstadt

Gegenüber dem Historischen Rathaus befindet sich das Eulenspiegel-Museum. In einem sorgfältig renovierten Fachwerkhaus von 1582 werden Gemälde, Grafiken und Plastiken gezeigt, die Till Eulenspiegels Leben und Wirken illustrieren.

Am Ostrand der historischen Altstadt erhebt sich auf dem Klüschenberg ein Aussichtsturm, ein ehemaliger Wasserturm. Von hier aus hat man einen herrlichen Ausblick auf die Stadt und ihre Umgebung. Im Turm selber ist eine Naturkundliche Ausstellung eingerichtet. An diesem Aussichtturm kommt man vorbei, wenn man sich auf den Weg zum nahe gelegenen Wildpark begibt. Der Park liegt zwar noch auf dem Stadtgebiet von Mölln, doch besucht man ihn am Besten im Rahmen eines Ausflugs in die wunderschöne Natur, von der die Stadt umgeben ist. Und man tut das auf Seite 82.

Eulenspiegellinie
Fahrgastschifffahrt Mölln
Borstelweg 3a
23569 Lübeck
☎ (04 51) 4 94 66 93
www.eulenspiegellinie.de

Altstadt-Café
Mühlenplatz 5
☎ (0 45 42) 14 14
Tgl. 10–18 Uhr,
Mi/Do Ruhetag
Eines von mehreren Cafés
im historischen Stadtkern

Start
Mölln
R21 alle 60 Min. ab
Büchen (Anschluss von
Hamburg mit **R20**)

Radwanderung
von Mölln nach Gudow

Länge
ca. 19 km einfach

Karte ▸ Seite 89

Möllner Wildpark
Birkenweg
☏ (0 45 42) 80 31 62
Tgl. von 7.30 Uhr bis zum
Einbruch der Dunkelheit,
Eintritt frei, Spende er-
wünscht

MÖLLNER SEEN

Seen satt

**Wie viele Seen sich in der Umgebung der
Eulenspiegelstadt Mölln inmitten der wald-
reichen Landschaft nun genau befinden, ver-
mag niemand verbindlich zu sagen.**

Bei einer Tour entlang der sich von Mölln in
südlicher Richtung erstreckenden Seenkette sollte man mit einem Besuch des **Wildparks Mölln**
beginnen. Ein Fußweg von etwa 15 Minuten
führt den Ausflügler vom historischen Stadtkern
(▸ Seite 80), vorbei an einem Aussichtsturm zum
Haupteingang des Wildparks.

Die weitläufig angelegten Gehege sind harmonisch in die Landschaft eingebunden. Ein
beliebter Anlaufpunkt für Eltern mit Kindern ist
die Sonnenwiese mit dem großen Spielplatz. Daneben sind in einem Findlingsgarten 40 Steine zu
sehen, darunter auch ein echter Gigant mit einem
Gewicht von 44 Tonnen.

Der Wanderweg, auf dem man nun in südlicher
Richtung wandert oder radelt, ist wildromantisch.
Er windet sich in zahllosen Biegungen durch die
Landschaft und führt dabei oft direkt an Seeufern
vorbei. Wegen der vielen Windungen ist die Strecke allerdings nicht nur besonders schön, sondern
auch deutlich länger: Statt der 10 km Luftlinie bis
Gudow, dem Endpunkt der Seenwanderung, sind
es im Gelände fast das Doppelte. Der erste See auf
der Strecke ist der **Schmalsee**, ein kleiner, tatsächlich sehr schmaler See, der sich in Nordsüd-Rich-
tung erstreckt. Er wird wie die meisten Seen dieser Tour vom Hellbach durchflossen, der die Seen
miteinander verbindet. Der Wanderweg folgt dem
Verlauf des Westufers und führt somit zwangsläufig zum **Littauer See**, in den der Schmalsee übergeht. Hier an der Einmündung des Schmalsees
in den Littauer See befindet sich schon die erste
Badestelle. Es folgen noch weitere Badestellen am
Westufer des Sees, an dem unser Weg weiter entlangführt. Alle Badestellen sind frei zugänglich,
nicht überlaufen und idyllisch.

Am Schmalsee bei Mölln

Weiter geht es am Hellbach entlang, der hier die Verbindung zum größeren, lang gestreckten **Drüsensee** herstellt. Der Drüsensee weist mit einer Insel, die in seiner Mitte aufragt, eine hübsche Besonderheit auf. Südlich des Drüsensees wandert man nun weiter dem Hellbach folgend Richtung Süden, doch berührt der Bach zunächst keine weiteren Seen. Trotzdem befinden sich östlich des Bachlaufes drei kleine malerische Seen, eingebettet in die Waldlandschaft Lehmrader Tannen: Der **Krebssee**, der **Lottsee**, an dem der Weg direkt vorbei führt, und der **Schwarzsee**.

Nachdem sich der Hellbach etwas verbreitert hat, nimmt er eine scharfe Biegung. Genau das machen wir nicht, sondern folgen dem ausgeschilderten Wanderweg. Der Hellbach mündet bald in den **Samekower See** und anschließend in den **Gudower See**, den – hat noch jemand mitgezählt? – richtig: den achten und letzten See der heutigen Tour. Am Gudower See bieten noch einmal zwei Badestellen Gelegenheit zu einer abschließenden Erfrischung.

Richtung Lübeck

R21
Ratzeburg ⊠

Start
Ratzeburg
R21 alle 60 Min. ab Büchen (Anschluss von Ham-
burg mit **R20**)

**Zwei (Rad-)Rund-
wanderungen und
Stadtbesichtigung**
Umrundung des
Küchensees,
Umrundung des
Ratzeburger Sees

Länge
ca. 9 km und 19 km

Karte ▶ Seite 89

Ratzeburg-Information
Unter den Linden 1
23909 Ratzeburg
((0 45 41) 85 85 65
www.ratzeburg.de
Mo–Fr 9–17 Uhr,
Mai–Sept. zusätzlich
Sa/So 11–16 Uhr
Okt.–April donnerstags
nur 9–12 Uhr

Ratzeburger Dom
Domhof
((0 45 41) 34 06
Tgl. außer bei kirchlichen
Handlungen 10–18 Uhr,
Okt.–März 10–16 Uhr und
Mo geschlossen
Eintritt frei, Führung 2 €

**Kreismuseum
(Heimatmuseum)**
Domhof 12
((0 45 41) 8 60 70
Di–So 10–13 und
14–17 Uhr
1,50 €, Schüler 0,50 €

RATZEBURG

Ratzeburg nicht nur für Ruderer

**Ratzeburg und Ruderer sind untrennbar mit-
einander verbunden. Zwar ist der legendäre
Goldachter mittlerweile Geschichte, doch
zehrt die Stadt am gleichnamigen See noch
immer von dem Ruf als Rudermetropole. Dabei lohnt ein Besuch auch für Ausflügler, die
mit dieser Sportart nichts am Hut haben.**

An Karl Adam, dem berühmtesten Rudertrainer
aller Zeiten, kommt man allerdings nicht vorbei in
Ratzeburg. Das heißt, man kommt an ihm vorbei
auf dem Weg vom Bahnhof in den historischen
Stadtkern: Sein Denkmal steht am Lüneburger
Damm, der Verbindung zwischen dem Festland
und der Insel, auf der sich das historische Ratzeburg befindet. Der Damm trennt den Ratzeburger
See vom sehr viel kleineren Küchensee, auf dem
sich auch die Regattastrecke befindet. Während
man auf dem Damm rechts das Karl-Adam-Denk-
mal und den Küchensee sieht, geht der Blick
nach links weit über den Ratzeburger See und
die Altstadtinsel, auf der sich der Dom majestätisch erhebt. Außerdem dehnt sich zur Linken die
Schlosswiese, eine Grünanlage am Ufer des Ratzeburger Sees. Hier, wo sich einst eine Wehranlage
befand, ist eine Badestelle angelegt, und die Aus-
flugsdampfer stechen von hier aus in See.

Die Altstadt lag ursprünglich, also zur Zeit der
Stadtgründung im Jahre 1261, auf zwei Inseln
zwischen dem Ratzeburger See und dem Küchensee: Der Dom mit Nebengebäuden auf der einen,
die eigentliche Stadt auf der anderen; im Laufe
der Zeit wuchsen die Inseln zu einer zusammen.

Der **Dom**, an der Nordspitze der Altstadtinsel
gelegen, ist der älteste romanische Backsteindom
Norddeutschlands. Die Kirche wurde 1154 von
Heinrich dem Löwen gestiftet, ihre ältesten Teile
wurden noch vor dem Lübecker Dom errichtet.
Beendet wurde der Bau um 1220. Das Mittelschiff

ist 17 m hoch, die Kreuzigungsgruppe stammt aus dem 13. Jh., das Chorgestühl aus dem 14. Jh. Aus dem Mittelalter sind Grabplatten erhalten, und an der Südwand befindet sich in schwarz getöntem Holz die Loge der Herzöge von Sachsen-Lauenburg aus dem Jahre 1637, der so genannte Lauenburger Chor.

Hinter dem Dom liegt das Domkloster von 1250, das noch viel von dem mittelalterlichen Charme ausstrahlt, der sicher einmal die ganze Anlage beseelt haben mag. Kreuzgang, Kapitelsaal, Refektorium und Dormitorium sind von der Seeseite her zugänglich. Im Klosterinnenhof findet sich ein Kunstwerk jüngeren Datums: Die Plastik „Bettler auf Krücken" von Ernst Barlach. Westlich des Domes schließt sich der ehemalige Sitz des Bischofs an, darunter das Steintor, ein Backsteinbau aus dem 12. Jh., dessen Aufgabe es war – und ist – den Druck abzufangen, der durch den schweren Domturm an der Flanke der Erhebung, auf der der Dom errichtet wurde, entstand. Ein statischer Taschenspielertrick sozusagen.

In der benachbarten Propstei, dem ehemaligen Herrenhaus von Herzog Adolf Friedrich IV. von Mecklenburg aus dem Jahre 1764 mit seiner klassizistischen Fassade, ist heute das Kreismuseum untergebracht. Im 1. Obergeschoss ist die Rokoko-Ausstattung von 1766 bewahrt geblieben.

Zwei weitere Sehenswürdigkeiten im Schatten des Doms sollen nicht unerwähnt bleiben: Das Haus Mecklenburg im Domhof 41, erbaut 1690, ist ein schön restauriertes Fachwerktraufenhaus

Café und Restaurant Möhring
Schrangenstraße 10
23909 Ratzeburg
☎ (0 45 41) 33 74
Tgl. 10–18 Uhr,
Im alten Stadtkern

Aqua Siwa
Fischerstraße
☎ (0 45 41) 48 22
Schwimmhalle im Kurpark am Küchensee an der Freibadestelle.
Die häufig wechselnden Öffnungszeiten und Eintrittspreise bitte erfragen.

Erlebnisbahn Ratzeburg
Im Bahnhof
23909 Schmilau
☎ (04541) 89 80 74
Außergewöhnliche Touren durch den Naturpark Lauenburgische Seen auf muskelkraftbetriebenen Fahrzeugen, z. B. 3-Muskel Tour oder 2-Gleise-Tour.
Weitere Information unter:
www.erlebnisbahn-ratzeburg.de

Ratzeburger See

Ratzeburger Dom

A. Paul Weber-Museum
Domhof 5
☎ (0 45 41) 86 07 20
Di–So 10–13 und
14–17 Uhr
1,50 €, Schüler 0,50 €

Badestellen im Stadtbereich:

- Schlosswiese am Ratzeburger See,
- im Kurpark am Küchensee und
- Liegewiese Farchau am Südufer des Küchensees.

Alle Badestellen sind ohne Eintritt frei zugänglich und bei großem Betrieb beaufsichtigt.

Am Westufer des Ratzeburger Sees befinden sich diverse Badestellen, einige – besonders solche in Ortschaften – verfügen über sanitäre Anlagen und Bewachung, auch diese Badestellen sind frei und ohne Eintritt zugänglich.

und heute Sitz der Stiftung Mecklenburg. Es beherbergt das Kulturzentrum der Stiftung und zeigt Ausstellungen zur Fischerei und Seefahrt, mecklenburgische Trachten und Präsentationen mecklenburgischer Künstler. Im Domhof 5, einem Gebäude aus dem 17. Jh., hat das A. Paul Weber Museum Quartier bezogen. Der Zeichner A. (=Andreas) Paul Weber (1893-1980) ist mit seinen zeitkritischen Grafiken berühmt geworden. Auch viele, denen der Name nichts sagt, werden seine Werke kennen, denn sie sind oft im Zusammenhang mit aktuellen gesellschaftlichen Problemen veröffentlicht worden.

Nicht mehr im Dom-Areal, sondern im Kern der historischen Stadt erinnert ein weiteres Museum an einen anderen großen Sohn der Stadt: Ernst Barlach. Barlach wurde in Wedel geboren und hat dort auch sein verdientes Museum bekommen (▶ Seite 168), er starb in Güstrow, wo gleich zwei Ausstellungen an ihn erinnern Doch in Ratzeburg steht das Haus seines Vaters, in dem er aufwuchs und seine prägenden Eindrücke erhielt. Dieses 1840 erbaute Haus am Barlachplatz 3 beherbergt heute das **Barlach-Museum**, mit Werken des als Bildhauer berühmt gewordenen vielseitigen Künstlers.

Bei der Kirche neben dem Barlach-Museum handelt es sich um die St. Petri-Kirche, einen Bau aus dem 18. Jahrhundert, der auf einem schon im 13. Jh. errichteten Vorgängerbau fußt. Auffällig – selbst für uns Laien – ist das seltene Querschiff dieser Stadtkirche. Im alten Stadtkern haben sich daneben noch als steinerne Zeugen der Vergangenheit das Kreishaus von 1721, das Alte Rathaus von 1843 und die Alte Wache erhalten. Das Neue Rathaus ist in der ehemaligen Gelehrtenschule von 1847 untergebracht. Der Blick auf dieses jetzt wieder im hellen Ocker leuchtende Gebäude wird leider durch den davor liegenden Parkplatz sehr beeinträchtigt.

Neben dem Neuen Rathaus verläuft eine Straße mit dem bemerkenswerten Namen Demolierung. Er geht auf die Dänen zurück, die 1816 die barocke Festungsanlage schleiften, die sich hier befand. Auch an der einzigen wirklichen Katastrophe, der Ratzeburg im Laufe seiner langen Geschichte ausgesetzt war, sollen die Dänen schuld gewesen sein. Im Jahre 1693 brannte die Stadt fast ganz nieder. Angeblich haben die Dänen hier die Lunte gelegt. Auf jeden Fall ist dadurch in Ratzeburg von dem mittelalterlichen Flair, wie man es noch in Mölln (▶ Seite 80) verspürt, nichts übrig geblieben.

An der Südseite der Altstadtinsel verläuft am Ufer des **Küchensees** eine Grünanlage, der man den Titel Kurpark verliehen hat; schließlich ist Ratzeburg anerkannter Luftkurort. Schöner als ein Spaziergang im Kurpark ist eine Umrundung des ganzen Küchensees. Auf schönen Wegen geht es dabei am Ufer entlang meist durch Grünanlagen und Gehölze. Überall bieten sich interessante Ausblicke über den See. Zwei Stunden sollte man bei gemütlicher Gangart für die etwa 6 km lange Seeumrundung einplanen.

Anders sieht es bei einer Wanderung um den **Ratzeburger See** aus. Hier lohnt sich auch eine Radtour zur Bewältigung der ca. 19 km langen Strecke. Das Ostufer war bis Wende Grenzgebiet der DDR und ist bis heute noch nicht richtig für Ausflügler erschlossen. Daher die Empfehlung: Am Westufer bis zur nördlichen Spitze des Ratzeburger Sees wandern und von hier, von dem Ort **Rothenhusen** aus, mit dem Dampfer, der auch Fahrräder mitnimmt, zurück nach Ratzeburg.

Ganz Bequeme nehmen von Rothenhusen – oder schon von einem der vorherigen Orte am Seeufer – den Bus der Linie 8810. Der führt direkt zum Bahnhof Ratzeburg, oder wenn man will weiter nach Mölln und sogar bis nach Bergedorf. Aber das ist mit eineinhalb Stunden schon fast eine Tagesreise.

Fährhaus Athen
Königsdamm 2
23909 Ratzeburg
☎ (0 45 41) 87 07 90
Mo–Fr 17–23, Sa 12–15 und 17–23, So 12–23 Uhr
Das traditionsreiche Ausflugslokal mit traumhaftem Blick übers Wasser ist jetzt – der Name macht es deutlich – fest in griechischer Hand. Große Sommerterrasse.

Barlachhaus
An der Petrikirche
☎ (0 45 41) 37 89
Di–So 11–17 Uhr (Winterpause von Dez. bis Mitte Febr.)
3 €, Schüler 1,50 €

Schifffahrt Ratzeburger See
Schlosswiese 6
☎ (0 45 41) 79 00

In der Saison verschiedene Liniendienste und Rundfahrten, Start jeweils Schlosswiese.

Zum Beispiel: Fahrt nach Rothenhusen am Nordufer des Ratzeburger Sees mit mehreren Stopps unterwegs 45 Min. 6 €, Kinder bis 14 Jahre 3 €,

4-Seen-Inselfahrt Dauer 2 Stunden, 9 €, Kinder 4,50 €,

Domseerundfahrt (schönes Sightseeing vom Wasser aus) 30 Min. 3 €, Kinder 1,50 €, Fahrradmitnahme jeweils 1 €.

Hauptsaison Mitte Mai bis Mitte Sept., Nebensaison April bis Mitte Mai und Mitte Sept. bis Okt. Aktuelle Infos unter www.schiffahrt-ratzeburg.de

Start
Ratzeburg
R21 alle 60 Min. ab
Büchen (Anschluss von
Hamburg mit **R20**)

(Rad-)Wanderung
von Ratzeburg
nach Mölln

Länge
ca. 8 km

Rückfahrt
Mölln **R21** alle 60 Min.
bis Büchen (Anschluss
nach Hamburg mit
R20)

Badestelle Pinnsee
Malerisch im Wald gele-
gen, frei zugänglich und
ohne Bewachung oder
Infrastruktur, auch FKK
üblich

Die Tour geht durch
gastronomisches Nie-
mandsland, unterwegs
bieten sich aber Stellen als
Picknickplätze an, daher
sollte man sich am Besten
rechtzeitig – zu Hause
oder in Ratzeburg – ver-
proviantieren.

VON RATZEBURG NACH MÖLLN

Wälder, Wiesen, Wisente

**Die Ausflugsziele Ratzeburg und Mölln sind
jedes für sich einen Besuch wert. Naturfreunde schwärmen allerdings eher von der
schönen Umgebung der beiden historischen
Städte. Eine ideale Kombination zwischen
Stadtbesichtigung und Naturerleben stellt
eine Tour von Ratzeburg nach Mölln dar.**

Vom Bahnhof Ratzeburg sollte man – auch wenn
eine Ratzeburgbesichtigung nicht auf dem Programm steht – über die Bahnhofsallee zum Lüneburger Damm und zur dortigen Schlosswiese radeln oder wandern. Schließlich hat man hier nicht
nur einen herrlichen Blick über den Ratzeburger
See und auf die Altstadtinsel mit dem Dom – und
kann zu Hause zumindest sagen, man habe Ratzeburg gesehen –, es beginnt hier auch ein schöner
Weg am Westufer des Küchensees – ein Teil des
Radfernwanderweges Lübeck-Lauenburg, auf dem
wir auch weiterhin bleiben werden.

Die Strecke führt in südlicher Richtung nach
Farchau am Südufer des Küchensees. An der Liegewiese Farchau kann man schon ein Bad nehmen. Von Farchau geht es nun in westlicher
Richtung nach **Fredeburg**, hier lohnt ein Wildpark
einen Besuch. Genau genommen sind es zwei
Wildparks, ein Schwarzwild- und ein Wisentgehege. Auf das Wisentgehege stößt unser Weg
schon am Ortseingang von Fredeburg. Die mächtigen Tiere stehen etwas phlegmatisch herum,
sind gleichwohl eindrucksvoll. Um auch dem
Schwarzwildgehege, also den Wildschweinen,
einen Besuch abzustatten, muss man die Bundesstraße überqueren und die hier parallel zur Straße
verlaufende Bahnlinie. Ein Besuch bei den Wildschweinen lohnt vor allem, wenn die Borstentiere
mit Jungen durchs Gehege ziehen. Nicht nur Kinder haben ihre Freude an den niedlichen wilden
Ferkelchen, die unter Bescheidwissern natürlich
Frischlinge heißen.

Zurück am Wisentgehege geht der Weg weiter

auf dem Radfernwanderweg Lübeck-Lauenburg nach Süden durch den Farchauer Forst. Nach 3 km muss man sich entscheiden, ob man nach rechts abbiegt und auf direktem Weg nach Mölln hineinwandert oder –radelt, oder ob man auf dem Fernradweg bleibt und sich weiter nach Süden hält, wobei die Straße von Schmilau nach Mölln überquert wird. Das sollte tun, wer vor dem Besuch der Stadt Mölln noch ein Bad nehmen möchte.

Nach 3 km biegt nach links ein Weg zum **Pinnsee** ab. Dieser kleine, ganz von Wald umgebene See ist eine der lauschigsten Badestellen der Gegend – und das will bei der großen Konkurrenz an Seen und Badestellen schon etwas heißen.

Hoffentlich gut erfrischt geht es vom Pinnsee in westlicher Richtung durch den Wald zur Eulenspiegelstadt. Die erreicht man auf jeden Fall, ob nun auf dem kurzen Weg oder über den Umweg über den Pinnsee am Ufer des Schulsees entlang. Zu verfehlen ist der historische Stadtkern nicht, schließlich weist uns der Turm der St. Nikolai-Kirche den Weg. Nach soviel Naturerleben schadet es nun nicht, einmal ein mittelalterliches Freilichtmuseum zu erkunden (▸ Seite 80).

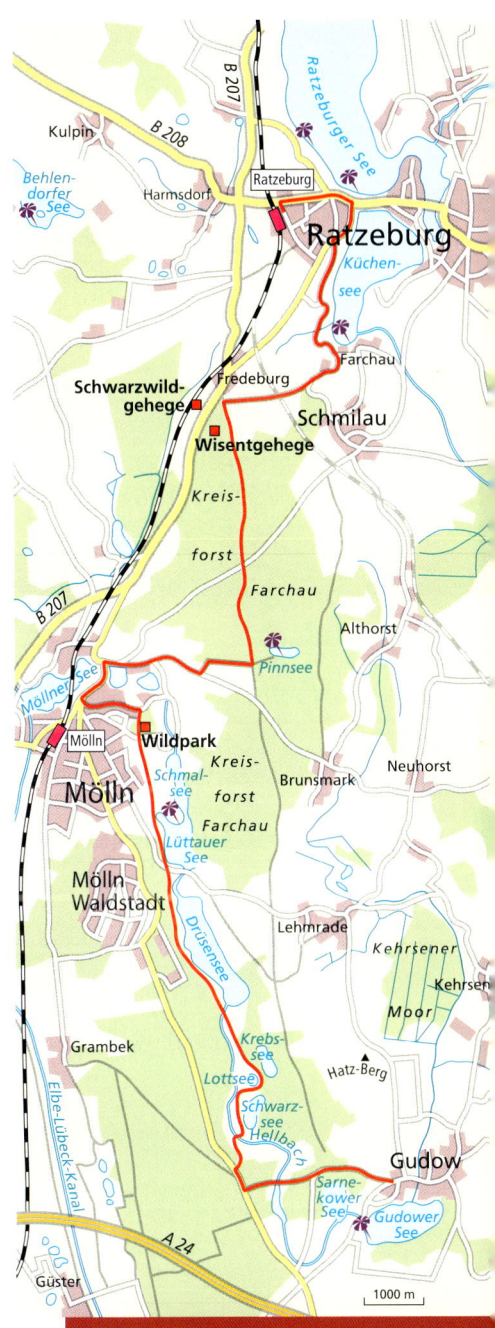

Mölln ⊠

Start
Mölln
R21 alle 60 Min. ab
Büchen (Anschluss von
Hamburg mit **R20**)

Radtour
am Elbe-Lübeck-Kanal
nach Lauenburg

Länge
ca. 34 km
(bis Büchen ca. 24 km)

Rückfahrt
Lauenburg
R21 alle 60 Min.
oder
Büchen
R20 und **R21**
alle 60 Min.

Restaurant Café See-
pavillon am Prüss-See
Am Prüss-See 35
21514 Güster
((0 41 58) 88 11 21
Mai–Sept. tgl. 11–22 Uhr,
in der übrigen Jahreszeit
nach Bedarf

Freizeitwelt Güster
Großzügige Freizeitanlage
mit Campingplatz und
Badestrand.
Saisonal bewacht,
Nichtschwimmerbereich.

Badestrand Prüss-See
Saisonal bewacht,
Nichtschwimmerbereich.

ELBE-LÜBECK-KANAL

Immer am Kanal lang

**Bei Kanälen denkt man oft zuerst an breite
zubetonierte Wasserautobahnen. Dass es
auch Kanäle ganz anderer Art, nämlich richtig idyllische Wasserläufe, gibt, beweist der
Elbe-Lübeck-Kanal.**

Der 62 km lange Kanal wurde Ende des 19. Jhs.
von der Stadt Lübeck angelegt, um eine Verbindung zur Elbe zu schaffen. Die Konkurrenz war
der Nord-Ostseekanal. Der Verlauf des Elbe-Lü-
beck-Kanals folgt im Großen und Ganzen dem
alten Stecknitz-Kanal, einem der ältesten Kanäle
Europas, der für den Salztransport im Mittelalter
wichtig war. Der Elbe-Lübeck-Kanal ist nur 2 m
tief und daher eigentlich nur für Freizeitkapitäne
interessant. Und für Radwanderer, denn am nördlichen Abschnitt seines meist malerischen Ufers
verläuft der Fernradwanderweg „Alte Salzstraße".

Der Kanal weist nur ein geringes Gefälle auf,
so dass man zwischen Lübeck und Lauenburg mit
sieben kleineren Schleusen auskam.

In Mölln allerdings, unserem heutigen Start-
punkt, verläuft der Fernradwanderweg noch nicht
am Kanalufer. Aber das macht nichts, denn ein
Radweg führt direkt am westlichen Kanalufer
entlang von Mölln nach **Güster**. Und zu der hier
in den letzten Jahren entstandenen „Freizeitwelt
Güster". Der größte See, der Prüss-See, an dem der
Badestrand liegt, hat Trinkwasserqualität, denn
im See befinden sich tausende von Grundwasser-
quellen.

Kurz hinter Güster macht der ansonsten beinah
schnurgerade verlaufende Kanal eine Schleife.
Am Beginn dieser Krümmung befindet sich die
Zieburger Schleuse. Die Kanalbiegung endet in
der beschaulichen Ortschaft **Siebeneichen**.

Am Kanalufer geht es zügig an der von Gewerbe geprägten Kleinstadt **Büchen** vorbei. Hinter
Büchen teilen wir das Kanalufer mit einer Bahnstrecke, jedenfalls bis Dalldorf. Vorher haben wir
schon bei **Witzeeze** die Doppelschleuse Witzeezer

Schleuse und Niebuhr-Schleuse passiert. Und haben befriedigt festgestellt, dass die Wasserwanderer durch die Schleuserei doch etwas gehandikapt sind. Jede Schleuse bietet uns die Möglichkeit, bei der Wettfahrt, die sich zwischen Wasser- und Radwanderern oft ganz von selbst entwickelt, Boden gut zu machen.

Aber wir sind ja schon in **Dalldorf**, wo wir das Kanalufer wechseln und uns von den Bahngleisen verabschieden. Am östlichen, von uns aus gesehen linken Kanalufer entfernt sich der Radweg nach einiger Zeit vom Kanal, doch stößt er bei der Palmschleuse wieder an die Wasserstraße. Die Palmschleuse, kurz vor der Mündung des Kanals in die Elbe bei Lauenburg, ist die letzte Schleuse des Kanals. Vor allem aber ist sie die älteste erhaltene Kammerschleuse Nordeuropas und ein wertvolles Denkmal der Technikgeschichte.

In Lauenburg (▸ Seite 92) an der Elbe lohnen die Altstadt am unteren Elbufer und das Schloss, hoch auf dem Steilufer gelegen, unbedingt einen Besuch. Man ist in wenigen Minuten von der Schleuse in der Stadt – zumindest, wenn man mit dem Fahrrad unterwegs ist. Die Wasserwanderer haben wir jedenfalls an der Palmschleuse endgültig abgehängt.

Der andere Blick auf die Elbe

Als Hamburger ist man es gewöhnt, die Elbe als mächtigen Strom und wichtige Schifffahrtsstraße der Ozeanriesen wahrzunehmen. Seine malerische Seite zeigt der Fluss einige Kilometer landeinwärts: In Lauenburg hat sich mittelalterliche Idylle in grüner Umgebung erhalten.

Was die historische Schifferstadt für einen Ausflug von Hamburg aus zusätzlich attraktiv macht, ist der Bus der Linie 31. Er bringt Besucher direkt von der Hansestadt ins Zentrum Lauenburgs. Allerdings zeigt sich die Stadt vom Busfenster aus zunächst nicht von ihrer schönsten Seite. Doch der erste Eindruck trügt. Am Kiosk des ZOB, der Endhaltestelle des Busses, kann man sich einen kostenlosen Übersichtsplan besorgen und sich damit auf den Weg machen zu den idyllischen Orten Lauenburgs. Und die beginnen schon unmittelbar hinter dem Busbahnhof. Dort nämlich führt die Friedrichsbrücke zum Schloss und zum Fürstengarten.

Das Schloss erhebt sich an der Kante des Hochufers der Elbe, dort, wo schon vor über 800 Jahren die Askanierherzöge eine fast uneinnehmbare Burg anlegten. Fast uneinnehmbar, denn im Verlauf der Jahrhunderte und der bewegten Geschichte Lauenburgs wurde die Burg mehrmals erobert und zerstört. Der Fachwerkbau des heutigen Schlosses ist daher sehr viel jünger, wenngleich natürlich auch ein historischer Bau. Nur der wuchtige Schlossturm, der heute gesondert steht, ist tatsächlich ein Überrest des Burgfrieds der Askanier.

Was aber Besucher mehr noch als die historischen Bauten in den Bann zieht, ist der überwältigende Blick von den terrassenartig angelegten Grünanlagen vor dem Schloss. Von der hohen Warte kann man weit über die Elbe und tief

Start
Lauenburg
SchnellBus 31 mind. alle 60 Min. von Hamburg
oder
R21 alle 60 Min. (in Büchen Anschluss von Hamburg mit **R20**)
oder
Bus 8806 mehrmals tgl. von Mölln
oder
Bus 8816 Mo–Sa von Schwarzenbek

Stadtbesichtigung
Schloss – Schifferstadt – Alte Mühle

Spätere Rückfahrt
Bus 231 alle 60 Min. bis ZOB Geesthacht und weiter mit **MetroBus 12** bis Hamburg

Touristinformation
Amtsplatz 4
21481 Lauenburg
((0 41 53) 5 12 51
Mai–Sept
Mo–Fr 10–16
März–Oktober auch
Sa/So 13–16.30 Uhr

Schlossturm
Amtsplatz 1
März–Okt. Tgl. 9–18 Uhr
Eintritt frei

Malerisches Lauenburg

nach unten auf die Dächer der Unterstadt am unteren Elbufer sehen. Zu dieser Unterstadt, dem eigentlichen, historischen Lauenburg, gilt es jetzt herabzusteigen. Hohler Weg, Wallweg, Fährtreppe und Graben heißen die Wege zum Abstieg in die Altstadt. Auch ein Abstecher durch den benachbarten Fürstengarten bietet sich an, von dort geht es über den Großen Sandberg steil nach unten.

Der historische Schatz Lauenburgs sind die Fachwerkhäuser des 16. und 17. Jhs. in der Unterstadt, die auch Schifferstadt genannt wird. Noch heute zeugen die prachtvollen Giebel von der einstigen wirtschaftlichen Bedeutung der schon 1260 erstmals urkundlich erwähnten Stadt. Schließlich war Lauenburg ein wichtiger Platz an der Alten Salzstraße zwischen Lüneburg und Lübeck. Während eines Spaziergangs durch die verwinkelten Gassen kann der Besucher die Atmosphäre vergangener Zeiten schnuppern. Das heißt, er könnte sie schnuppern, wären da nicht die vielen Autos, die sich durch die engen Gassen quälen. So schnuppert man leider allzu oft Abgase. Unter sich sind die Fußgänger nur an der Elbuferpromenade. Den Besuchern, die hier in Sommermonaten flanieren, sei mitgeteilt, dass die Promenade im Frühjahr regelmäßig knietief unter Wasser steht.

Zum Thema Elbe kann man noch mehr Interessantes bei einem Besuch des **Elbschifffahrtsmuseums** erfahren. Die Ausstellung im ehemaligen

Zum alten Schifferhaus
Elbstraße 114
((0 41 53) 5 86 50
In der Saison
Tgl. 12–23 Uhr,
Jan.–März von 14–17 Uhr geschlossen,
warme Küche bis 22 Uhr
Restaurant im Fachwerkhaus mit großer Terrasse am Elbufer

Elbschifffahrtsmuseum
Elbstraße 59
((0 41 53) 59 99 35
Mo–Fr 10–13 und
14–17 Uhr,
Sa/So 10–17 Uhr
Nov.–Feb.
nur Mi, Fr, Sa + So
Eintritt 2 €, Kinder 0,50 €

Raddampfer
Der im Jahre 1900 gebaute Raddampfer „Kaiser Wilhelm" ist von Mai bis Sept. an den Wochenenden zu bestaunen. Wer mag, kann sogar nostalgische Fahrten auf der Elbe mit diesem urtümlichen, fauchenden Wasserfahrzeug unternehmen.

Schifffahrten auf der Elbe
Reederei Helle
Elbestraße 117
28481 Lauenburg
((0 41 53) 59 28 48
www.reederei-helle.de
und
Personenschifffahrt
Jürgen Wilcke
Buchenweg 14
21380 Artlenburg
((0 41 93) 62 85
www.personenschifffahrt-wilcke.de

Mühlenmuseum
Bergstraße 17
((0 41 53) 25 21
Ganzjährig tgl. 10–18 Uhr
Eintritt 2 €

Rathaus der Stadt, einem Backsteinbau aus dem 15. Jh., macht die uralte Verbindung von Stadt und Elbe deutlich. Vom Einbaum aus dem Jahre 1000 bis zur modernen Schubeinheit reicht die Darstellung. Der ehemalige Ratskeller wurde zu einem Maschinenkeller umgestaltet, in den eine schmale Eisentreppe wie in einen Schiffsbauch hinabführt. Hier sind alle für die Elbschifffahrt typischen Maschinen – von der Dampfmaschine bis zum Dieselmotor inklusive Schaufelrad und Schiffspropeller – voll funktionsfähig erhalten. Auf Anfrage setzt ein Mitarbeiter die Exponate in Bewegung. Im ersten Obergeschoss wird eine stadtgeschichtliche Sammlung gezeigt.

Als steinernes Zeugnis von Frömmigkeit, die den Bürgern der Schifferstadt die bewegten Zeiten von Kriegen und Katastrophen zu überstehen half, erhebt sich neben dem Museum die Maria-Magdalenen-Kirche. Sie stammt ursprünglich aus dem Jahre 1227, ist aber später in ihrem Äußeren erheblich verändert worden. Zurück zur Elbe: An die Uferpromenade schließt sich am Ende der Altstadt ein Uferweg an, der bis ins 10 km entfernte Geesthacht führt.

Aber zurück nach Lauenburg, wo sich ein anderes grünes Ziel für eine kleine Wanderung abseits der historischen Schifferstadt anbietet: Das Erholungsgebiet Hasenberg und Buchhorster Berge am nordöstlichen Stadtrand von Lauenburg. Vom Stadtzentrum führt die Bergstraße direkt hinein. Hier findet sich auch die Alte Mühle. Die Lauenburger Mühle beherbergt als letzte von einstmals acht Windmühlen heute ein kleines **Mühlenmuseum** und eine rustikale Kneipe. Hier sollte man aber den Abend nicht lang werden lassen, denn der letzte Direkt-Bus 31 von Lauenburg zurück in die hektische Großstadt Hamburg startet schon um 18.11 Uhr!

LAUENBURG – WINSEN (LUHE)

Schönes Stück Elberadweg

Auch diese Tour führt über eine – allerdings recht kurze – Teilstrecke des beliebten Elberadweges. Doch bewegt sich der Radler diesmal weniger in der Abgeschiedenheit der Natur wie bei der Tour von Dahlenburg nach Lauenburg (▸ Seite 118). Dafür warten hier einige interessante Orte am Wegesrand darauf, erkundet zu werden.

Beginn der Tour ist Lauenburg, die malerische Stadt am Hochufer der Elbe, die schon für sich einen Ausflug lohnt (▸ Seite 92). Ob man nun die historische Altstadt einer Besichtigung unterzieht oder nicht, auf jeden Fall überquert man in Lauenburg die Elbe und radelt dann am linken Flussufer elbabwärts. Schon nach wenigen Kilometern zweigt von der Elbe der Elbeseitenkanal ab. Schnurgerade führt die Wasserstraße gen Süden; auf dem ebenso geraden Uferweg werden wir ein andermal unterwegs sein (▸ Seite 98). Stattdessen überqueren wir den Kanal und halten uns weiter ans Ufer der Elbe, um nach **Artlenburg** zu gelangen. Die Holländer-Windmühle des Ortes ist weithin sichtbar.

Der nächste Ort an der Strecke ist **Tespe**, der schon durch die malerische Lage am Elbufer sehenswert ist. Eine Rast kann man im Fährhaus Tespe einlegen. Eine reguläre Fähre jedoch, die

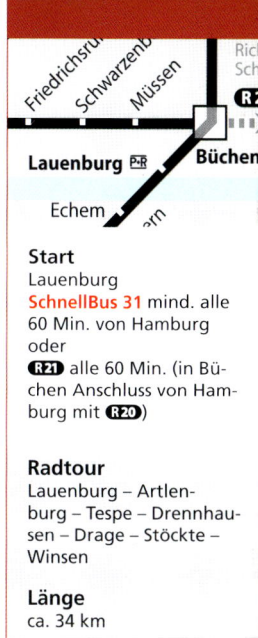

Start
Lauenburg
SchnellBus 31 mind. alle 60 Min. von Hamburg oder
R21 alle 60 Min. (in Büchen Anschluss von Hamburg mit R20)

Radtour
Lauenburg – Artlenburg – Tespe – Drennhausen – Drage – Stöckte – Winsen

Länge
ca. 34 km

Rückfahrt
Winsen R30
alle 40–60 Min.

Fährhaus Tespe
Elbuferstraße 200
21395 Tespe
☎ (0 41 76) 9 13 50
Tgl. 12–22 Uhr, Di Ruhetag
Schönes Gasthaus direkt
am Elbufer.

Tespe mit dem gegenüberliegenden Ort Tesperhude verbindet, existiert nicht. Aber das macht
nichts, denn das andere Ufer ist ohnehin recht
reizlos, zumal man dort – von uns aus links von
Tesperhude – das Kernkraftwerk Krümmel erkennen kann. Hinter dem Ort Marschacht, der selber
nichts zu bieten hat, kreuzt man die B 404, die
hier über die Elbe führt. Vom kurzen Aussichts-
weg entlang der B 404 hat man einen guten Blick
auf die Fischtreppe und die Schleuse Geesthacht.

Stove heißt der nächste Ort, durch den der
Elberadweg nun führt. Er ist lächerlich klein,
völlig unbedeutend, hat aber kurioserweise eine
eigene Pferderennbahn! Wieso Stove zu dieser,
seiner natürlich einzigen Attraktion gekommen
ist, bleibt unklar, jedoch finden hier tatsächlich
„Galopp-, Pony- und Trabrennen" statt.

Weiter geht es durch **Drennhausen**, wo die
Kirche aus dem 15. Jh. sich mit schönen Fens-
terbildern schmückt, und durch Drage mit seinen
idyllischen Fachwerk- und Fischerhäuschen nach
Stöckte. Der kleine Hafen, die Fachwerkhäuser
und Storchennester verleihen dem Ort seinen
Charme. Bei dem Flüsschen, das in **Stöckte** in die
Elbe mündet, handelt es sich nicht, wie viele mei-
nen, um die Luhe, die dem nahe gelegenen Winsen seinen Namenszusatz gegeben hat – Winsen
an der Luhe (und nicht etwa an der Aller) –, son-

Wasserschloss in Winsen

Am Elberadweg

dern um die Ilmenau. Die Luhe selbst mündet in die Ilmenau, knapp bevor diese in die Elbe fließt.

Nun muss sich der Ausflügler entscheiden, ob er weiter an der Elbe entlang bis zum Fähranleger Hoopte radelt, um von dort aus mit der Fähre überzusetzen zum Zollenspieker Fährhaus. In diesem Falle bietet sich – so noch Zeit und Enthusiasmus vorhanden sind – eine anschließende Erkundung des Gebietes der Vierlande an (▸ Seite 66). Andernfalls geht's am Ufer von Ilmenau und Luhe mitten hinein in die Altstadt von **Winsen**. Dominiert wird die Altstadt von der St. Marienkirche, einem zweischiffigen Backsteinbau von 1406. Im Jahre 2004 wurde dieses schöne Beispiel norddeutscher Backsteingotik einer gründlichen Restaurierung unterzogen. Das zweite bedeutende Bauwerk des historischen Winsen ist das Wasserschloss. Die mächtige Dreiflügelanlage mit Wassergraben und Schlosspark geht auf das 13. Jh. zurück. Seine heutige Gestalt erhielt sie Ende des 16. Jhs., als das Schloss Witwensitz der Herzogin Dorothea, einer dänischen Prinzessin, wurde.

Beachtung verdient aber unbedingt auch der dem Schloss benachbarte Marstall. Der ehemalige Pferdestall von 1599 ist bis heute fast unverändert erhalten. Der Fachwerkbau dient nun dem Heimatmuseum als Quartier. In diesem Museum wird neben der Geschichte der Stadt besonders an einen ihrer großen Söhne erinnert (eigentlich der einzige große Sohn): Peter Johann Eckermann wurde 1792 am Ufer der Luhe geboren. Als Adlatus (oder wenn man will als Gefährte) Goethes wurde er bekannt und ging dank seiner „Gespräche mit Goethe" selbst in die Literatur ein.

Tourist-Information Winsen (Luhe)
Schlossplatz 11
☎ (0 41 71) 66 80 75
Mai–Okt. Mo–Fr 10–13, 14–18 Uhr, Sa 9.30–15.30, So/Fei 11–16 Uhr
www.winsen.de
Nov.–April
Mo–Fr 10–13, 14–18 Uhr, Sa 10–16 Uhr

Lüneburger Heide-Express
Museumsbahn
Sonder- und Charterfahrten auf verschiedenen Strecken (z. B. Winsen – Amelinghausen)
Auskunfte:
Touristinformation
Marktstraße
121385 Amelinghausen
☎ (0 41 32) 93 05 50
www.heide-express.de
Gemütliche Bahnfahrt in Oldtimerzügen.

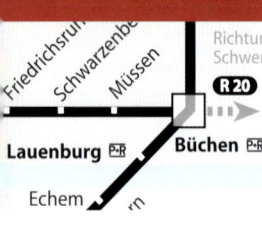

LAUENBURG – LÜNEBURG

Auf der Spur des Salzes

Start
Lauenburg
SchnellBus 31 mind. alle 60 Min. von Hamburg oder
R21 alle 60 Min. (in Büchen Anschluss von Hamburg mit **R20**)

Radtour
Lauenburg – Schiffshebewerk Scharnebeck – Lüneburg

Länge
ca. 20 km

Rückfahrt
Lüneburg
R30 alle 40–60 Min.

Restaurant Hohnstorfer Fährhaus
Elbdeich 35
21522 Hohnstorf
((0 41 39) 69 69-333
April–Sept. tgl. 11–22 Uhr
Okt.–März
Mi–So 11.30–22 Uhr (zeitweise auch 17–22 Uhr)

„Die Alte Salzstraße" nennt sich der Radfernweg von Lüneburg nach Lübeck. Tatsächlich gab es in alter Zeit eine wichtige Handelsstraße zwischen den beiden Wirtschaftszentren, auf der das weiße Gold von der Lüneburger Saline zum Ostseehafen Lübeck transportiert wurde. Allerdings ist vom alten Straßenverlauf heute nichts mehr übrig.

Stattdessen führt der heutige Weg meist auf gut ausgebauten Radwegen neben dem Elbe-Lübeck-Kanal und dem Elbe-Seitenkanal entlang. Zudem folgt die hier beschriebene Strecke eigentlich nicht der Spur des Salzes, sondern geht ihr entgegen – und auch das nur die letzte Strecke von der Elbe bis Lüneburg. Diese Tour eignet sich daher gut als Anschluss an die Tour Elbe-Lübeck-Kanal (▸ Seite 90).

Wir starten also in Lauenburg (▸ Seite 92), das schon für sich einen Besuch lohnt. Nach Überquerung der Elbe führt der Weg am Elbufer entlang durch Hohnstorf, um schon bald an den Elbe-Seitenkanal zu stoßen. Dieser 1976 eröffnete nord-südliche Schifffahrtskanal verläuft zwischen der Elbe und dem Mittellandkanal bei Edesbüttel westlich von Wolfsburg. Der Kanal ist für die sogenannten Europaschiffe mit einer Tragfähigkeit von 1350 Tonnen ausgelegt und überwindet auf seiner Gesamtstrecke von 115 km einen Höhenunterschied von 61 m. Der größte Höhenunterschied von 38 m wird beim **Schiffshebewerk Scharnebeck** bewältigt. Dahin gelangt man zwangsläufig bei der Fahrt entlang des Kanals. Schon von Weitem erkennt man die beiden sich über die flache Landschaft erhebenden Fahrstühle, mit den die Schiffe hinauf- und hinabgefahren werden.

Wie dieses technische Wunderwerk genau funktioniert, erfährt der interessierte Laie in der benachbarten Ausstellungshalle des Hebewerkes. So wird grundsätzlich erklärt, was ein Schiffshebewerk eigentlich ist, nämlich „eine Vorrichtung in Binnenwasserstraßen und Kanälen zum Heben und Senken von Schiffen bei mehr als 8 m Höhenunterschied von einer Kanalsohle zur anderen; das Schiff wird in einen großen Trog gefahren, der senkrecht hoch gehoben wird. Das Gewicht des Trogs einschließlich Wasser und Schiff ist bei gleichem Wasserstand immer gleich und wird durch Gegengewichte oder durch getauchte Auftriebskörper ausgeglichen. Deshalb werden zum Heben oder Senken nur kleine Kräfte und Leistungen benötigt." Wie das in der Praxis funktioniert, kann man hautnah erleben, und sich dabei der Gefahr aussetzen, eine kalte Dusche abzubekommen.

Von **Scharnebeck** selbst bekommt der Besucher des berühmten Schiffshebewerkes übrigens nichts mit, der beschauliche Ort, dessen Name erst durch das Schiffshebewerk bekannt geworden ist, liegt etwas östlich des Kanals. Unsere Alte Salzstraße verläuft aber am Westufer des Kanals. Wer einen kurzen Abstecher nach Scharnebeck unternimmt, kann dort die von schönen Fachwerkhäusern umgebene Backsteinkirche, 1723 im Barockstil errichtet, besichtigen. In der Nachbarschaft stößt man auf die Reste eines alten Zisterzienserklosters aus dem 13. Jh.

So stolz die Scharnebecker auf ihre Architekturdenkmäler auch sein mögen, so stellen sie doch keinen Vergleich zu den Lüneburger Bauten dar. Und genau mitten hinein in dieses großartige Architektur-Ensemble führt jetzt der letzte Teilabschnitt des Radfernweges „Alte Salzstraße" – Endhaltestelle historische Saline Lüneburg: Alle absteigen, bitte!

Schiffshebewerk Scharnebeck
Ausstellungshalle
15. März–31. Okt.
Tgl. 10–18 Uhr
1,50 €, ermäßigt 1 €,
Kinder 6–12 Jahre 0,50 €

Führungen durchs Schiffshebewerk
Jörn Pfeiffer
((0 41 36) 13 62
www.schiffshebewerk-scharnebeck.de
Verschiedene Gruppenführungen (auch inkl. Schifffahrt) nach Voranmeldung
15. März bis 31. Okt.

KulTourNetNord
((0 41 36) 91 17 62
www.kultournetnord.de
15. März bis 31. Okt.: jeden 1. So im Monat 11 Uhr (Anmeldung erforderlich) und nach Vereinbarung.
5 € pro Person zzgl. 1,50 € für die Ausstellungshalle

SÜDEN

Harburg Rathaus &

KI

Das andere Harburg

Ab ins Grüne. Ab nach Harburg? Für die meisten Hamburger sind Grün und Harburg ein Widerspruch, denken sie doch bei dem am Südufer der Süderelbe gelegenen Stadtteil an raumgreifende Industrieanlagen. Dass Harburg mit einem der schönsten Parks und einem der interessantesten Museen Hamburgs aufwartet, wissen nur wenige.

Start
Harburg Rathaus
S3 S31 alle 5–10 Min.
MetroBus 14 alle 10 Min.

Stadtausflug
Lämmertwiete
Schwarzenberg
Helms-Museum
Stadtpark

Noch erstaunlicher ist, dass Harburgbesucher nach einem kurzen Fußweg in nördlicher Richtung vom S-Bahnhof Harburg Rathaus eine historische „Milieuinsel", die Lämmertwiete, und nur wenig weiter den Schwarzenberg erreichen. Ganze zwei Minuten braucht man in südlicher Richtung zum Helms-Museum, und von dort gelangt man in kurzer Zeit zum Harburger Stadtpark am Außenmühlenteich.

Helms-Museum
Hamburger Landesmuseum für Archäologie und die Geschichte Harburgs
Museumsplatz 2
((0 40) 4 28 71-36 09
www.helmsmuseum.de
Di–So 10–17 Uhr
Eintritt 3 €,
ermäßigt 2 €

Die **Lämmertwiete** scheint eine Gasse aus längst vergangenen Zeiten zu sein. Mehrere Fachwerkhäuser aus dem 17. und 18. Jh. wurden hier restauriert, nicht mehr vorhandene stilecht wieder aufgebaut. In Verbindung mit dem Kopfsteinpflaster, historischen Straßenlaternen und alten Wirtshausschildern entstand so die Illusion echten Alters. Auch in der Schlossstraße, die heute leider durch eine breite Verkehrsschneise, die Bahngleise und die parallel verlaufende B 73, von der Lämmertwiete abgeschnitten ist, legen noch einige stattliche Fachwerkhäuser aus dem 16.–18. Jh. von der einstigen Pracht Zeugnis ab.

Caspari
Lämmertwiete 6–10
((0 40) 7 66 51 57
Tgl. ab 10 Uhr
In der Lämmertwiete hat in dem 400-jährigen Haus des Nachtwächters ein Lokal mit internationaler Speisekarte originelles Quartier bezogen. Im Sommer wird auch draußen serviert.

Westlich des alten Stadtkerns steigt der Schwarzenberg an, auf dessen weitem Plateau alljährlich ein traditionsreiches Volksfest, das Vogelschießen, stattfindet – angeblich schon seit 1528. Die Parkanlagen des Schwarzenberges zieren mehrere Denkmäler. Am Hang liegt ein alter jüdischer Friedhof vom Ende des 17. Jhs. und erinnert daran, dass schon 1610 erstmals eine jüdische Gemeinde in Harburg erwähnt wurde. Auch ein Soldatenfriedhof mit Gräbern aus dem 17. und

18. Jh. befindet sich in den Anlagen des Schwarzenbergs.

Das **Helms-Museum**, über die Fußgängerzone Rathausplatz zu erreichen, trägt den offiziellen Titel Hamburger Landesmuseum für Archäologie und die Geschichte Harburgs. Es wurde 1898 als Heimatmuseum für Stadt und Land Harburg gegründet und nach dem Mitbegründer, dem Kaufmann und Senator August Helms, benannt. In der Ausstellung

Lämmertwiete

„Als Hamburg arktisch war" kann der Besucher die Backenzähne eines Mammuts und dessen Stoßzähne bestaunen. Die Dauerausstellung zur Harburger Geschichte präsentiert als besondere Schmuckstücke eine alte Apothekeneinrichtung und den Laden einer Harburger Kaffeerösterei aus dem Jahre 1895.

Nicht einmal ein Kilometer südlich des S-Bahnhofs, erreichbar über die Bremer Straße, erstreckt sich am Westufer des idyllischen Außenmühlenteiches der **Stadtpark**. Die heutige Gesamtanlage setzt sich aus dem Alten Stadtpark, der schon ab 1907 angelegt wurde, dem Schulgarten, den Außenmühlenanlagen und den sich südlich anschließenden Langenbeker Wiesen zusammen. Der Außenmühlenteich bildet das Kernstück dieses Landschaftsraumes. Am östlichen Ufer gab es schon Ende des 19. Jhs. eine Badeanstalt. Sie unterteilte sich in drei Abteilungen: Das Männerbad, die Damenbadeanstalt und das Freibad. Das Freibad übrigens hieß Freibad, weil der Eintritt dort frei war. Jetzt existiert hier ein modernes Freizeitbad. Der heutige Harburger Stadtpark ist ein ungewöhnlich abwechslungsreicher Waldpark mit Wanderwegen, die zu einem 16 km langen Wegenetz und einem 3 km langen Rundweg ausgebaut sind.

Freizeitbad MidSommerland
Gotthelfweg 2
☎ (0 40) 7 63 18 27
Ganzjährig 10–23 Uhr
Eintritt (ohne Therme und Sauna) 1,5h 5,40 €, Kinder 2,70 €,
Tageskarte 8,20 €, Kinder 4,10 €
Am Außenmühlenteich im Stadtpark
Freizeitbad mit skandinavischem Flair, große Saunalandschaft und aufwändige Kulisse mit 32 m langem künstlichem Bachlauf
Bus 142 alle 30–40 Min.

Gaststätte Bootshaus
Gasthaus und Bootsverleih
Gotthelfweg 2a
☎ (0 40) 7 64 24 85
Di–Sa 13–18 Uhr,
So 10–18 Uhr (im Sommer), ansonsten 12–18 Uhr
Direkt an der Außenmühle im Stadtpark,
Sommergarten, großes Kuchen- und kleines Speisenangebot.
Bus 142 alle 30–40 Min.

Eine Zeitreise

Wie frühere Generationen gelebt und gearbeitet haben, das lässt sich in keinem anderen Museum so hautnah erleben wie im Freilichtmuseum am Kiekeberg. Und gleich nebenan im Wildpark Schwarze Berge werden heimische Wildtiere präsentiert – teilweise zum Anfassen, also hautnah (oder fellnah?).

Ein erlebnisreicher Tag ist garantiert, wenn sich Familien zu einem Ausflug in den Naturpark Schwarze Berge aufmachen. Ob man den Handwerkern im Museum über die Schultern schaut oder im Wildpark mit den Frischlingen, den Ferkeln der Wildschweine spielt – für alle Interessens- und Altersgruppen ist etwas dabei.

Wer nicht direkt mit der Buslinie 340 ab S-Bahnhof Harburg oder Neuwiedenthal vor das Museum oder den Wildpark fahren möchte, der kann vom S-Bahnhof Neuwiedenthal etwa zwei Stunden lang durch den Naturpark Neugrabener Heide dorthin wandern. Mit dem Fahrrad geht es schneller, aber zum Teil sind die Waldwege schmal und holprig.

Vom S-Bahnhof Neuwiedenthal überqueren wir die Cuxhavener Straße und wenden uns nach links, um in den Scharpenbargsweg einzubiegen. An seinem Ende beginnt der mit einem blauweißen Schild gekennzeichnete Wanderweg, dessen Beschilderung ansonsten sehr spärlich ist. Wir folgen dem weißen Pfeil und den drei großen weißen Buchstaben HNF, die an diverse Bäume gepinselt wurden. Als Orientierung dient auch, dass sich der Weg größtenteils an den Häusern vorbeischlängelt, die den Wald linker Hand begrenzen. Nach etwa 30 Minuten Gehzeit biegt der immer noch mit HNF gekennzeichnete Weg nach rechts ab. Gleichzeitig sehen wir an einem Baum den ersten Wegweiser zum Kiekeberg (ein gelber Pfeil mit der Aufschrift Ki). Dieser Ausschilderung folgen wir nun, bis weitere Schilder den Weg Richtung Kiekeberg bzw. Wildpark weisen.

Start
Neuwiedenthal
S 3 **S 31**
alle 5–10 Min.

(Rad-)Wanderung
🟢 Neuwiedenthal – Wildpark Schwarze Berge – Freilichtmuseum am Kiekeberg

Länge
ca. 8 km einfach

Karte ▶ Seite 107

Wildpark Schwarze Berge
21224 Rosengarten-Vahrendorf
☎ (0 40) 81 97 74 70
Nov.–März 9–17 Uhr
Apr.–Okt. 8–18 Uhr
Eintritt: 7 €, Kinder (3–15 Jahre) 5 €
www.wildpark-schwarze-berge.de
Bus 340 alle 30–60 Min. ab 🟢 Harburg oder 🟢 Neuwiedenthal

Kombi-Eintrittskarte Wildpark Schwarze Berge und Freilichtmuseum am Kiekeberg 10 €

Rotwild im Wildpark Schwarze Berge

Im **Wildpark Schwarze Berge** können die Besucher so ziemlich alle heimischen Wildtiere in natürlicher Umgebung, aber doch hautnah erleben. Hirsche, Rehe und Wildschweine, Dachse und Füchse, Marder, Iltisse und Frettchen, sogar Murmeltiere – sie alle sind hier zu Hause. Heidschnucken und schottische Hochlandrinder würden wir zwar nicht zu den heimischen Wildtieren rechnen, gleichwohl zählen sie zum Angebot des Parks. Aus der Vogelwelt sind Eulen, Raben und Störche zu sehen. Nicht nur bei Kindern besonders beliebt ist das Streichelgehege. Immer wieder erstaunlich, wie zutraulich – um nicht zu sagen: aufdringlich – manche vermeintlichen „Wild"-tiere werden können. Die gesamte Anlage ist mit Wegweisern und Erläuterungstafel ausgestattet. Zudem bietet der Elbblickturm einen guten Überblick über das Gelände des Wildparks. Ob man bei schönem Wetter wirklich bis zur Elbe sehen kann, möchten wir doch bezweifeln. Auf jeden Fall steht beim Elbblickturm eine Köhlerhütte, an deren ständig brennendem Feuer die Besucher ihre Würstchen selbst grillen können. Wer zufällig keine eigenen Würstchen dabei hat, kann sie am nahen Kiosk kaufen. Ein großer, aufwendig gestalteter Spielplatz sorgt zudem dafür, dass der Wildpark fast schon zu einem Vergnügungspark wird. Hardcore-Ökos mögen das beklagen, aber den Kindern ist es recht. Und den meisten Eltern auch.

Nur ein Katzensprung ist es vom Wildpark zum **Freilichtmuseum am Kiekeberg**. Direkt dorhin kommt man auch mit dem Bus 340 von S-Bahnhof Harburg oder Neuwiedenthal aus, die Haltestelle ist das Museum Kiekeberg.

Der Kiekeberg, an dessen Fuße das Museum liegt, ist 127 m hoch und damit für Hamburger Verhältnisse tatsächlich ein Berg. Allerdings liegt er bereits in der niedersächsischen Gemeinde Rosengarten-Ehestorf. Das Freilichtmuseum ist berühmt für seine Besucherfreundlichkeit. Die Lebendigkeit, mit der das frühere Leben der Bauern und Handwerker dargestellt wird, hebt dieses Erlebnismuseum von vielen anderen, die sich nur aufs Konservieren und Präsentieren verlegen, ab. Eine Museumsatmosphäre im klassischen Sinne will gar nicht erst aufkommen.

Das Museum, das die Bau-, Sozial- und Kulturgeschichte des Landkreises Harburg so lebendig zeigt, entstand in den 50er Jahren als Außenstelle des Harburger Helms-Museums (▶ Seite 102). Ursprünglich nur als Heidehofanlage geplant, wuchs es zu einem kompletten Heidedorf mit Gebäuden aus dem 16. bis 19. Jh. an. Als der Landkreis Harburg 1987 das Museum übernahm, wurde ein modernes Ausstellungsgebäude errichtet und der Freilichtteil durch Gebäude aus der Winser Marsch ergänzt.

Besucher betreten das Museum durch das 1803 erbaute Wagnersche Haus aus Oldershausen. Von dort führt ein Rundweg zunächst zum Austellungsgebäude. „Petticoat und Frontlader" befasst sich mit den ländlichen Lebens- und Arbeitsverhältnissen um 1960 im Harburger Raum. Die Austellung „ZeitRäume" zeigt die Geschichte der

Region Harburg vor dem Hintergrund des Weltgeschehens. Vorbei am Fischteich geht es in einen Hohlweg, der als ökologischer Lehrpfad gestaltet ist.

Zurück am Eingang schlagen wir jetzt den Weg nach rechts ein. Er führt durch das Freigelände zum Heidedorf mit über 20 historischen Gebäuden, an denen sich der Wandel der ländlichen Lebensweise ablesen lässt. Der ursprünglich 1688 erbaute Honigspeicher vom Riepshof aus Otter wurde 1953 als erster Museumsbau errichtet. Die im Laufe der Jahre hinzugekommenen Bauten stellen in ihrer heutigen Anordnung Gehöfte und Dörfer dar, wie sie früher für diese Gegend charakteristisch waren. Um das einst 1797 in Kakensdorf erbaute Meybohmsche Haus, ein typisches Beispiel eines niederdeutschen Fachhallenhauses, eines sprichwörtlichen „Niedersachsenhauses", gruppieren sich Speicher, Scheunen, Schafstall, Backhaus, Ziehbrunnen, der „Immenzaun" mit aus Stroh geflochtenen Bienenkörben und der Wagenschauer – eine Frühform des Carport. Ferner beachtenswert sind der Corbelinsche Hof von 1697, der Silberhof von 1612 und eine Schmiede vom Ende des 18. Jhs.

Auf den Freiflächen wird Landwirtschaft mit historischen Geräten betrieben, angebaut werden alte Getreidesorten und Nutzpflanzen. Fester Bestandteil des Museumsangebotes an den Wochenenden sind Handwerksvorführungen.

FISCHBEKER HEIDE

Durch Wald & Heide

Bei Neugraben fängt die Wildnis an. Und sie hört bei dieser Tour erst wieder in Buchholz auf. Von der Fischbeker Heide über die Schwarzen Berge durch Rosengarten und den Stuvenwald verläuft die Strecke durch urwüchsige Landschaft.

Start
Neugraben
S 3 **S 31**
alle 5–10 Min.

(Rad-)Wanderung
durch die Fischbeker
Heide, die Schwarzen
Berge und den Stuven-
wald nach Buchholz

Länge
ca. 25 km

Rückfahrt
R 41 Buchholz
alle 60 Min.

Karte ▶ Seite 107

**Informationshaus
Fischbeker Heide
Schafstall**
Fischbeker Heideweg 43a
✆ (0 40) 7 02 66 18
Apr.–Okt.
Di–Fr 10–13 Uhr,
Sa 12–17 Uhr
So 11–17 Uhr
Eintritt frei

Kajüte
Rosengarten-Alvesen
Am Rosengarten 4
✆ (0 40) 7 96 32 71
Tgl. außer Mi 18–24 Uhr.
So ab 12 Uhr
Nur 1 km führt der
Wanderweg an Alvesen
vorbei. Einen Abstecher
lohnt dieses Lokal mit
seefahrtshistorischer
Ausstattung. Fisch und
Wildspezialitäten.

Die Fischbeker Heide, südlich an Neugraben grenzend, ist tatsächlich ein Heidegebiet auf Hamburger Territorium. Schäfer weiden hier ihre Schnucken und auf unbefestigten Sandwegen verlieren sich die wenigen Wanderer und Spaziergänger. Radfahrer haben mit den Wegen ihre liebe Not, also schlimmstenfalls absteigen und schieben. Vor der Erkundung des mit 770 ha drittgrößten Hamburger Naturschutzgebietes lohnt ein Besuch des **Informationshauses Fischbeker Heide Schafstall**. Die Neugrabener Bahnhofstraße, die wir entlang radeln, wird zum Fischbeker Heideweg, an dessen Ende der Schafstall liegt. Das Informationshaus klärt über das Naturschutzgebiet Fischbeker Heide anhand von Tafeln zum Thema Landschaft, Kultur, Pflanzen- und Tierwelt auf. Die wichtigsten Kleintiere und Vögel sind als Präparate ausgestellt.

Im Süden geht die Fischbeker Heide in die Schwarzen Berge über. Im Mittelalter war der Wald abgeholzt worden, und Heide hatte sich ausgebreitet. Im 18. Jh. wurde dann wieder zielstrebig aufgeforstet. Die Fischbeker und die Neugrabener Heide zeigen noch Reste der einstigen Vegetation.

Schon vom Informationshaus Fischbeker Heide führen Hinweisschilder zum archäologischen Wanderpfad, der vom Hamburger Museum für Archäologie und die Geschichte Harburgs – Helms-Museum (▶ Seite 102) angelegt wurde. Der Pfad führt zu zahlreichen Grabhügeln, an einem Urnenfriedhof und an Mergelkuhlen vorbei. Die 2002 angebrachten Hinweistafeln erläutern die Stationen auch für den Laien verständlich.

In der Fischbeker Heide

Nach sechs Kilometern gelangt man westlich von **Sieversen** an die Rosengartenstraße. Beim Niedersächsischen Forstamt Rosengarten beginnt eine Straße, die für den öffentlichen Verkehr gesperrt ist. Sie führt durch den Stuvenwald und ist der Traum eines jeden Radlers: Fast 15 km lang ist die Trasse, die für den Forstverkehr schnurgerade, aber in ständigem Auf und Ab durch den Stuvenwald führt. Da es nur zwei Möglichkeiten gibt, den Stuvenwald mit dem Auto zu durchqueren – die Rosengartenstraße und die Autobahn –, bleibt diese Waldlandschaft den Wanderern und Radfahrern vorbehalten. Helle Laubwälder und dunkle Tannen wechseln sich ab. Zur Orientierung: Die Autobahn überquert man nach genau der Hälfte der Strecke. Wie schnell man den Wald mit dem Rad durchfahren hat, wird einem erst so recht bewusst, wenn am Ende des Weges Schilder nach links, nach Buchholz lotsen wollen. Nun gilt es zu entscheiden, ob man von Buchholz mit der Regionalbahn zurückfährt, oder ob man von der Fahrradtrasse so begeistert ist, dass man auf ihr gleich noch einmal, wieder zum Ausgangspunkt radelt.

Alaris Schmetterlingspark
Zum Mühlenteich 2
21244 Buchholz-Seppensen
((0 41 81) 3 64 81
www.alaris-schmetterlingspark.de
Apr.–Okt.
tgl. 9.30–17.30 Uhr
Eintritt 6 €, Jugendliche 4,50 €, Kinder 3,50 €
Lebende einheimische und exotische Schmetterlinge in Glashäusern.
2 km südlich des Bahnhofs gelegen.

Weißes Gold

Auch Lüneburg ist mit dem HVV-Fahrschein von Hamburg aus bequem zu erreichen. Ein guter Anlass, der traditionsreichen Stadt am Rande der nach ihr benannten Heide einen Besuch abzustatten.

Als Lüneburg-Besucher ist der Nahverkehrstourist nicht allein, er wird feststellen, dass nicht nur Besucher aus ganz Deutschland den Reiz der Stadt entdeckt haben: Sogar aus dem Ausland sind zahlreiche Touristen angereist, und die typischen kamerabewehrten Japaner wirken in den historischen Altstadtgassen längst nicht mehr wie Exoten. Ob man gleich nach der Ankunft mit der Bahn in diese Altstadtgassen eintaucht, will jedoch überlegt sein, denn womöglich ist es günstiger, den am Bahnhof beginnenden Lüner Weg einzuschlagen, um in nur etwa 15 Minuten über ihn die nördlich der Altstadt gelegene Anlage des Klosters Lüne zu erreichen und an der vormittäglichen Klosterführung teilzunehmen. Tatsächlich sollte das berühmte **Kloster Lüne** bei kulturgeschichtlich Interessierten ganz oben auf der Liste stehen.

Das Kloster, das heute zu den schönsten und ältesten Architekturdenkmälern der an historischer Bausubstanz alles andere als armen Stadt zählt, geht auf eine Gründung aus dem Jahre 1172 zurück. Ursprünglich als Nonnenkloster gegründet, wurde es 100 Jahre später in ein Benediktiner-Konvent umgewandelt. Von den damaligen Bauten ist nichts übriggeblieben, denn sie waren aus Holz errichtet und brannten mehrfach ab. Um 1400 schließlich begann man die Bauten aus Backstein zu errichten. Die Anlage wurde im Folgenden immer mehr erweitert. Vieles davon kann man auch heute noch bewundern. Auch die Innenausstattung ist hervorragend erhalten und birgt viele Kostbarkeiten. Einer der Gründe für den augenscheinlichen Wohlstand ist die Tatsache, dass das Kloster seit der Reformationszeit

Start

Lüneburg
R30 alle 40–60 Min.

Stadtbesichtigung

Kloster Lüne

Am Domänenhof
21337 Lüneburg
((0 41 31) 5 23 18
Kloster (nur mit Führung ca. 1 Std.) 1. Apr.–15.Okt.
Di–Sa vormittags 10.30 und nachmittags14.30 und 15.30 Uhr, So/Fei 11.30 und 14.30 und 15.30 Uhr.

Teppichmuseum
Di–Sa 10.30–12.30,
So/Fei 11.30–13 Uhr,
Di–So 14.30–17 Uhr
Klosterführung mit Teppichmuseum 8 €, Kinder bis 16 Jahre 2 €, Schüler ab 16 Jahre 4 €.
www.kloster-luene.de

Café im Kloster Lüne tgl. außer Mo 10–18 Uhr
www.cafe-im-kloster.de
Kaffee und Kuchen in schönem Ambiente, im Sommer auch im Klosterhof

Tourist-Information

Rathaus, Am Markt
21335 Lüneburg
((0 41 31) 2 07 66 20
Mo–Fr 9–18 Uhr
Mai–Okt. und Dez.
Sa 9–16, So 10–16 Uhr,
Nov.–Apr. Sa 9–14 Uhr
www.lueneburg.de

ein evangelisches Damenstift beherbergt. Damals fanden hier reiche Adelstöchter Eingang, meist solche, für die sich nicht der passende Mann fand. Die Aussteuer brachten sie oft mit und lebten im Kloster sehr behaglich. Die Damen des heutigen Stifts brauchen weder adlig noch reich zu sein, sie kümmern sich um Pflege und Erhalt der weitläufigen Anlage und der Kunstschätze. Das Teppichmuseum sollte man möglichst im Rahmen einer Führung besuchen, denn die verborgenen Feinheiten und Bedeutungen der textilen Kostbarkeiten, die meist Szenen aus dem Leben Christi und Heiligenlegenden darstellen, erschließen sich dem kirchengeschichtlichen Laien kaum von selbst.

KulTourNetNord
Haupstraße 49
21379 Scharnebeck
(0 41 36) 91 17 62
www.kultournetnord.de
Stadtführungen

Zeugnisse der christlichen Vergangenheit empfangen den Besucher auch, wenn er auf einer der beiden vom Bahnhof in die Altstadt führenden Straßen die Ilmenau überquert. Rechts vom Bahnhof führt die Lünertorstraße zur St. Nikolai-Kirche. Links die Altebrückertorstraße zur St. Johannis-Kirche. Diese **St. Johanniskirche**, eine fünfschiffige Hallenkirche, ist eine der bedeutendsten Bauten der norddeutschen Backsteingotik. Der erste Bauabschnitt stammt aus dem Jahre 1289. Die Kirche bestimmt mit ihrem 108 m hohen Turm das Stadtbild.

Noch ein weiterer Turm erhebt sich über die Altstadt: Der **Wasserturm**, der 1907 auf den Resten der mittelalterlichen Wallanlagen im damals so populären Heimatschutzstil erbaut wurde.

Altstadt Lüneburg

Wasserturm Lüneburg
Haagestraße 1
((0 41 31) 7 89 59 19
Apr.–Okt. tgl. 10–18 Uhr,
Nov.–März Di–So
10–18 Uhr
3,50 €, ermäßigt 2,50 €,
Kinder unter sechs frei
www.wasserturm.net
Rundblick über die Stadt

Rathaus Lüneburg
Prunkvolle Säle und Ar-
beitsräume
Am Markt 1
((0 41 31) 30 92 30
Führungen Apr.–Dez.
täglich 10, 11.30, 13, 14.30
und 15 Uhr.
Jan.–März 10, 11.30, 13.30
und 15 Uhr.
4,50 €, ermäßigt 3,50 €
Dauer ca.1 Std.

Bier- & Eventhaus Krone
Heiligengeiststraße 39–41
((0 41 31) 71 32 00
Mo–Sa 8–24, So 10–24 Uhr
Die Kronenbrauerei, erst-
mals 1485 erwähnt, setzt
heute als Hausbrauerei die
Brautradition fort – meh-
rere Restaurants von Bistro
über bürgerlich-solide bis
mittelalterlich unter einem
Dach, im Sommer Biergar-
ten im alten Brauereihof
– und nebenan lohnt der
Besuch des eigenen Brau-
ereimuseums. Eintritt frei.
Di–So 13–16.30 Uhr

Deutsches Salzmuseum
Sülfmeisterstraße 1
((0 41 31) 4 50 65
Mai–Sept. Mo–Fr 9–17,
Sa/So 10–17 Uhr
Okt.–April tgl. 10–17 Uhr
Einstündige Führungen
Mo–Fr 11, 12.30 und 15
Uhr, Sa/So 11.30 und
15 Uhr
Eintritt 5 €, Schüler 3 €
www.salzmuseum.de

Von dem 55 m hohen Turm kann der Besucher heute einen phantastischen Blick über die Stadt genießen.

In das Gewirr der Altstadtgassen, die der Be-sucher eben von oben gesehen hat, kann er jetzt eintauchen und das malerische Flair des histo-rischen Lüneburgs auf sich wirken lassen. Beson-ders schön gestaltet sich eine Rast in einem der Cafés unter freiem Himmel am Ufer der Ilmenau. Der Blick fällt hinüber zu den alten Fachwerk-häusern und dem **Alten Kran**, mit dem einst das Salz auf die Kähne verladen wurde, um auf dem Wasserwege nach Lübeck und in den Ostseeraum zu gelangen. Dem Salz verdankte Lüneburg sei-nen Reichtum, von dem noch heute die Pracht der alten Bauten zeugt. Das **Rathaus** ist sicher das prächtigste. Seine barocke, figurengeschmückte Schaufassade bestimmt den Marktplatz – und lässt vergessen, dass andere Teile dieses Baues, mit dem schon um das Jahr 1230 begonnen wur-de, sehr viel älter sind. Die Innenräume, so die berühmte Gerichtslaube, die große Ratsstube und der Fürstensaal sind im Rahmen einer Führung zu bewundern.

Das Salz, nicht zu Unrecht auch weißes Gold genannt, wurde in der Saline gewonnen. Über 1000 Jahre war diese Industrieanlage in Betrieb! Da der Salzstock unter Lüneburg Grundwasserhö-he erreichte, bildete sich salziges Grundwasser, die so genannte Sole. Sie wurde nach oben gepumpt und in riesigen Siedepfannen erhitzt, so dass das Wasser verdampfte und das Salz zurück blieb. Um die Siedepfannen am Kochen zu halten, waren enorme Mengen Brennstoff nötig, daher fielen die riesigen Wälder in der näheren und weiteren Umgebung im Laufe der Jahrhunderte komplett der Saline zum Opfer. Auf den gerodeten und nicht wieder aufgeforsteten Flächen siedelte sich Heldekraut an: Die Lüneburger Heide ist also alles andere als eine natürlich entstandene Landschaft.

Über alle diese Zusammenhänge informiert die Ausstellung des **Deutschen Salzmuseums** in der alten Saline, einem hervorragend erhaltenen Technikdenkmal von internationaler Bedeutung. Von der alten Saline, am Südwestrand der Alt-

stadt gelegen, ist es über die Sülztorstraße nicht
weit bis zum Zentrum der heutigen Nutzung der
Sole, dem Sole-Erlebnisbad und dem Kurzentrum
in der Uelzener Straße.

Das **Soleerlebnisbad „SaLü"** bietet eine gute
Mischung aus Sport, Spiel, Spannung. Im benachbarten Kurmittelzentrum macht man sich
den therapeutischen Wert der Sole zu Nutze. Zu
den therapeutischen Anwendungen kann man
auch das riesige Gradierwerk zählen, das von den
Besuchern ein ums andere Mal umrundet wird.
Die über den hoch aufgeschichteten Reisigwall
herabrieselnde Sole reichert die umgebende Luft
mit Salzwasserpartikeln an. Eingeatmet sollen sie
allerlei Positives bewirken.

Nach der Umrundung des Gradierwerkes muss
sich der Besucher entscheiden, ob er noch das
Museum für das Fürstentum Lüneburg, das in einer umfangreichen Sammlung die Geschichte der
Menschen zwischen Heide und Elbe darstellt, besuchen will. Bei schönem Wetter allerdings wird
man gern noch im **Kurpark**, einer auch gartenarchitektonisch anspruchsvollen Anlage, verweilen.
Die Urlaubsstimmung bei unserem heutigen Ausflug wird komplett, wenn wir hier einem Kurkonzert lauschen.

Am Stintmarkt

Museum für das Fürstentum Lüneburg
Wandrahmstraße 10
((0 41 31) 4 38 91
Di–Fr 10–16 Uhr,
Sa/So 11–17 Uhr
www.museum-lueneburg.
de
Ur- und Frühgeschichte,
Stadt- und Landesgeschichte, Stadtarchäologie,
Raritätenkabinett
Eintritt 3 €, Schüler 2 €

Zum Roten Tore
Vor dem Roten Tore 3
((0 41 31) 4 30 41
Tgl. 7–23, Mo 7–15 Uhr
(Küche 12–14 und ab 18
Uhr)
Spezialität des Restaurants ist der „Lüneburger
Schweinetopf".

**Salztherme Lüneburg
„SaLü"**
Badewelt
Uelzener Straße 1–5
((0 41 31) 72 31 10
Mo–Sa 10–23, So 8–21 Uhr
2 Std. 7,90 €, Sa/So/Fei
8,90 €, Kinder bis 16 Jahre
4,90 €, Tageskarte
12,50 €, Kinder 8 €, Sauna-Zuzahlung 3,30 €
www.salue-lueneburg.de

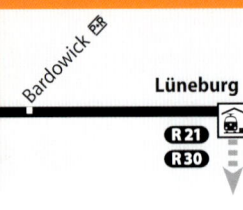

Bardowick
Lüneburg

R 21
R 30

Start
Lüneburg
R 30 alle 40–60 Min.

Radtour
Lüneburg – Kirchgeller-
sen – Bardowick

Länge
ca. 20 km

Rückfahrt
R 30 Bardowick
alle 60 Min.

Touristinformation
21357 Bardowick
Schulstraße 12
☎ (0 41 31) 12 01 27
Mo, Di, Do 9–16.30 Uhr,
Mi, Fr 9–13 Uhr
www.bardowick.com

Dom St. Peter und Paul
Tgl. geöffnet 9–16 Uhr
außer bei kirchlichen
Amtshandlungen
☎ (0 41 31) 92 15 03

**Galerie-Holländer-Wind-
mühle Bardowick**
☎ (0 41 31) 1 22 06
Mo-Fr 8.30–13, 14.30–
18.30 Uhr, Sa 8.30–13 Uhr
Eintritt frei. Führungen
nach Vereinbarung.
Die Mühle ist noch in
Betrieb.

BARDOWICK

Zum Dom der Bauern

Heute ist Bardowick ein besseres Dorf mit etwas über 5000 Einwohnern. Einst jedoch, im frühen Mittelalter, war Bardowick eine bedeutende Handelsstadt. Von der alten Pracht und Macht legt der berühmte Dom bis heute Zeugnis ab. Und so ist der wuchtige Backsteinbau auch das Ziel dieser Tour.

Lüneburg-Urlauber und Tagesbesucher der Stadt können die Tour gut auch als Halbtagesausflug beziehungsweise als Ergänzung des Lüneburg-Besuches organisieren, denn die Strecke ist nur 29 km lang, wenn man den Bahnhof Bardowick, eine Station auf der Linie Hamburg-Lüneburg, als Ziel wählt.

Für die landschaftlich schöne Radtour verlässt man Lüneburg zunächst in Richtung Westen, indem man von der Bögelstraße – an dieser erstreckt sich das weitläufige Klinikgelände, daher dank Ausschilderung leicht zu finden – in den Weg „Auf der Höhe" einbiegt. Auf schönen Nebenwegen verlässt man das Stadtgebiet und gelangt am Gut Schellenberg vorbei nach Böhmsholz und weiter nach **Kirchgellersen**. Hier biegt man nach Norden, also nach rechts ab in die Dachtmisser Straße, um eben dorthin zu gelangen. Von Dachtmissen geht es weiter nach **Vögelsen**, wo von der Dorfstraße aus die Bardowicker Straße direkt nach Bardowick führt.

Landschaftlich reizvoller ist der Umweg – beziehungsweise der Weg, der ja oft auch das Ziel sein kann – über den Radbrucher Weg. Dieser Weg stößt nach wenigen Kilometern auf die ...Bardowicker Straße! Der Radler sollte sich davon aber nicht verwirren lassen und an seinem Orientierungssinn zweifeln, denn es handelt sich um zwei völlig verschiedene Straßen. Bei dieser zweiten Bardowicker Straße überqueren wir die Bahngleise und die Autobahn und radeln, uns ostwärts haltend, in den alten Ortskern von **Bardowick** hinein.

Bestimmt wird dieser Ortskern von dem Wahrzeichen Bardowicks, dem romanischen, im 15. Jh. neu gebautem gotischen Dom St. Peter und Paul. Für den beschaulichen ländlichen Ort, der heute – und die letzten Generationen lang schon – von Gemüsebau und Samenzucht bestimmt wird, wirkt der Bau ziemlich deplaziert, weil völlig überdimensioniert. Mit seinen zwei hohen Türmen und dem heute reichsten und besterhaltenen Chorgestühl Norddeutschlands zeugt der Dom vom Repräsentationsbedürfnis der einstigen wohlhabenden Kaufherren Bardowicks. Dabei ist der Dom nicht der einzige Sakralbau, der die Architekturhistoriker entzückt. Auch das in seiner ursprünglichen Art erhaltene Stift St. Nikolai lohnt einen Besuch, zumal die dazu gehörende St. Nikolaikirche mit der ältesten Orgel Norddeutschlands aufwarten kann.

Ebenfalls Beachtung verdient das „Gildehaus". In diesem typischen niedersächsischen Zweiständerhaus ist heute das Heimatmuseum und eine Dokumentationsstätte zur Geschichte Bardowicks untergebracht. Und da gibt es ja eine ganze Menge zu dokumentieren. Stolz ist man im Bardowick von heute auch auf die vor zehn Jahren restaurierte Holländer-Windmühle aus dem Jahre 1813, die noch gewerblich betrieben wird.

Wie malerisch Bardowick wirklich ist, erfährt der Besucher am Ufer der Ilmenau, an der Bardowick liegt. Die alten Treidelpfade und der mittelalterliche Nikolaihof mit dem angrenzenden Eichenpark bei der Hafen- und Schleusenanlage sind heute eine wahre Idylle. Wer als Besucher an diesen beschaulichen Plätzen umherbummelt, wird der Konkurrenzstadt Lüneburg eine geradezu großstädtische Hektik bescheinigen.

**Restaurant und Hotel
Wassermühle
Heiligenthal**
Hauptstraße 10
21394 Südergellersen-
Heiligenthal
((0 41 35) 8 22 50
www.wassermühle-heili-
genthal.de
Tgl. 7–11 Uhr Frühstück,
Mo–Fr 17–22 Uhr, Sa/So/Fei
12–23 Uhr
Regionale Spezialitäten
in idyllischer Lage, Sommerterrasse.
2 km südöstlich von Kirchgellersen gelegen.

Heimatmuseum Gildehaus
St. Johannisstraße 3
21357 Bardowick
((0 41 31) 12 92 42
Di, Do, Fr 9–12 Uhr,
Mi, Sa, So 15–17 Uhr

Bardowick

Lüneburg

R 21
R 30

Start
Lüneburg
R 30 alle 40–60 Min.

Radrundtour
nach Amelinghausen

Länge
ca. 40 km (hin und
zurück)

**Tourist-Information mit
Zinnfiguren-Museum**
Marktstraße 1
21385 Amelinghausen
☎ (0 41 32) 93 05 50
Mo–Fr 9–12, Fr 14–17 Uhr
www.amelinghausen.de
Während der Sommersaison verlängerte Öffnungszeiten

Wassermühle Oldendorf
Mühlenweg 1
21385 Oldendorf (Luhe)
☎ (0 41 32) 93 95 74
Führungen über Tourist-Information Amelinghausen

Lopausee

Ins Zentrum des Heidetourismus – und wieder weg

In Amelinghausen treffen sich die Heidetouristen. Neben der schönen Umgebung sorgen historische Baudenkmäler dafür, dass sich der Ausflügler dort wohlfühlt.

Weil Amelinghausen nicht mit der Bahn zu erreichen ist – es sei denn, man zählt die Museumseisenbahn Heide-Express dazu (▸ Seite 97) –, starten wir in Lüneburg. Gleich zwei gekennzeichnete Radwege führen in südwestlicher Richtung von Lüneburg nach Amelinghausen: der Lüneburger Heide-Radweg und der Radrundkurs Nordheide. Aber vom Ort **Heiligenthal** ab ist ihr Verlauf identisch.

Wer mag, kann in dem idyllischen Dörfchen schon eine erste Rast einlegen, denn in der alten Wassermühle gibt es ein populäres Ausflugslokal (▸ Seite 115). Andernfalls geht es weiter über Südergellersen und Wetzen nach **Oldendorf**. Auch hier hat sich eine alte Wassermühle erhalten. Sie wird vom Wasser der Luhe angetrieben. Bevor man kurz darauf Amelinghausen erreicht, kommt man an der Oldendorfer Totenstatt vorbei. Hier wurden zum Ende der Steinzeit eiszeitliche Blöcke zu Grabkammern formiert. Der Findlingsbau sollte den Stammesfürsten eine würdige Wohnstatt im Jenseits sein.

Die Heide wird in **Amelinghausen**, das bald erreicht ist, umfassend vermarktet. Höhepunkt ist das alljährliche Heideblütenfest mit Feuerwerk auf dem Lopausee und der Wahl der Heidekönigin. Der Heidedichter Herman Löns würde sich wundern, aber die Majestäten tragen den Titel mit Würde. Wer mehr für Ruhe und Naturerleben schwärmt, der umfahre Amelinghausen zu dieser Zeit weiträumig.

Einen Abstecher ins 5 km westlich gelegene **Soderstorf** sollte man nicht versäumen. Hier ist die Wassermühle mit ihrem sechs Meter großen

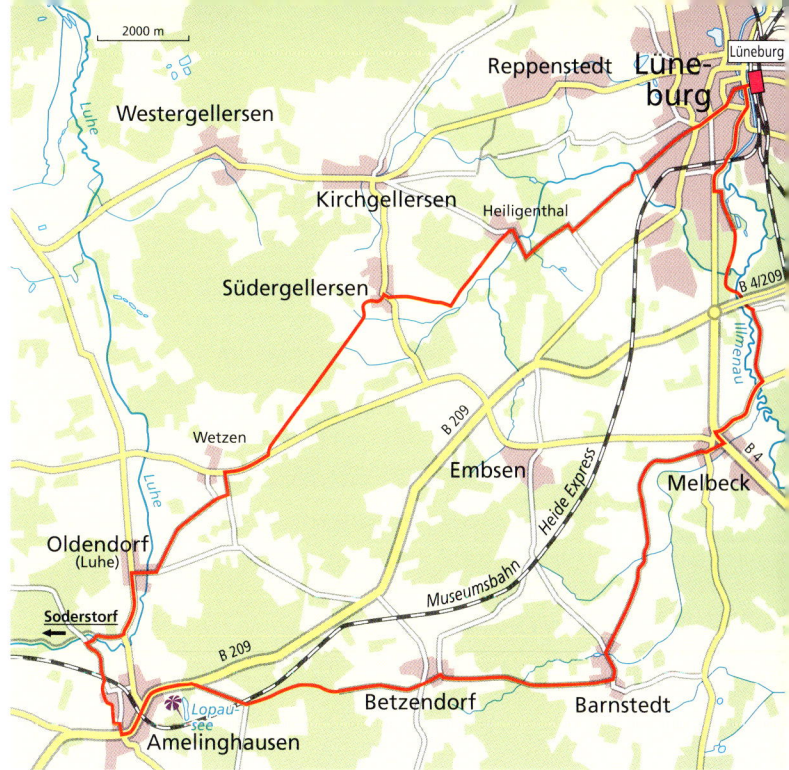

Mühlrad und das Backhaus noch vollständig erhalten und funktionstüchtig. Auf dem Weg kommt man an einer weiteren prähistorischen Grabstätte vorbei, dem Sodersdorfer Urnenfriedhof.

Nachdem das touristische Programm in Amelinghausen bewältigt worden ist, geht es auf die Heimreise. Unser Weg führt uns jedoch vorher noch am **Lopausee** vorbei. Der See ist beliebt bei den Amelinghausen-Besuchern, die hier gerne angeln, Tretboot fahren oder schwimmen. Auf einem schönen, 3 km langen Weg lässt sich der Lopausee umwandern oder umradeln. Um die Attraktivität des Sees noch zu steigern, wurde der Lopaupark, eine landschaftlich reizvolle Verbindung zwischen dem Ort Amelinghausen und dem See, geschaffen. Wir radeln weiter in Richtung Osten – über Betzendorf nach Barnstedt. Hier stoßen wir wieder auf den Lüneburger Heide-Radweg und folgen der malerischen Strecke bis nach Lüneburg. Dort begegnen wir den Lüneburger Heide-Touristen, die sich nicht für Amelinghausen entschieden haben.

Wassermühle Sodersdorf
Mühlenstraße 4
21388 Sodersdorf
☏ (0 41 32) 3 18

Rehlinger Hof
Büntstraße 2
21385 Amelinghausen-
Rehlingen
☏ (0 41 32) 83 23
Mo–Fr ab 17 Uhr,
Sa/So ab 12 Uhr
Gutbürgerliche Küche,
Biergarten

Stadtgeschichte(n) und Naturerleben

In den östlichsten Randbereich des Tarifgebietes des HVV führt diese Radtour. Die längste Strecke verläuft dabei auf dem Elberadweg – und zwar auf einem der schönsten Abschnitte.

Start
Dahlenburg
R31 von Lüneburg
alle 3 Std.

Große Radtour
Dahlenburg –
Bleckede – Lauenburg

Länge
ca. 61 km

Rückfahrt
R21 Lauenburg
Verbindung nach Lüneburg alle 60 Min.

Tourist-Information
Am Markt 17
21368 Dahlenburg
((0 58 51) 86 28
www.dahlenburg.de
Mo–Fr 8–14 Uhr

Heimatmuseum Dahlenburg
In der Feldsteinkapelle St. Laurentius
Lüneburger Landstraße
((0 58 51) 8 60
Mai–Sept.: So 10–12 Uhr
Gruppen ab 10 Personen jederzeit nach Anmeldung

Gasthof Wendewisch
Elbuferstraße
21354 Bleckede-Wendewisch
((0 58 57) 3 66
Mo, Di, Fr 17–22 Uhr
Sa/So 10–22 Uhr
Klassischer Landgasthof mit gutbürgerlicher Küche und eigener Hausschlachtung, gelegen auf halber Strecke zwischen Bleckede und Lauenburg

Ausgangspunkt der Tour ist **Dahlenburg**. Oder besser: Der Bahnhof Dahlenburg, der außerhalb der Stadt, gut 3 km südlich davon liegt. Wir beginnen den heutigen Ausflug mit einem Besuch dieses kleinen Städtchens, wo sich der historische Ortskern zur Besichtigung anbietet. Überragt wird die Altstadt von der Johanniskirche, die erst 1903 errichtet wurde, also vergleichsweise jung ist. Das Heimatmuseum, untergebracht in der aus dem Jahre 1248 stammenden Feldsteinkapelle St. Laurentius, informiert über die Geschichte der traditionsreichen Stadt. Leider tut es das nur am Sonntag, und das auch nur im Sommer jeweils gerade einmal für zwei Stunden. Wenn Sie also an einem Sommersonntagmorgen in Dahlenburg sind, haben Sie die seltene Chance, das Museum zu besuchen. Attraktion ist ein Diorama mit 1500 Zinnfiguren, das die Schlacht an der Görde von 1813 darstellt. Damals wurde dort der erste Sieg gegen die Franzosenherrschaft errungen.

Dahlenburg verlassen wir in nördlicher Richtung auf der kleinen Straße zum Weiler Marienau, den wir durchqueren und entlang eines Flüsschens weiterradeln. Über wenig befahrene Straßen führt unser Weg durch den Naturpark Elbufer Drawehn über Kösdorf und Barskamp nach **Alt Garge**, das nach 15 km erreicht ist. Nördlich von Alt Garge treffen wir auf den Elberadweg, auf dem es nun durch die reizvolle Landschaft des Elbufers bis nach Lauenburg geht. Über 1000 km führt der Elberadweg an einem der interessantesten Flüsse Europas entlang, und die überall gut ausgeschilderte Strecke hat sich mittlerweile zu

einem der Favoriten der Fahrradtouristen entwickelt.

Unser Streckenabschnitt führt zunächst direkt am urwüchsigen Ufer entlang und lässt den Radler eins werden mit der Natur. Nach einiger Zeit aber taucht die alte Stadt **Bleckede** vor dem Radwanderer auf. Die Stadt, durch die der Elberadweg mitten hindurch führt, lohnt auf jeden Fall einen längeren Stopp. Herzog Wilhelm von Lüneburg gründete sie als Grenzbefestigung im Jahre 1209 und errichtete eine Wasserburg, die 400 Jahre später zu einem Schloss umgestaltet wurde. Von dieser ehemaligen Wasserburg lässt sich heute nur noch die drei Meter dicke Turmruine besichtigen. Von hier genießt man einen herrlichen Blick über die Elbtalaue. Der üppig verzierte Nordflügel des Schlosses stammt aus dem Jahre 1600. Deutlich jünger ist der alte Ortskern: Die Fachwerk- und Backsteinarchitektur rund um den Marktplatz stammt aus dem 17. und 18. Jh. Überragt wird die Idylle von der St. Jacobi Kirche. Das 1766 eingeweihte Gotteshaus präsentiert im Innenraum zahlreiche kostbare Ausstattungsstücke.

Touristischer Anziehungspunkt in Bleckede ist der malerische alte Elbhafen; auf der Promenade treffen sich heute die Ausflügler. Vom alten Hafen verkehrt auch ganzjährig die Fähre über die Elbe zum gegenüberliegenden Neu-Bleckede, einer allerdings völlig reizlosen Siedlung. Interessanter – besonders für Naturfreunde – ist ein Besuch des Informationszentrums der Elbtalaue ElbSchloss. Hier werden auf über 1000 qm die einzigartige Natur der Flusslandschaft und die schönsten Ziele an der Elbe präsentiert.

Die zweite Hälfte unserer Flussufer-Radwanderung, also die Strecke von Bleckede nach Lauenburg, können wir deshalb naturkundlich besonders gut informiert zurücklegen.

ElbSchloss Bleckede
Informationszentrum Natur und Kultur an der Elbe
Schlossstraße 10
☏ (0 58 52) 95 14-0
Apr.–Okt. tgl. außer Mo
10–18 Uhr, Nov.–März tgl.
außer Mo/Di 10–17 Uhr
4 €, ermäßigt 2 €, Kinder
ab 6 Jahre 1,50 €,
Familienkarte 8 €
www.elbschloss-bleckede.
de

**Tourist-Information
Bleckede (im ElbSchloss)**
21354 Bleckede
Schlossstraße 10
☏ (0 58 52) 95 14 – 0
www.bleckede.de

Zum Gesamtkunstwerk

Fernab jeder Kulturmetropole, nämlich inmitten eines malerischen Landschaftsschutzgebietes, ist das wohl bedeutendste Gesamtkunstwerk Norddeutschlands zu besichtigen. Unter Kunstkennern zwar kein Geheimtipp mehr, so ist doch die Kunststätte Bossard eine besondere Entdeckung für den Normal-Ausflügler.

Start
Buchholz
R40 alle 20–40 Min.

(Rad-)Wanderung
Buchholz – Kunststätte
Bossard – Handeloh

Länge
ca. 15 km

Rückfahrt
R41 Handeloh
Mo–Fr alle 60 Min.,
Sa/So alle 120 Min.

Tourist-Information
Rathausplatz 4
21244 Buchholz
((0 41 81) 28 28 10
Mo–Fr 9–12.30 und 14–
17.30 Uhr, Sa 10–12.30 Uhr
www.ferienregion-nord-
heide.de

Die Tour zur Kunststätte Bossard ist zugleich ein erholsamer Ausflug, denn sie liegt direkt an dem Radrundkurs Nordheide – und zwar an dem Abschnitt zwischen Buchholz und Handeloh, der sich auch von Fußwanderern bewältigen lässt, denn er ist nur ca. 15 km lang. Ob nun zu Fuß oder mit dem Rad – man verlässt die wenig reizvolle Schlafstadt Buchholz auf dem nahe dem Bahnhof entlang führenden Radrundkurs Nordheide über die Reindorfer Straße in östlicher Richtung und ist schon nach wenigen Minuten in der freien Natur.

Die Strecke führt über Reindorf und Itzenbüttel nach **Jesteburg**. Der in einer abwechslungsreichen Fluss- und Wiesenlandschaft gelegene Ort wurde vermutlich schon im 9. Jh. gegründet. In der Ortsmitte sorgen malerische Reetdachhäuser unter alten Eichen für eine anheimelnde Atmosphäre.

Schon bevor die Radstrecke in die Ortsmitte führt, kommt der Wanderer zwischen Itzenbüttel und Jesteburg am Puppenmuseum vorbei. Das heißt, Familien mit Kindern werden hier kaum vorbei kommen. Puppen, vor allem Porzellanpuppen, und Spielzeug verschiedener Epochen werden hier gezeigt.

Der Radrundkurs Nordheide führt direkt an der

Kunststätte Bossard

Kunststätte Bossard vorbei. Sie ist in ihrer Art ein einmaliges Gesamtkunstwerk, das Architektur, Bildhauerei, Malerei, Kunsthandwerk und Gartengestaltung zu einer Einheit zusammenführt. Die **Kunststätte Bossard** ist das Werk – und das Lebenswerk – des Professors für Bildhauerei Johann Michael Bossard (1874 – 1950) und seiner Frau Jutta (1903 – 1996). Über viele Jahrzehnte arbeitete das Ehepaar an der Anlage.

Bedeutendster Bestandteil des Gesamtkunstwerks ist sicher der 1926 errichtete Kunsttempel. Für diesen im expressionistischen Backsteinstil gehaltenen Bau wurden drei große Bilderzyklen geschaffen; jeweils einer ist ständig ausgestellt. Das Wohn- und Atelierhaus zeigt sich hingegen im Heimatschutzstil. Die von 4500 Fichten eingefasste Gartenanlage präsentiert neben idyllischen Obst-, Gemüse- und Steingärten einen Baumtempel und einen Baumkreis, der in der Form eines Omegas ausläuft. Abschließend sollte man auch noch der Monolithenallee einen Besuch abstatten – schon um sich an der dortigen Grabstätte zu verneigen, denn Johann Michael und Jutta Bossard haben hier ihre letzte Ruhestätte gefunden und sind somit Teil ihres selbst geschaffenen Kunstwerkes geworden.

Nach dem Besuch der Kunststätte führt der Weg ins Dörfchen Lüllau. Im bald darauf erreichten **Thelstorf** kann man kurz nach rechts abbiegen, um einen Blick auf die Seppenser Mühle zu werfen, eine alte Wassermühle, die vom Seppenser Mühlenbach angetrieben wird. An der nächsten Wassermühle, nämlich der Holmer Mühle, führt die Route direkt vorbei. Und dann ist auch schon unser Ziel **Handeloh** (▸ Seite 122) erreicht. Der Ort hat sich dank der von mächtigen Findlingsmauern umgebenen Fachwerkhäuser im typischen Niedersachsenstil den Charme eines verträumten Heidedorfes bewahrt. Von hier können wir mit dem HVV-Fahrschein die Rückreise vom Heidedorf in die große Stadt antreten.

Puppenmuseum Itzenbüttel
Itzenbütteler Straße
21266 Jesteburg
☎ (0 41 83) 22 10
März– Sept. Mi 14–18 Uhr
Okt.– Feb. Sa/So 14–18 Uhr
Di–Fr nach Vereinbarung
Eintritt frei, Spende erwünscht

Kunststätte Bossard
Bossardweg 95
21266 Jesteburg
☎ (0 41 83) 51 12
März–Okt. Di–Fr 9–17 Uhr, Sa und So 10–18 Uhr
Nov.–Feb. Di–So 10–16 Uhr
Eintritt 6 €, Kinder bis 16 Jahre Eintritt frei
www.bossard.de
In der Sommersaison Café im Hof, Sa/So 10–18 Uhr

Restaurant Seppenser Mühle
Seppenser Mühle 2
21244 Holm-Seppensen
☎ (041 87) 3 22 30
11–22 Uhr Mi Ruhetag
Beliebtes, malerisch am Mühlenteich gelegenes Ausflugslokal mit saisonaler Regionalküche, Heidschnuckenbraten

Buchholz
R41 Suerhop
Holm-Seppensen
Büsenbachtal
Handeloh

ichtung Soltau

Start
Handeloh
R41 Mo–Fr alle 60 Min.,
Sa/So alle 120 Min.

Radwanderung
Handeloh – Undeloh –
Wilseder Berg – Winter-
moor

Länge
ca. 25 km

Rückfahrt
R41 Wintermoor (nicht
im HVV), Mo–Fr alle 60
Min., Sa/So alle 120 Min.

**Naturkundliches Museum
Handeloh**
Hauptstraße 17
((0 41 88) 74 13
Mi 10–12 und 14–17 Uhr,
Sa 14–17 Uhr

**Planetenlehrpfad
Handeloh**
www.astronomie-hande-
loh.de

**St. Magdalenen-Kirche
Undeloh**
Juni–Okt. 8–20 Uhr, übrige
Zeit 9 Uhr bis Einbruch der
Dunkelheit
Juli–Sept. jeden So ca.
11 Uhr Kirchenführung
((0 41 89) 2 82

Kutschfahrten
Undeloh – Wilsede
Kontakt: Hotel Heiderose
Wilseder Straße 13
21274 Undeloh
((0 41 89) 311
Abfahrtszeiten: Mai–Okt.
9.30–16.30 oder nach
Vereinbarung
Start: Hotel Heiderose

WILSEDE

Heide-Romantik pur

**Die Heide als Postkartenidylle – so präsen-
tiert sich das Ziel dieses Ausflugs. Undeloh,
Wilsede und der Wilseder Berg sind Her-
man-Löns-Romantik in Reinkultur. Naturfreunde und Tourismus-Experten tun dann
auch alles, damit das so bleibt.**

Zu den Maßnahmen, die ursprüngliche Schönheit
der Landschaft zu erhalten, gehört besonders
auch die Einschränkung des motorisierten Verkehrs. Uns als Radfahrer und Wanderer kann das
nur recht sein, zumal man dank des nach Süden
ausgedehnten Tarifgebietes des HVV bequem mit
dem Fahrschein des Großraumtarifs nach Handeloh gelangt. Von hier führt ein Streckenabschnitt
des Wümme-Radweges auf gerader Strecke durch
schöne Landschaft direkt nach Undeloh, ins Herz
des Naturschutzparks Lüneburger Heide.

Schon in **Handeloh** kann sich der Ausflügler
in der „Alten Schmiede", einem Naturkundlichen
Museum, mit der Tier- und Pflanzenwelt Norddeutschlands vertraut machen – allerdings nur
am Wochenende. Jederzeit zugänglich ist der
Planetenlehrpfad. Er stellt das Sonnensystem in
einem Maßstab von 1,5 Milliarden dar; daraus
ergibt sich eine Länge von 1,2 km. An jeder Pla-
netenstation informiert eine Info-Tafel über den
jeweiligen Himmelskörper.

Auch in **Undeloh** bietet man dem interessierten Naturfreund Informationen. Im Seume-Haus,
dem Informationshaus des Vereins Naturschutzpark, werden die Zusammenhänge zwischen Natur und Geschichte des Heidegebietes anhand von
Modellen und Diaramen verständlich gemacht.
Wer sich für Architekturgeschichte interessiert,
sollte die St.-Magdalenen-Kirche in der Ortsmitte
besichtigen. Diese alte Heidekirche gründet sich
auf Findlingsmauern aus romanischer Zeit. Der
Bau von 1198 besaß einst ein steinernes Chor-
gewölbe, das aber im dreißigjährigen Krieg zerstört wurde. 1639 wurde der heutige Chorraum

in Fachwerk-Bauweise ergänzt. Der freistehende Glockenturm stammt aus dem 15. Jh. Im Innenraum befindet sich ein Triumphkreuz aus dem 13. Jh., auch die Renaissancekanzel von 1490 und zwei alte Glocken sind sehenswert. Von Juli bis September findet in der St.-Magdalenen-Kirche an bestimmten Sonntagen um 17 Uhr ein Konzert der beliebten Reihe „Musik in alten Heidekirchen" statt.

Wir folgen dem Wümme-Radweg über die Wilseder Straße in südlicher Richtung aus Undeloh heraus. Der Weg führt uns durch eine reizvolle Heidelandschaft bis nach Wilsede. Radfahrer sollten jedoch darauf gefasst sein, ihren Drahtesel im Naturschutzgebiet auch einmal schieben zu müssen, da die Wege teils sandig sind. Wer will, kann auch von einem der vielen Angebote der Kutscher Gebrauch machen, die hier zahlreich das Personenbeförderungsgewerbe repräsentieren.

Hinter Undeloh beginnen sich Radfahrer und Wanderer die Wege zu teilen – Autos sind hier tabu. Das Fahrverbot gilt auch für den Ort **Wilsede**, der sein altes Ortsbild mit Reetdachhäusern, Feldsteinmauern, Treppenspeichern und den mächtigen alten Bäumen weitgehend erhalten konnte. Zum Gefühl, eine romantische Zeitreise angetreten zu haben, trägt auch ein Besuch des Heimatmuseums „Dat ole Huus" bei. Hier wird mit der typischen Einrichtung eines Heide-Bauernhofes gezeigt, wie man noch bis zum Anfang des vergangenen Jahrhunderts in den stillen, abgelegenen Heidedörfern lebte und arbeitete.

Die Heide ist eine Vegetationsform, die vorwiegend aus Zwergsträuchern besteht. Sie ist nicht durch nähr-

Tourist-Information
Zur Dorfeiche 27
21274 Undeloh
☎ (0 41 89) 3 33
Mai–Juli.: Mo–Sa 10–12,
Mo, Di, Do, Fr 15–17 Uhr,
Aug.–Sept.:
Tgl. 10–12 und 15–17 Uhr
Okt.: Mo, Di, Do, Fr 10–12
und 15–17 Uhr
In der Hochsaison erweiterte Öffnungszeiten,
auch So geöffnet
Nov.–Apr. nach Telefonansage
Hier auch Infos zur Musik
in alten Heidekirchen
www.undeloh.de

Seume-Haus
Informationshaus des Vereins Naturschutzpark
Wilseder Straße 23
21274 Undeloh
☎ (0 41 89) 81 86 48
Mai–Mitte Okt. Di–So
10–16 Uhr Eintritt frei

Restaurant „Smes-Hof"
Wilseder Straße 7
21274 Undeloh
((0 41 89) 2 34
April– Okt. Di Ruhetag,
Mi–Mo 11–21 Uhr
Nov.–März
Fr–So 11–21 Uhr
Beliebtes Gasthaus mit
Außenterrasse, Spezialität:
Heidschnuckengerichte
und Forellen

Heidemuseum „Dat ole
Huus"
Wilsede 3a
29646 Bispingen-Wilsede
((0 41 75) 4 45
Mai–Okt. tgl. 10–16 Uhr
Eintritt 3 €, Kinder frei

stoffarme Böden entstanden, sondern infolge von Rodung, starker Beweidung durch Schafherden sowie durch Abtragung der oberen Humusschicht zum Düngen der Ackerflächen. Von der Bronzezeit bis zum 19. Jh. herrschte die Heide vor, danach kam es zu Aufforstung mit Kiefern und Fichten sowie zur Ausdehnung der landwirtschaftlichen Gebiete. Die Heide setzt sich vornehmlich aus Beständen der Besenheide, der Glockenheide und der Krähenbeere zusammen. Hinzu kommen noch einige Ginsterarten, Gräser, Flechten und Moose. Häufig gesellen sich den Zwergsträuchern noch Wacholder und Besenginster hinzu, wodurch die Heide allerdings den Charakter der reinen Zwergstrauchheide verliert. Ihre Blütezeit ist von Mitte August bis Ende September.

Bevor man die Radwanderung fortsetzt, lohnt noch ein Abstecher in den südlich von Wilsede gelegenen Totengrund, einer Landschaft von unwirklicher Schönheit. Empfehlenswert ist auch der von Wilsede ausgehende Pastor-Bode-Weg, der wohl berühmteste deutsche Wanderweg, auf jeden Fall einer der schönsten. Er ist benannt nach dem Pastor Wilhelm Bode, dem es zu verdanken ist, dass die Lüneburger Heide unter Schutz gestellt wurde. So war er es, der verhinderte, dass der wildromantische Totengrund mit Ferienhäusern zugebaut wurde. An den populären Heidepastor und Naturschützer erinnern manche Namen und Gedenktafeln, ein Grab wird man jedoch vergebens suchen. Der Sohn Bodes erfüllte den letzten Wunsch seines Vaters: In einer stürmischen Nacht stieg er mit der Urne auf den Wilseder Berg und ließ die Asche vom Wind verwehen.

Unsere Tour führt uns jedoch von Wilsede weiter zum **Wilseder Berg**. Mit 169 m ist der Wilseder Berg tatsächlich ein Berg, jedenfalls

Heidschnucken

für Norddeutschland. Die Tourismusprospekte
preisen ihn jedenfalls als die höchste Erhebung
der Norddeutschen Tiefebene. Haben wir erst einmal unseren Drahtesel bis nach oben geschoben,
bietet sich uns ein wirklich phantastischer Rundblick über die sanft gewellte Heidelandschaft. Der
Blick soll bei guten Sichtverhältnissen und Ad-
leraugen sogar bis nach Lüneburg und Hamburg
reichen, aber die Aussicht über die Heide genügt
uns auch. Rund um den Wilseder Berg liegen
die größten zusammenhängenden Heideflächen
Europas. Um ein völliges Verschwinden der Heide zu verhindern, wurden sie schon 1921 unter
Schutz gestellt und sind somit das älteste Naturschutzgebiet Deutschlands. Im 23 000 ha großen
Naturschutzgebiet ist jeder Kraftfahrzeug-Verkehr
verboten.

Nach dem Abstieg folgen wir wieder dem
Wümme-Radweg und erreichen bald die wenig
befahrene Landstraße nach **Wintermoor**, von wo
uns die Bahn wieder nach Hause bringt.

Heidelandschaft

Restaurant Wilseder Hof
Wilsede 2c
29646 Bispingen-Wilsede
☏ (0 41 75) 3 11
Tgl. 10–20 Uhr
Die edlere Variante eines
rustikalen Gasthofes, Spezialität – was sonst – Heidschnuckengerichte.

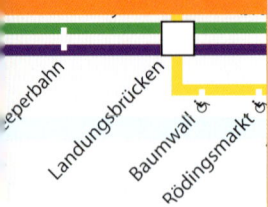

Start
Finkenwerder
62 ab Landungs-
brücken alle 15 Min.,
64 ab Teufelsbrück
alle 15–30 Min.

(Rad-)Wanderung
durch Finkenwerder

Länge
ca. 6 km

Karte ▶ Seite 129

FINKENWERDER

Eine Schifffahrt ...

Die stilvollste Art, das einstige Fischerdorf Finkenwerder zu besuchen, stellt sicher eine Schiffspassage dar. Schnell, billig und bequem geht das mit der Fähre 62. Und das Fahrrad fährt gratis mit.

Exakt 27 Minuten dauert die Fahrt von der Brücke 3 der Landungsbrücken nach Finkenwerder. Dabei macht unser Schiff vorher noch an den Anlegern Altona, Neumühlen und Bubendey Ufer fest. Längst hat sich die Attraktivität dieser Fährverbindung als Ausflugslinie herumgesprochen. Die Linie 62 mit ihrer über 100-jährigen Tradition ist immer mehr gewesen als nur eine pünktliche Verbindung zwischen den beiden Elbufern, zumal die bordeigene Gastronomie die Ausflügler schon auf dem Weg mit Erfrischungen versorgt.

Der Blick übers Wasser geht nach rechts – pardon: nach steuerbord – zum Elbufer bei Övelgönne. Jetzt können wir den schönen Ort (▶ Seite 152), einmal vom Fluss aus genießen. Auf der anderen Seite, also an der Backbordseite, erblickt man bald am Bubendey Ufer das Seemannshöft. Hier in der Lotsenstation befindet sich die Nautische Zentrale, die den Schiffsverkehr im Hafen überwacht.

In **Finkenwerder** geht es von Bord. Das einstige Fischerdorf, schon 1236 erstmals urkundlich erwähnt, ist heute ein Wohnviertel am Hafenrand. Bis zur Abdeichung der Süderelbe nach der Flutkatastrophe von 1962 war Finkenwerder eine Elbinsel. Vom 17. bis zum 19. Jh. unterhielten die Finkenwerder Fischer eine große Flotte, und bis heute sind viele Finkenwerder Kutter auf der Nord- und Ostsee unterwegs.

Vom alten Finkenwerder hat sich noch manches erhalten, das sich zu Fuß oder mit dem Rad bequem vom Anleger aus erreichen lässt. Am Finkenwerder Landscheideweg, der sich einen Kilometer südlich des Anlegers in Ost-West-Richtung durch Finkenwerder zieht, steht etwas abseits des Ortes die Kirche von 1881, die noch einige alte Ausstattungsstücke besitzt. Eine verwunschene Idylle ist der nahe gelegene Friedhof, schon 1844 angelegt und gerade einmal ein Hektar groß. Auffallend sind an seinen Eingängen die überdachten Prunkpforten nach dem Vorbild der hölzernen Hofeinfahrten wohlhabender Bauern im Alten Land.

Ein ganz anderes, sein jüngstes, aber gleichwohl grünes Bild zeigt Finkenwerder mit dem **Rüschpark**. Vom Anleger überquert man die Benittstraße, hält sich links, und gelangt über Wriedestraße, Mewesweg und Hein-Saß-Weg durch ein Gewerbegebiet in die Grünanlage. Der Park, ein in den 70er Jahren des 20. Jhs. aufgegebenes Werftgelände, ist 21 ha groß. In der Elbuferböschung wurden Reste der Werftanlagen zu Aussichtsplattformen umgestaltet.

Wer den Rüschpark über den Rüschweg verlässt, stößt auf den Neßdeich. Im Haus Nr. 6 wurde Hans (eigentlich Johann) Kinau (1880 – 1916) geboren. Berühmt wurde er vor allem mit seinem 1913 unter dem Pseudonym Gorch Fock erschienenen realistischen Roman „Seefahrt ist not".

Gegenüber dem Gorch-Fock-Haus dehnt sich das Gelände der Airbus-Werke aus. Und es dehnt sich immer weiter aus. Ins angrenzende – jetzt ehemalige – Naturschutzgebiet Mühlenberger Loch nämlich, einer flachen Bucht der Elbe. Das Gebiet des Mühlenbecker Loches wurde zu einem Fünftel zugeschüttet, um dort die Werksanlagen des Flugzeug-Konzerns zu erweitern.

Finkenwerder Elbblick
Focksweg 42
☎ (0 40) 7 42 51 91
Tgl. 11–22 Uhr
Nahe dem Fähranleger, grandioser Ausblick über die Elbe von St. Pauli bis Teufelsbrück, verfeinerte Fisch- und Regionalküche

Landungsbrücke Finkenwerder
Benittstraße 9
☎ (0 40) 7 42 51 51
Tgl. 11–22 Uhr,
Am Anleger, rustikales, gemütliches Lokal, gutbürgerliche Regionalküche mit Schwerpunkt – wen wundert's: Fisch

St.-Pauli Landungsbrücken

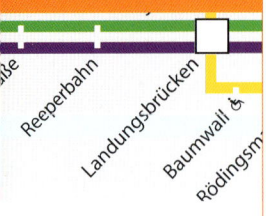

Wo der Boskop blüht

Obstbäume soweit das Auge reicht. Das Alte Land ist Deutschlands größtes zusammenhängendes Obstanbaugebiet. Ganz nebenbei ist es auch zu einem beliebten Ausflugsziel der Hamburger geworden – nicht nur, aber ganz besonders zur Obstblüte.

Start
Finkenwerder
🚌62 ab Landungs-
brücken alle 15 Min.,
🚌64 ab Teufelsbrück
alle 15–30 Min.

(Rad-)Wanderung
Finkenwerder – Neuen-
felde – Estedeich – Neu-
graben

Länge
ca. 20 km

Rückfahrt
(S3) (S31) alle 5–10 Min.
ab Neugraben

Altländer Gästeführungen
☏ (0 41 62) 13 33
April – Okt. sonntags
um 11 Uhr Führungen in
wechselnde Orten, Dauer
1,5 Std.
www.altländer-
gaesteführungen.de

Apfelernte im Alten Land

Zwischen der ehemaligen Elbinsel Finkenwerder und dem schon zum Alten Land gehörenden Ort Neuenfelde mündete früher die Süderelbe in den Hauptstrom der Elbe. Heute ist sie abgedämmt und endet als toter Arm vor dem Elbdeich. Über diesen Elbdeich führt unsere Strecke von Finkenwerder ins Alte Land.

Rein geografisch ist das Alte Land ein rund 30 km langer und bis zu 7 km breiter Marschgürtel. Er erstreckt sich vom Hamburger Stadtgebiet aus am Südufer der Unterelbe entlang bis nach Stade. Durch die Elbnebenflüsse Schwinge, Lühe und Este wird das Land in drei Gebiete, die so genannten Meilen, aufgeteilt. Die hier beschriebene Tour bewegt sich auf der **Dritten Meile**, die von der Este zur Süderelbe reicht.

Das Alte Land wurde schon im 12. Jh. von holländischen Einwanderern besiedelt. Aus ihrer Heimat brachten sie die Kunst der Entwässerung und des Deichbaus mit. Mönche der Stader Klöster waren die ersten, die Obstbäume pflanzten und somit das Fundament für das wirtschaftliche Aufblühen legten.

In **Neuenfelde**, einem langgestreckten Straßendorf am Beginn unserer Tour, steht die barock ausgestattete Kirche St. Pankratius. Sie besitzt eine bemalte hölzerne Tonnendecke, einen Kanzelaltar von 1688, vor allem aber eine herrliche, aus dem Jahre 1688 stammende Orgel des berühmten Orgelbauers Arp Schnitger. Arp Schnitger hatte hier einen Bauernhof, und er ist in der Kirche begraben. Im landeinwärts gelegenen **Nincop**, einem Ortsteil von Neuenfelde, sind einige besonders gut erhaltene Bauernhäuser zu bewun-

dern. Kurz vor **Cranz** mündet die Este in die Elbe. Das Flüsschen überqueren wir nicht unbedingt, sondern radeln an seinem Ost-Ufer landeinwärts Richtung Buxtehude. Vor dem Este-Sperrweg geht es über den Neuen Fährweg immer auf dem Deich voran. Von hier bietet sich ein weiter Blick in die Obstgärten. Im April/Mai – zur Obstblüte – ist es besonders schön: Die märchenhafte Landschaft präsentiert sich wie schneebedeckt. Aber auch im Herbst lohnt der Weg dorthin: Allerorts sind dann Pflücker am Werk und greifen in den Bäumen nach reifen Äpfeln.

Kurz vor **Buxtehude** (▶ Seite 130) biegen nach links in den Hinterdeich ab und fahren nun ostwärts weiter über den Moorweg nach Rübke. Hier überqueren wir die Bahnhofstraße und gelangen in den Neuenfelder Hinterdeich, auf dem man so lange radelt, bis rechts der Fischbeker Heuweg abzweigt. Hier fährt man rechts und gleich wieder links in einen Weg mit dem Namen „Dritte Meile", der nach **Neugraben** führt.

Feste im Alten Land

Erstes Mai-Wochenende: Blütenfest in Jork mit Wahl der Blütenkönigin und Festumzug: www.altlaender-bluetenfest.de

Zweiter Juli-Sonntag: Altländer Kirschmarkt in Jork

Zweites September-Wochenende: Tag des offenen Hofes. In allen Orten Veranstaltungen rund um den Apfel.

Zweites Oktober-Wochen-ende: Kürbisfest in Jork

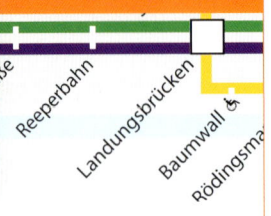

Start
Finkenwerder
🚢 62 ab Landungs-
brücken alle 15 Min.,
🚢 64 ab Teufelsbrück
alle 15–30 Min.
oder
Neugraben
S3 **S31** alle 5–10 Min.

(Rad-)Wanderung
von Finkenwerder nach
Buxtehude

Länge
ca. 22 km

Rückfahrt
Buxtehude
S3 alle 10–30 Min.
R50 alle 60 Min.

Karte ▸ Seite 129

Stadtinfo Buxtehude
Stavenort 2
21614 Buxtehude
☎ (0 41 61) 50 12 97
Mo–Fr 9.30–12 und
13–17 Uhr, Do 9.30–18 Uhr,
Sa 9.30–12 Uhr
www.buxtehude.de

ALTES LAND – BUXTEHUDE

Hase und Igel

**Landläufig ist von Buxtehude nur bekannt,
dass sich dort Hase und Igel einen Wettlauf
geliefert haben und dass die Hunde dort mit
dem Schwanz bellen.**

Natürlich stimmt beides nicht. Die Geschichte
vom schlauen Igel, der beim Wettlauf den Hasen
aussticht, entstammt der Märchenerzählung von
Wilhelm Schröder aus dem Jahre 1840. Der Ursprung des Scherzwortes, wonach in Buxtehude
die Hunde mit dem Schwanz bellen, geht auf hol-
ländische Siedler zurück. Diese versahen die alte
Stadtglocke, im Holländischen „bell", mit einem
besonders langen Seil, das sich „hound" nannte.
Das einzige, was im Buxtehude von heute mär-
chenhaft ist, das ist die Altstadt dieses beschaulichen Landstädtchens an der Este – abgesehen
von der herrlichen Umgebung des Alten Landes
natürlich.

Ein Besuch Buxtehudes lässt sich gut mit der
Tour durchs Alte Land (▸ Seite 128) kombinieren. Wer mit der Fähre in **Finkenwerder** anlegt,
vermeidet die Gefahr sich zu verfahren, indem er
sich immer am oder auf dem Deich hält: Finkenwerder Norderdeich, Neßdeich, Neßumgehung und
Neuenfelder Hauptdeich lauten die Namen der
Deichabschnitte bis Cranz. Dort, an der Mündung
der Este in die Elbe, radelt man immer am Ostufer des Flüsschens entlang in südlicher Richtung
– und kommt so im historischen Stadtkern von
Buxtehude an (Wegbeschreibung ▸ Seite 128).

Ausflügler, die am S-Bahnhof **Neugraben** starten, ignorieren die dortigen Straßenwegweiser
nach Buxtehude und fahren zunächst ins nördlich
von Neugraben – und schon mitten im Alten
Land – gelegene Francop. Von dort geht es in Ost-
West-Richtung quer durch die schöne Landschaft
des Alten Landes auf gut ausgeschilderten Wegen
in Richtung **Buxtehude** und nach Neuland an der
Este. Von hier aus gelangt man dem Ufer der Este
folgend direkt in die Buxtehuder Altstadt.

Mittelpunkt der übersichtlichen Buxtehuder Altstadt ist die St.-Petri-Kirche, ein schon 1298 begonnener Backsteinbau mit einem hohen, schlanken Mittelschiff. Der achteckige 72 m hohe Turm entstand nach einem Brand 1853 neu. Im großen Kircheninneren ist der um 1500 gestiftete Halepaghenaltar bemerkenswert.

In den engen Gassen um die Kirche herum gibt es prachtvolle alte Giebel, Dielen und Hinterhöfe zu sehen. Das grachtenartige Estefleet, an dem sich eine lange Giebelreihe entlang zieht, lässt Besucher an Holland denken. Nicht zu Unrecht, erinnert es doch an die niederländische Herkunft vieler Kolonisten dieser Gegend. Besondere Aufmerksamkeit verdienen in der Altstadt das Bürgerhaus in der Langen Straße 25 von 1548 und das Fachwerkhaus Fischerstraße 3.

Ein weiteres steinernes Zeugnis aus der rund 1000-jährigen Geschichte der Stadt Buxtehude,

Am Estefleet

die in ihren besten Jahren sogar der Hanse angehörte, findet sich am nördlichen Rand des Stadtkerns, unweit vom Estehafen: Der Zwinger, ein Teil des alten Marschtores von 1539, also ein Rest der ehemaligen Stadtbefestigung. Vergleichsweise jung dagegen ist der Bau des nahen Buxtehude-Museums für Regionalgeschichte und Kunst. Im Altbau von 1913 wird neben der modern gestalteten heimatkundlichen Ausstellung auch die Geschichte des Heimatmuseums selbst dokumentiert. Im angrenzenden Neubau sind zwei unterschiedliche Abteilungen untergebracht: „Sakrale Kunst – Geschichte und Restaurierung" und „Buxtehude in der Moderne". In letzterer werden die Veränderungen der Stadt im Zuge der Industrialisierung anschaulich dargestellt.

Buxtehude-Museum
für Regionalgeschichte und Kunst
Stavenort 2
((0 41 61) 50 14 02,
Di–Fr 14–17 Uhr, Sa/So 11–17 Uhr
Eintritt 2 €,
ermäßigt 1 €

Restaurant Abthaus
Abtstraße 6
((0 41 61) 55 40 77
Di–Fr 17–22, Sa 12–22, So 12–21 Uhr, Mo Ruhetag
Spitzgiebelfachwerkhaus von 1399. Gehobene Regionalküche, im Sommer Biergarten im Innenhof.

Von bellenden Hunden zur klappernden Mühle

Für die Ausflügler, die die Chance nutzen, dank der S-Bahnstreckenerweiterung Buxtehude bequem zu besuchen, sich aber nicht auf eine Stadtbesichtigung beschränken wollen, bietet sich eine Radtour südlich der Stadt an. Durch idyllische Landschaft geht es dabei zur Museumsmühle in Moisburg.

Start
Buxtehude
S3 alle 10–30 Min.
R50 alle 60 Min.

Radrundwanderung
Buxtehude – Moisburg –
Apensen – Buxtehude

Länge
ca. 30 km

Mühlenmuseum Moisburg
Außenstelle des Freilicht-
museums am Kiekeberg
Auf dem Damm 12
21647 Moisburg
☎ (0 41 65) 65 75
März–Okt. Sa/So
11–17 Uhr
2,50 €, Kinder bis 16 frei
Infos zu Mahlwochen-
enden über Museum am
Kiekeberg
☎ (040) 7 90 17 60
www.kiekeberg-museum.
de
In der historischen Mahl-
stube ist ein kleines Café
eingerichtet, in dem man
sich bei Kaffee und Ku-
chen erholen kann.

Gleich südlich der Stadt beginnt der Geestrücken, während Buxtehude selbst noch in der Marschniederung liegt. Mit anderen Worten: Heute geht es ein wenig bergauf. Vom Bahnhof aus fahren wir über die Stader Straße geradeaus in die Ferdinandstraße, dann über den Brillenburgsweg und den Alten Postweg, um nach Övelgönne zu gelangen. Von diesem unspektakulären Ort aus geht es über Ketzendorf in Richtung Ardestorf und Grauen. Vorbei an einigen Hünengräbern endet der Weg in **Moisburg**. Der Ort ist eine wichtige Station auf der Niedersächsischen Mühlen(auto)straße, und auch der Radrundkurs Nordheide führt durch Moisburg, das heute ein besseres Dorf ist. Moisburg war in der Vergangenheit jedoch als alter Amtssitz ein bedeutendes Zentrum der Region. Davon künden heute noch verschiedene Amtsbauten, zu denen auch die Wassermühle gehört.

Heute ist in der Mühle das **Moisburger Mühlenmuseum**, eine Außenstelle des Museums am Kiekeberg (▶ Seite 106), untergebracht. Die Moisburger Amtswassermühle an der Este wurde schon um das Jahr 1379 erstmals urkundlich erwähnt. Doch gehen die Museumsleute davon aus, dass es sogar schon vorher hier eine Mühle gegeben hat. Das heutige Gebäude wurde allerdings erst 1723 errichtet. Die Mühle war schon früh eine Amtsmühle, auch Zwangsmühle genannt. Das bedeutete, dass alle Bauern des Amtes Moisburg – und das war zeitweise ein großes Gebiet – hier

ihr Korn mahlen lassen mussten. Erst im Jahre 1869, mit der Einführung der Gewerbefreiheit, fiel dieses Staatsmonopol!

Der Besucher kann sich im Mühlenmuseum auch mit den technischen Abläufen des Mahlens in einer historischen Wassermühle vertraut machen. Von Mai bis Oktober werden Mahlwochenenden veranstaltet, bei denen man dem Müller über die Schulter schauen kann. Für die Weiterfahrt kann sich der Radwanderer ein Original Moisburger Amtsmühlenbrot, gebacken aus dem in der Mühle gemahlenen Schrot, mit auf den Weg nehmen.

Dieser Weg führt nun von Moisburg, wo man auch noch das Amtshaus, einen aufwändigen Fachwerkbau von 1711, und die evangelische Kirche, erbaut im Stil der Spätrenaissance und mit prachtvoller Innenausstattung versehen, besichtigen sollte, auf einem kleinen Stück des Radrundkurses Nordheide nach Apensen. Zwischen den Orten Rahmsdorf und Goldbeck liegt links der Strecke das Hügelgräberfeld **Goldbeck**. Etwa 70 vorzeitliche Hügelgräber – umgangssprachlich meist als Hünengräber bezeichnet – finden sich hier auf engstem Raum.

In **Apensen** biegen wir nach links in die Neukloster Straße, die in den Neukloster Forstweg übergeht: Dieser reizvolle Weg, der auch als Verbindungsroute der Radwege 10 und 12 des Kreises Stade gekennzeichnet ist, führt in den Neukloster Forst. Der Weg endet kurz vorm Bahnhof Neukloster; das ist, von Hamburg aus gesehen, eine Station hinter Buxtehude. Wir radeln auf dem Radweg Am Mühlenbach hinterm Bahnhof in Neukloster weiter nach Buxtehude. Wer noch nicht nach Hause möchte, hat nun die letzte Gelegenheit zu erkunden, warum in Buxtehude die Hunde mit dem Schwanz bellen (▸ Seite 130).

Buxtehuder Brauhaus
Kirchenstraße 13
☎ (041 61) 37 75
Tgl. 11.30–1 Uhr,
Sa/So ab 10 Uhr
In einem historischen Ausspann- und Kutscherhaus eingerichtete Hausbrauerei mit glasüberdachtem Innenhof und rustikaler Gastronomie.

Wo die Ritter lebten

Gutshäuser, Obstplantagen, Großsteingräber, ein Wald und ein Bachtal – das lässt sich bei einer Wanderung rund um Horneburg entdecken. Da die Beschilderungen etwas dürftig sind, ist es empfehlenswert, eine Wanderkarte mitzunehmen.

Start
Horneburg
S3 alle 20-60 Min.
R50 alle 60 Min.

Wanderung
Horneburg – Isendorf –
Gut Daudieck –
Horneburg

Länge
ca. 15 km

Die Geschichte **Horneburgs** begann mit einer Ritterburg. Um das Jahr 1255 ließen sich mehrere Adelsfamilien eine Wasserburg erbauen. Im Schutze dieser Horneburg entstand die gleichnamige Ortschaft. Um 1500 löste sich die Wohngemeinschaft der Burg auf und die adeligen Familien bauten sich Gutshäuser außerhalb des Burggeländes, so entlang der heutigen Langen Straße, dem mittelalterlichen West-Ost-Fernhandelsweg. Der Burgmannshof in der Langen Straße 38 a war das erste Gutshaus, das die Familie Schulte von der Lühe um 1510 nach dem Auszug aus der Vorburg errichtete. Das Gebäude dient heute als Begegnungsstätte. Die ehemalige Horneburg wurde 1645 abgerissen.

Wer nach weiteren Spuren des alten Horneburgs sucht, findet sie vor allem entlang der Langen Straße. Dort steht auch das Rathaus, ein Fachwerkhaus mit verputzter Straßenfassade. Am Ende der Straße rechts um die Ecke geschaut, erblickt man als roten Backsteinbau die Liebfrauenkirche. Weiter nach rechts in der Straße Vordamm blühte in früheren Jahrhunderten das Landhandwerk. Unweit des Flüsschens Aue gab es Schmieden, Stellmachereien, Gerbereien, Sattler und Schuhmacher. Aneinandergedrängte Fachwerkhäuser, schmale Fußsteige und Kopfsteinpflaster verleihen der Straße ihren Charme.

Für unsere Wanderung verlassen wir die Stadtmitte in Richtung Westen, überqueren den Bahndamm und gelangen über die Bürgermeister-Löhden-Straße zur Unterführung der B 73. Nach der Unterquerung befinden wir uns auf dem Bürgermeister-zum-Felde-Weg und folgen ihm bis zur

Romantischer Spazierweg
beim Gut Daudiek

kreuzenden Straße Blumenthal, in die wir rechts einbiegen. Nun wird es langsam ländlicher. Rechts hinter der Reitanlage biegt eine weitere Teerstraße Richtung B 73 ab, der wir ein kurzes Stück folgen. Hinter einer Kirschplantage führt links ein Grasweg in den Wald hinein. Wir halten uns rechts auf diesem Hauptweg bis zum Waldrand, wo wir direkt auf eine Apfelplantage zusteuern, die uns im Frühjahr mit rosa Blüten, im Herbst mit rotbackigen Äpfeln empfängt. Ab hier wandern wir links zwischen Waldrand, Feldern und Plantagen, um schließlich

nach links in den Wald Richtung Rastplatz abzubiegen. Jetzt geht es immer geradeaus durch den **Rüstjer Forst** nach **Issendorf**, das nach 3 km erreicht ist. Dort biegen wir links in die Dorfstraße ein, überqueren die Horneburger Straße, gelangen in die Straße Büntfeld, die in den Daudiecker Weg mündet. Dieser führt nach links aus dem Ort hinaus. Bevor es auf einem Sandweg weitergeht, befindet sich links am Straßenrand eine Informationstafel zu mehreren Großsteingräbern, die auf die Zeit um 3500 v. Chr. zurückgehen. Es handelt sich um den ältesten bekannten Nachweis für eine Besiedelung des Horneburger Geestrandes.

Wir folgen dem Feldweg geradeaus bis zum Waldrand und biegen an der dortigen Weggabelung nach links ab (nach recht geht es weiter zu den Hünengräbern) – Richtung **Gut Daudieck** im unteren Auetal. Durch schattigen Buchen- und Tannenwald kommen wir dem Gut näher. Über einen Kopfsteinpflasterweg durchqueren wir die Anlage. Links begrüßt uns der romantische Mühlenteich, rechts ein Reetdachwohnhaus, das einmal eine um 1600 erbaute Wassermühle war. Am Ende der Hofanlage folgen wir nicht links der Kopfsteinpflaster-Allee entlang des Mühlenteichs, sondern halten uns geradeaus auf dem Stucks Weg, einer zwischen Feldern verlaufenden Asphaltstraße, die bis nach Horneburg führt.

Belmondo
Im Kleinen Sande 1
21640 Horneburg
((0 41 63) 81 29 56
Tgl. 11.30–22 Uhr
Pizza aus dem Holzbackofen, Außenterrasse

nkenese Hochkamp Klein Flottbek (Botanischer Garten) **Othmarschen** Bahrenfel

Start
Fähranleger Cranz
(Teufelsbrück – Blan-
kenese – Neuenfelde –
Cranz)
Ende März bis Anfang
Oktober
alle 60 Min.
(HVV-Tickets gelten nur
zum Teil)

Radwanderung
Cranz – (Jork –) Grünen-
deich – Stade

Länge
ca. 30 km

Rückfahrt
Stade
S3 alle 20–60 Min.
R50 alle 60 Min.

Karte ▸ Seite 129

**Touristikzentrale
Altes Land**
Osterjork 12
21635 Jork
((0 41 62) 91 47 55
www.jork.de
April–Sept. Mo–Fr 9–17,
Sa/So/Fei 11–16 Uhr
Okt.–März Mo–Do 9–12
und 14–17, Fr 9–12 Uhr

Museum Altes Land
Westerjork 49
21635 Jork
((0 41 62) 57 15
Nov.–März Mi,
Sa/So 13–16 Uhr
Apr.–Okt. Di–So 11–17 Uhr
Eintritt frei

ALTES LAND – STADE

Der schönste Weg nach Stade

Mit dem Rad auf dem Deich, die Elbe zur Rechten, das Alte Land zur Linken – so nähern wir uns naturverbunden der Stadt Stade. Für die Rückfahrt nach Hamburg allerdings gönnen wir uns ein Hightech-Schiff – oder die S-Bahn.

Für diese Tour starten wir in **Cranz**. Dorthin sind wir direkt mit der Fähre gelangt oder wir haben schon von Finkenwerder aus den östlichen Teil des Alten Landes erkundet (▸ Seiten 128, Altes Land). In Cranz überqueren wir die Este und fahren auf dem Deich entlang der Elbe. Zur Rechten geht der Blick dabei über den Fluss, zur Linken dehnen sich Obstbäume soweit das Auge reicht. Nicht umsonst gilt das Alte Land als größtes zusammenhängendes Obstanbaugebiet. Schon nach einer kurzen Strecke bietet sich ein Abstecher nach **Jork** an, dem Hauptort des Alten Landes. Hier ist in einem der vielen alten Fachwerkhäuser das Museum Altes Land untergebracht. Es dokumentiert die Technikgeschichte des Alten Landes. Die Bedeutung des Wassers für die Region und die Geschichte der Landwirtschaft werden dargestellt. Außerdem kann der Besucher historische Möbel und Trachten bewundern. In der kleinen Barockkirche von 1709 heiratete Gotthold Ephraim Lessing, und die Einwohner weisen bis heute stolz darauf hin.

Zurück auf dem Deich führt der Weg in den an der Lühemündung gelegenen Ort **Grünendeich**. Die St. Marien-Kirche aus dem 17. Jahrhundert ist die älteste der zehn Fachwerk-Kirchen im Alten Land. Aufgrund des schweren Marschbodens steht der aus Holz errichtete Turm abgetrennt neben dem Kirchenschiff. Die Lühe entwässert einen großen Teil des Alten Landes, das seit Jahrhunderten von zahllosen Entwässerungsgräben durchzogen ist. Diese Gräben führen zu kleinen

Ziel der Tour: Der Alte Hafen in Stade

Kanälen, den so genannten Wettern, die dann in Este, Lühe, Schwinge oder direkt in die Elbe führen. Ein ausgefeiltes System von Schleusen und Sperrwerken ist nötig, um die Entwässerung aufrecht zu erhalten. Überall zeugen schmucke Bauernhäuser vom gewachsenen Wohlstand der Obstbauern. Heute besteht der weitaus größte Teil der Obstbäume aus Apfelbäumen. Nachdem wir die Lühe überquert haben, bleiben wir auf dem Deich Richtung Hollern-Twielenfleth.

Nach weiteren zehn Kilometern biegt unser Weg bei Bassenfleth, kurz vor dem Kernkraftwerk Stade, nach links in die sorgfältig wieder aufgebaute Stader Altstadt ein. Die ehemalige Hansestadt **Stade** wurde nach dem Dreißigjährigen Krieg von den Schweden zur Festung ausgebaut. Bis heute umringen Reste alter Befestigungsanlagen die Altstadt. Die Silhouette der Stadt wird von fern durch die Türme der Kirchen St. Wilhardi und St. Cosmae geprägt. Beide Kirchen weisen eine wertvolle Innenausstattung auf. Die meisten Gebäude der Altstadt entstanden nach 1659, als ein großer Brand zwei Drittel aller Häuser zerstörte. Der Besucher kann hier alte Gassen und idyllische Winkel erleben, in denen die Vergangenheit noch gegenwärtig ist.

Mehrere Museen, alle dicht beieinander in der Altstadt gelegen, bewahren die Geschichte

Tourist-Information
Hansestraße 16
21682 Stade
((0 41 41) 40 91 70
Mo–Fr 10–18,
Sa/So 10–15 Uhr
www.stade-tourismus.de

Schwedenspeicher-museum
Am Wasser West
((0 41 41) 32 22
Di–Fr 10–17 Uhr,
Sa/So 10–18 Uhr
Eintritt 1 €, erm. 0,50 €,
Kinder bis 14 Jahre frei
www.schwedenspeicher.de

Heimatmuseum Stade
Inselstraße 12
((0 41 41) 32 22
Di–Fr 10–13 u. 14–17 Uhr,
Sa/So 10–13 u. 14–18 Uhr.
Eintritt 1 €,
ermäßigt 0,50 €

Alt-Stade im Baumhaus
Wasser Ost 28
☎ (0 41 41) 4 54 34
Nov.–März So 15–17 Uhr,
Apr.–Okt. Sa 15–17 Uhr,
So 14–17 Uhr
Spende erbeten

Freilichtmuseum
Auf der Insel
☎ (0 41 41) 95 18 21
1. Apr.–Sept. Di–Fr 10–13
und 14–17 Uhr
Sa/So 10–13 und 14–18 Uhr
1 €, ermäßigt 0,50 €

Kunsthaus in Stade
Wasser West
☎ (0 41 41) 4 48 24
Di–Fr 10-17 Uhr,
Sa/So 10–18 Uhr
Eintritt 1 €,
ermäßigt 0,50 €

**Technik- und Verkehrs-
museum Stade**
Freiburger Straße 60
☎ (0 41 41) 28 88
Tgl. 10–16 Uhr,
Eintritt 2,50 €,
ermäßigt 1,50 €

Rückfahrt per Schiff
Elbe-City-Jet
Stadersand – Lüheanleger
– Wedel/Schulau – Blan-
kenese – Landungsbrü-
cken.
Letzte Fahrt ab Stader-
sand (April–Oktober):
15.20 bzw. 16.20 Uhr
Fahrzeit 1 Std.
☎ (0170) 314 44 06
www.elbe-city-jet.de
Um rechtzeitige Reservie-
rung wird gebeten, Fahr-
radmitnahme möglich.
Einfache Fahrt 9,50 €,
Kinder 4,50 €.

der historischen Stadt. Das **Schwedenspeicher-
museum** am Wasser zeigt reichhaltige Funde der
Vor- und Frühgeschichte sowie Zeugnisse der
Stadtgeschichte vom Mittelalter bis in die 70er
Jahre des 19. Jhs., darunter viele Erinnerungen an
die Schwedenzeit. Stade kam 1648 in den Besitz
der Schweden, 1719 fiel die Stadt an Hannover.
Im **Heimatmuseum** an der Inselstraße sind volks-
kundliche Sammlungen sowie bürgerliche und
bäuerliche Wohnkultur zu sehen. In einem Fachwerkhaus am Wasser befindet sich das private
Baumhausmuseum, in dem der leidenschaftliche
Sammler Hans-Jürgen Berg seine eigene – und
etwas eigenartige – ortsgeschichtliche Sammlung präsentiert. Und obwohl die Stader Altstadt
ohnehin schon ein einziges Freilichtmuseum ist,
gibt es noch das **Freilichtmuseum** auf der Insel
im Burggraben. Das Museum mit Gebäuden des
18. Jhs. präsentiert ländliches Kulturgut aus dem
Alten Land und der Stader Geest: Altländer Haus,
Prunkpforte, Göpelwerk und Bockwindmühle.

Ein weiteres Museum der museumsreichen
Stadt Stade befasst sich nicht mit der Stadtgeschichte. Das **Kunsthaus in Stade** zeigt eine
Gemäldesammlung der Worpsweder Gründerge-
neration.

Nicht in der Altstadt gelegen, aber von dort zu
Fuß mühelos zu erreichen, ist das **Technik- und
Verkehrsmuseum**. In der Fabrikhalle eines alten
Ziegeleibetriebes finden Technikinteressierte zahl-
reiche historische Fahrzeuge, Maschinen, Werk-
zeuge und Geräte.

Stade ist allseits von Wasser umgeben, vom
Burggraben und den alten Hafenanlagen. Der
historische Hafen in der Altstadt sieht aus wie aus
dem Bilderbuch. Heute legen hier vor allem Sport-
schiffer an. Für die größeren Schiffe ist draußen
an der Elbe, nur vier Kilometer vom Stadtkern
entfernt, ein neuer Hafen entstanden. Dort in
Stadersand startet auch der Elbe-City-Jet, ein
hochmoderner Katamaran, der uns in knapp einer
Stunde nach Hamburg an die Landungsbrücken
befördert. Von Bord aus kann man noch einen
flüchtigen Blick auf den Deich werfen, auf dem
man vorhin so gemächlich entlang geradelt ist.

WORPSWEDE

Mit dem Moorexpress ins Künstlerdorf

Zwischen Stade und Bremen verkehrt an Wochenenden in der Saison der Moorexpress, ein Museumszug mit historischen Triebwagen. Er zuckelt gemächlich durch das reizvolle Teufelsmoor und hält auch im Künstelerdorf Worpswede.

Seit sich ab 1889 Fritz Mackensen und seine Künstlerfreunde in Worpswede niederließen, sind ihnen viele Kunstschaffende gefolgt. Und noch immer verbinden sich in Worpswede Kunst, Kultur, Architektur und Landschaft zu einer besonderen Atmosphäre. Es gibt Ausstellungen der alten Worpsweder Meister, Ateliers mit zeitgenössischer Kunst und Kunsthandwerk.

Auch der Jugendstil-Bahnhof von Worpswede ist ein Kunstwerk, er wurde von Heinrich Vogeler entworfen. Wer mit dem Moorexpress aus Stade anreist, und einige Stunden Zeit in Worpswede verbringen möchte, muss früh aufstehen – der Zug fährt ab Stade schon um 7.57 Uhr, zurück geht es ab Worpswede derzeit um 16.50 Uhr.

Bahnhof in Worpswede

pforten ⊞R
Hammah ⊞R
Stade ⊞R ᕫ **S3**
Agathenburg ⊞R
Dollern ⊞R

Start
Stade
S3 alle 20–60 Min.
R50 alle 60 Min.

Moorexpress-Tour
nach Worpswede

Fahrzeiten
Stade – Worpswede
ca. 2 Stunden Fahrzeit
Sa, So, Fei (Ende April bis Anfang Oktober)
Ab Stade:
7.57, 13.08, 16.08 Uhr
Ab Worpswede:
10.07, 11.50, 16.50 Uhr
Fahrpreis:
10 €, Kinder 5 €,
Familien 21 €
www.evb-elbe-weser.de

Gästeinformation Worpswede
☏ (0 47 92) 93 58 20
Auch Informationen zum Moorexpress
www.worpswede.de

Start
Stade
S3 alle 20–60 Min.
R50 alle 60 Min.

Radtour
Stade – Heinbockel –
Mulsum – Fredenbeck –
Agathenburg

Länge
ca. 35 km

Rückfahrt
Agathenburg
S3 alle 20–60 Min.

Windmühle Grefenmoor
Am Mühlberg
21709 Düdenbüttel-Ge-
fenmoor
Innenbesichtigung nach
Absprache mit
Dirk Ladewig
☎ (0 41 41) 8 62 41

Gasthof Hellwege
Alte Dorfstraße 26
21726 Hagenah
☎ (0 41 49) 4 05
Tgl. 10–13 und ab 16 Uhr,
Sa/So ab 10 Uhr durchge-
hend
Beliebtes Ausflugslokal
mit regionalen Speziali-
täten der Saison

STADE – AGATHENBURG

Es klappern die Mühlen

**Südlich von Stade erstreckt sich eine Land-
schaft, die einst aus Mooren bestand. Heute
sind daraus meist landwirtschaftliche Nutz-
flächen geworden, doch hat die Gegend viel
von ihrer Urtümlichkeit bewahren können.**

Heute fahren wir von Stade nach Agathenburg,
denn so besteht die Möglichkeit, noch eine Stadtbesichtigung in Stade (▶ Seite 137) vorzunehmen
und in Agathenburg den Ausflug mit einem Spaziergang im Schlosspark ausklingen zu lassen.
Wir verlassen Stade auf dem Nordseeküsten-
Radweg, der direkt am Bahnhof vorbeiführt. Bei
der Siedlung Mittelsdorf zweigt links der Weg
Mühlenberg zum Weißen Moor ab. Dieser Weg
führt uns zuerst nach Grefenmoor, vorbei an einer
prachtvollen Windmühle. Es ist ein einstöckiger
Galerie-Holländer aus dem Jahre 1896. Er wurde
errichtet, nachdem die Mühle, die dort vorher
stand, durch einen Blitz vernichtet worden war.

Der landschaftlich reizvolle Weg, in den der
Mühlenberg übergeht, endet in **Heinbockel**, an
dessen Ortseingang wir Reste eines Großstein-
grabes finden können. Von Heinbockel ist es nur
noch ein Katzensprung ins 3 km südlich gelegene
Hagenah. In Hagenah biegen wir rechts ab in den
Kirchweg, um nach 200 m wieder halb links abzubiegen. Nach dem Ortsende fahren wir dann wieder links auf einen Fahrweg, der die Bundesstraße
kreuzt und in einigen Kurven Richtung Mulsum
führt. Am Fredenbecker Mühlenbach kann man
die erste Wassermühle dieser Tour entdecken.

Fredenbeck geht fast nahtlos in Deinste über,
genauer in den Vorort mit dem Namen Deinster
Mühle. Auch hier gibt es einen Mühlenbach, doch
von einer Mühle selbst ist nichts zu erkennen. Dafür kann **Deinste** mit einer anderen Attraktion
aufwarten, dem Deutschen Feld- und Kleinbahnmuseum. Das von Hobby-Eisenbahnern getragene
Museum sammelt und betreibt Feldbahn-Fahr-
zeuge auf 600mm-Spur. Um die Fahrzeuge vor-

führen zu können, wurde eigens eine 1,2 km lange Strecke von Deinste über Hagel bis Lütjenkamp gebaut. In Deinste befindet sich der Kleinbahnhof als Hauptstandort. Am anderen Ende der Strecke in Lütjenkamp liegt das Museum.

Von Deistermühle verläuft unser Weg jetzt in nördlicher Richtung nach Hagenermühle, und hier ist tatsächlich noch eine Mühle erhalten, die Wassermühle an dem Flüsschen Steinbeck. Den Mühlteich zur Rechten, geht es nun über die Straße Zur Mühle nach Hagen hinein und über die Straße Odamm in östlicher Richtung nach Agathenburg. Hier hat ein schönes Schloss die Stürme der Zeit überdauert. Das **Schloss Agathenburg** wurde unmittelbar nach dem dreißigjährigen Krieg am Geesthang mit Blick auf das Elbtal errichtet. Heute dient das Schloss als Kulturzentrum. Vom einst umfangreichen Schlosspark sind leider nur noch Teile erhalten, aber auch diese Reste bieten lauschige Plätze und von manchen Stellen einen weiten Blick über das Elbtal.

Der Schlosspark grenzt an die Bahnstrecke Hamburg-Cuxhaven, und der S-Bahnhof Agathenburg liegt auch ganz in der Nähe. Einer baldigen Heimreise steht also nichts mehr im Wege.

Deutsches Feld- und Kleinbahnmuseum
Im Mühlenfeld 7
21717 Deinste
Volker Hollander
((0 41 49) 93 15 65
Wochenende/Feiertage
((0 41 49) 12 44
März–Okt. Sa 10–18, So/Fei
10–17 Uhr
www.kleinbahn-deinste.de

Schloss Agathenburg
Hauptstraße
21684 Agathenburg
((0 41 41) 6 40 11
März–Okt. Di–Sa 14–18,
So 10–18 Uhr
Nov.–Febr. Di–Sa 14–17,
So 10–17 Uhr
Der Park ist ganztägig
zugänglich.
1 €, ermäßigt 0,50 €
www.schlossagathen-
burg.de

Himmel-
pforten ⊞
Hammah ⊞
Stade ⊞ ♿ S3
Agathenburg ⊞
Dollern ⊞

Start
Stade
S3 alle 20–60 Min.
R50 alle 60 Min.

Große Radtour
Stade – Wischhafen
(– Stade)

Länge
ca. 30 km bis Wischhafen
(ca. 58 km bis Stade)

Rückfahrt
Von Wischhafen mit der
Fähre nach Glückstadt
R60 (nicht im HVV) alle
30–60 Min. nach Pinne-
berg oder Altona

**Tourismusinformation
Kehdingen**
Stader Straße 139
21737 Wischhafen
☏ (0 47 70) 83 11 29
Mo, Di, Do, Fr 9–12 Uhr,
Mitte Juni–Mitte Aug. zu-
sätzlich Do und Fr 14–17,
Sa 9–12 Uhr
www.tourismus-kehdin-
gen.de

**Kehdinger Küstenschiff-
fahrtsmuseum**
Unterm Deich 7
21737 Wischhafen
☏ (0 47 70) 71 79
www.kuestenschifffahrts-
museum.de
Sa/So 10–12 und 13–18 Uhr
Juli–Sept. Di–So 10–12 und
13–18 Uhr
Eintritt 3 €, ermäßigt 1 €

KEHDINGER LAND

Auf Klinkern durchs Land

**Durchs Kehdinger Land, eine alte bäuer-
liche Kulturlandschaft, führt diese Rundtour.
Sie bietet zudem die Möglichkeit, auf die
gegenüberliegende Seite der Elbe mit der
Fähre von Wischhafen nach Glückstadt zu
gelangen.**

Wir beginnen unsere Tour in Stade, was schon
insofern praktisch ist, als dass uns der Elberadweg
direkt am S-Bahnhof abholt. Dieser Abschnitt
des populären Radfernwanderweges ist sicher ein
besonders schöner, führt er doch die meiste Zeit
direkt am Strom entlang. Zunächst jedoch radelt
man um die Altstadt Stades, die schon für sich
einen Besuch lohnt (▸ Seite 137), am westlichen
Rand herum.

An Bützfleth vorbei geht es auf dem Elberadweg nach **Abbenfleth** mit seiner alten Elbfestung. Diese wurde in den Jahren 1869-1879 von
den Preußen erbaut. Im Falle eines Krieges mit
Frankreich sollten feindliche Schiffe davon ab-
gehalten werden, bis in den Hamburger Hafen
einzudringen. 1870/71 kam es zwar zum Krieg
mit den Franzosen, Grauerort wurde aber nie in
Kampfhandlungen verwickelt. Seit 1997 kümmert
sich ein Förderverein um die Restaurierung der
Festung. Heute wird sie als Museum und für Veranstaltungen genutzt.

Nachdem wir einen Blick auf die Elbfestung
geworfen haben lassen wir die Anlage hinter uns
und begeben uns in das **Naturschutzgebiet Asseler
Sand**. Wer bequem ist, oder es eilig hat, der hält
sich immer an den Elberadweg und genießt den
Lauf des Stromes zur Rechten. Unternehmungs-
lustigere haben aber auch die Möglichkeit, nach
links ins Land abzubiegen. So nach Drochtersen,
wo noch einer der Ringöfen steht, die so typisch
für das Kehdinger Land waren. In ihnen wurden
die berühmten bläulich schimmernden Klinker
gebrannt, die halb Hamburg früher sein nobles
architektonisches Gesicht verliehen. Noch heute

finden sich im Kehdinger Land viele Straßen, bei denen diese Klinker als Pflasterung dienen.

Im Ort **Krautsand** bietet sich ein Hauptweg nach Dornbusch und Wolfsbrucher Moor an. Hier gibt es noch einen winzigen Hafen mit Klappbrücke an der Wischhafener Süderelbe. Diese Süderelbe, die natürlich nichts zu tun hat mit der Hamburger Süderelbe, verläuft parallel zum Elbestrom zwischen Wischhafen und Abbenfleth und ist eigentlich nur ein breiterer Graben. Dennoch sorgt sie dafür, dass das Gebiet Krautsand genau-

Strandhotel Krautsand
Zur Elbaussicht 3
21706 Drochtersen-Krautsand
☎ (0 41 43) 99 92 50
Mitte März– Ende Okt.
8–22 Uhr (Küche 12–14 und ab 18 Uhr)
Nov.–Mitte März
Di–So Café 14–18 Uhr, Restaurant ab 18 Uhr
Blick auf die Elbe und die vorbeiziehenden Schiffe

Wie geht eigentlich ein Seemannsknoten? In Wischhafen

Restaurant Fährhaus Wischhafen
Fährstraße 16
21737 Wischhafen
☎ (0 47 70) 71 72
www.faehrhaus-wischha-fen.de
Fr–Di 12–14 und 17.30–21 Uhr, Mo/Do Ruhetage
Mai–Sept. Sa/So durchge-hend geöffnet

Elbfähre
Wischhafen – Glückstadt
Mo–Fr 4.30–22.30 Uhr,
Sa /So 6–22.30 ab Wischha-fen, Abfahrt alle 30 Min.,
bei Bedarf alle 20 Min.
Die Überfahrt dauert
25 Min.
Erwachsene 1,50 €, Kinder
(4–14 J.) 0,80 €,
Fahrrad 1 €
www.elbfaehre.de

genommen immer noch eine Insel ist, aufgespült vom mitgeschwemmten Schlick der Elbe. Beim Ort Krautsand gibt es eine - sogar offiziell als solche ausgewiesene! - Badestelle an der Elbe. Die Mutigen stürzen sich hier in die Fluten, wir anderen bewachen solange die Fahrräder.

Bald ist der Scheitelpunkt der Rundtour erreicht – **Wischhafen**, ein Ort, der vor allem aus dem Fähranleger für die Fähre nach Glückstadt besteht. Daneben kann Wischhafen mit dem Küstenschifffahrts-Museum punkten. Das ehrenamtlich geführte Museum ist in einem denkmalgeschützten Speicher am Hafen untergebracht und zeigt Originalgegenstände aus der großen Zeit der Kehdinger Küstenschifffahrt.

In Wischhafen fällt die Entscheidung, ob man mit der dortigen Fähre nach **Glückstadt** (▸ Seite 178) übersetzt und von dort mit der Regionalbahn (nicht im HVV) zurückfährt, oder die Rundroute fortsetzt und durchs Binnenland nach Stade zurückfährt. Der Rückweg verläuft zunächst auf einer Variante des Elberadweges über Neulander Moor, Wolfsbrucher Moor und Dornbuscher Moor nach Süden. Wir biegen aber vom Weg nicht der Ausschilderung folgend nach Dornbusch ab, sondern folgen ihm immer weiter geradeaus über **Buschhörne** nach **Aschhorn**. Die Orte bestehen jeweils nur aus wenigen Gehöften, und wenn man sich hinter Aschhorn weiter geradeaus hält, verläuft der Weg nur noch über freies Feld – bis er schließlich unweigerlich in Stade endet. Hier kann der müde Radfahrer noch in eines der gemütlichen Altstadtlokale einkehren – oder gleich bis zum Bahnhof weiterrollen, um sein wohlverdientes Bier zu Hause zu trinken.

Mein Handy weiß, wo´s langgeht.

Fahrpläne gibt's auch per SMS!

Geben Sie *Start!Ziel* (z. B. *Eidelstedter Platz!Steinstraße27)* ein und Sie erhalten kostenlos den Fahrplan für Ihre nächste Verbindung.

T-Mobile:	0175-360 99 99
Vodafone:	0173-882 99 99
E-Plus:	0178-360 99 99
O$_2$:	0179-453 45 88

Weitere Infos unter
www.hvv.de

Start
Wischhafen
R 60 alle 30–60 Min.
nach Glückstadt ab
Hamburg Altona (nicht
in HVV)

Fähre Glückstadt –
Wischhafen alle 30 Min.

Radrundtour
Wischhafen – Freiburg –
Wischhafen

Länge
ca. 50 km

Natureum Niederelbe
Neuenhof 8
21730 Balje
((0 47 53) 84 21 10
www.natureum-niederel-
be.de
Tgl. außer Mo 10–18 Uhr
5 €, ermäßigt 4 €
Im Winterhalbjahr re-
duziertes Angebot, Öff-
nungszeit Nov. –Mitte
April, 4 €, ermäßigt 3 €

FREIBURG

Der Wind, das Wasser und man selbst

Wer mit sich und der Natur allein sein möchte, für den ist diese Tour ideal. Wiesen, Deiche, Wasser – viel mehr hat dieser 50 km lange Rundkurs eigentlich nicht zu bieten. Dafür kann man den Kopf frei bekommen, indem man sich den Wind kräftig um die Nase wehen lässt – und der kommt, wie wir Radfahrer wissen, bekanntlich immer von vorn.

Ausgangspunkt der Tour ist Wischhafen (▸ Seite 144), und sie verläuft auch heute wieder auf einem Abschnitt des Elberadweges, zunächst jedenfalls. Nach acht Kilometern Fahrt direkt am Wasser ist Freiburg erreicht - der „Flecken" Freiburg, wie der Ort offiziell bezeichnet wird, oder noch genauer: Flecken Freiburg (Elbe). Mit der Universitätsstadt im Breisgau wird man den überschaubaren, etwas verschlafenen Ort mit seinen wenigen historischen Gebäuden und dem kleinen Hafen aber ohnehin nicht verwechseln.

Die nächsten 22 km des Elberadweges – und unseres Weges – verlaufen nun ab Freiburg durch ganz und gar unbesiedeltes Terrain. Schöneworth-Außendeich, Wechtern Außendeich und Baljer Außendeich nennen sich die von Entwässerungsgräben durchzogenen Landschaftsabschnitte. Erst in der Siedlung Hörne Außendeich hat die Zivilisation uns wieder. Von hier aus könnte man nun auf dem, dem inneren Elbdeich folgenden Radweg, also dem parallel zum Elberadweg verlaufenden Weg zurück in Richtung Freiburg radeln. Das werden wir auch tun, aber erst später, nachdem wir das Natureum Niederelbe besucht haben. In diese Freilichtausstellung im Landschaftspark gelangt man, indem man dem Elberadweg weiter bis zum Ufer der Oste folgt. Hier liegt das Natureum zwischen Watt- und Wiesenflächen auf einer 20 ha großen Halbinsel in der Oste- und

Elbemündung. Dieser einmalige Lebensraum mit seiner Natur, seiner Umwelt und mehr als 1000 Jahren Siedlungsgeschichte durch den Menschen ist Thema des Natureums. Das Museumsgebäude umfasst 800 qm Ausstellungsfläche und wird im Sommer noch durch eine Sonderausstellungshalle ergänzt. Noch interessanter sind die diversen unterschiedlichen Biotope, die hier angelegt wurden. Acht verschiedene Lehrpfade machen die Natur zum Erlebnis. Eine Freilichtausstellung behandelt zudem das Thema „Urzeit zwischen Elbe und Weser", und vom Aussichtsturm können ornithologisch Interessierte mit Fernrohren den Mündungstrichter der Elbe überblicken. Mehr als 100 Vogelarten zeigen sich im Verlauf des Jahres vor den Beobachtungsstationen.

Nach dem Besuch des Natureums geht es jetzt auf den Rückweg von Hörne über Balje am Elbdeich entlang nach Krummendeich. Hier kann man geradeaus gleich weiter bis Freiburg radeln, oder nach rechts abbiegen. Man kommt dann nach Kamp und radelt auf einem kleinen Stück des Obstmarschen-Wegs – auch ein zu Recht beliebter Fernradwanderweg – nach Freiburg. In Freiburg haben wir gleich die Wahl zwischen drei Wegen: Weiter auf dem Obstmarschenweg, südlich von Freiburg über Landesbrück, Larkenburg und Hollerdeich durchs „Binnenland" oder wieder auf dem schon von der Hinfahrt bekannten Elberadweg am Fluss entlang. Doch welchen Weg wir auch einschlagen – alle Wege führen nach Wischhafen.

Hotel und Restaurant Zwei Linden
Itzwördener Str. 4
21730 Balje-Hörne
☎ (0 47 53) 8 43 00
www.hotel-zwei-linden.de
Di–So 8–22 Uhr
Nov.–März zwischen 15 und 17 Uhr geschlossen
Regionale Küche

WESTEN

Am grünen Strand der Elbe

Start
Bahnhof Altona

Stadtausflug
Altonaer Museum
Altonaer Balkon
Parkanlagen am
Elbufer
Museumshafen Övel-
gönne
Teufelsbrück

Länge
ca. 6 km

Rückfahrt
Teufelsbrück **Schnell-
Bus 36** alle 15–30 Min.
oder
Klein Flottbek **S1**
S11 alle 5–10 Min.

Altonaer Museum
Norddeutsches Landes-
museum
Museumstraße 23
☎ (0 40) 42 81 35 35 82
Di–So 10–18 Uhr,
Do bis 21 Uhr
www.altonaer-museum.de
Eintritt 6 €,
ermäßigt 3,50 €,
Familienkarte 10 €

Vierländer Kate
Museumsgaststätte
Im Altonaer Museum
☎ (0 40) 39 23 04
Di–So 10–17 Uhr
Ländliche Spezialitäten
aus Norddeutschland

**Der Bahnhof Altona als Ausgangspunkt für
eine Wanderung ins Grüne? Nein, hier liegt
kein Irrtum vor. Wer weiß, wo's lang geht,
ist schon nach wenigen Minuten von Blumen und Bäumen umgeben.**

Der Platz der Republik, zu dem schon auf dem
Bahnsteig Hinweisschilder deuten, ist der Beginn
einer grünen Achse vom Altonaer Bahnhof zur
Elbe. Tatsächlich ist der Platz ein Park, eine gärtnerische Schmuckanlage, die sich an die Platzge-
staltung des 19. Jhs. anlehnt. Die typischen repräsentativen Stadtplätze dieser Zeit waren meist
von Straßen umgeben und im Inneren mit Fla-
nierwegen, Zierbeeten und Sitzbänken reich ausgestattet. Die mächtigen Blutbuchen und Platanen
auf dem Platz der Republik stammen noch aus
dem vorletzten Jahrhundert. In den 70er Jahren
des 20. Jhs. wurde die Anlage neu gegliedert, eine
Staudenbepflanzung eingefügt und nach außen,
also zu den immer verkehrsreicher gewordenen
Straßen hin, durch Büsche abgeschirmt.

Wenn wir uns beim Gang über den Platz nach
steuerbord halten, geraten wir in eine Ansammlung von Bojen. Und sind damit schon fast im
Altonaer Museum vor Anker gegangen. Die Bojen, Schiffsschrauben und historischen Anker vor
dem Klinkerbau stimmen ein auf die Schifffahrts-
ausstellung des Altonaer Museums in Hamburg
– Norddeutsches Landesmuseum (so der offizielle
Titel). Aber nicht nur Freunde des Maritimen kommen hier auf ihre Kosten, auch Besucher, die sich
für die Kulturgeschichte und die Landeskunde
des norddeutschen Küstengebietes interessieren,
finden eine umfangreiche Ausstellung vor. Besonders stolz ist das Museum auf seine Vierländer
Kate, ein Haus aus dem 18. Jh., das Stein für
Stein in den Vierlanden ab- und hier im Inneren
des Museums wieder aufgebaut wurde.

Wer nach dem Museumsbesuch auf Kurs bleibt und sich weiterhin steuerbord – ach was: rechts hält, gelangt zu einer kleinen Grünanlage. Mittelpunkt der Anlage ist die Christianskirche, ein einfacher, aber reizvoller Backsteinbau von 1738, benannt nach dem dänischen König Christian VI. Auf dem die Kirche umgebenden alten Friedhof, heute Teil der Grünanlage, liegt auch der Dichter Friedrich Gottlob Klopstock (1724–1803) begraben. Sein von einem schmiedeeisernen Zaun eingefriedetes Grab findet sich an der der Elbe zugewandten Seite des Friedhofs unter einer alten Buche.

Als Abschluss der grünen Achse vom Altonaer Bahnhof zur Elbe thront der **Altonaer Balkon** hoch über dem Strom. Von hier bietet sich ein eindrucksvoller Blick über die Hafenanlagen, die kühn geschwungene Köhlbrandbrücke und das Treiben auf der Elbe. Die Anlage schafft eine Verbindung zwischen dem Zentrum Altonas und dem Elbuferwanderweg.

Am Ufer der Elbe reihen sich jetzt an unserem Weg stromabwärts zahlreiche Parks und Grünanlagen aneinander. Alle gehen sie zurück auf einst private Parks der reichen Kaufleute und Reeder, der sprichwörtlichen Pfeffersäcke, die sich hier ihre Prachtvillen errichten ließen. Nicht umsonst gilt die Elbchaussee, die oberhalb unseres Weges

Le Canard Nouveau
Elbchaussee 139
☎ (0 40) 8 80 50 57
www.lecanard-hamburg.de
Mo–Fr 12–14.30 und
18.30–22.30 Uhr, Sa/So
18–22.30 Uhr
Restaurant in einem High-tech-Neubau oberhalb des Museumshafens

Landhaus Scherrer
Elbchaussee 130
☎ (0 40) 8 80 13 25
Mo–Sa 12–15.30 und
18.30–23 Uhr, So Ruhetag
Die rustikale Variante eines Edelrestaurants mit traditionellem Ambiente
www.landhausscherrer.de

Landhaus Dill
Elbchaussee 94, auf der Höhe des Donnersparks
☎ (0 40) 3 90 50 77
Di–Sa 12–15 Uhr und
17.30–22.30,
So/Fei 12–22.30 Uhr
Gehobene Küche

Blick vom Altonaer Balkon auf die Hafenanlagen

Museumshafen Övelgönne
Anleger Neumühlen
☎ (0 40) 41 91 27 61
Ganzjährig geöffnet, Besuch jederzeit möglich
Eintritt frei

Museumshafen-Café
auf der D.E.S. „Bergedorf"
Anleger Neumühlen
☎ (0 40) 39 73 83
Mo, Mi–Sa 12–22 Uhr,
So 10–22 Uhr
Neben Kaffee und Kuchen auch Fischgerichte und andere Klassiker der Norddeutschen Küche

Strandperle
Am Strand von Övelgönne
☎ (0 40) 8 80 11 12
Mo–Sa 12–14.30 und
18.30–22.30 Uhr
Geöffnet je nach Witterung, an lauen Abenden bis spät in die Nacht.
Kultkneipe mit traumhafter Lage und toller Atmosphäre.

parallel auf dem Hochufer verläuft, als die schönste Straße Hamburgs.

Bei dem ersten Elbufer-Park auf unserem Weg, der **Rainville-Terrasse** unterhalb der Seefahrts-Schule, handelt es sich um den Überrest der Anlage, die einst als öffentlicher Park von Lubin Claude Rainville geschaffen wurde – und zwar als Anziehungspunkt für seinen französischen Landgasthof, den er hier betrieb. Es folgt der **Donnerspark**, der auf einen Lustgarten des frühen 17. Jhs. zurückgeht. Seinen Namen verdankt er dem Kaufmann Conrad Heinrich Donner, der das Gelände 1820 kaufte. Der benachbarte Park heißt **Rosengarten**, weil hier zum 250-jährigen Stadtjubiläum Altonas im Rahmen einer Gartenbauausstellung ein Rosengarten angelegt wurde. Durch alle drei ineinander übergehenden Parks führt der Schopenhauer Weg. Diesen Weg sollte man wählen, denn noch verlaufen direkt unten am Elbufer die großen Straßen Neumühlen bzw. Kaistraße. Am Lüdemannsweg, in den der Schopenhauerweg mündet, aber geht es steil bergab nach Övelgönne.

In **Övelgönne**, am Fuße des steilen Geesthanges, führt der schmale Fußweg parallel zur Elbe zwischen den malerischen Häuschen und den dazugehörenden Gärten entlang. Zuerst lebten hier Fischer. Im 17. Jh. entwickelte sich das Gebiet zu einem frühen Industriestandort mit Trankochereien und Leimsiedereien, also zu einem Industriestandort der unangenehmen Art. Schließlich siedelten sich Lotsen an, deren Dienste auf der Elbe wegen der größer werdenden Schiffe unentbehrlich wurden. Die Lotsenhäuser, ein- und zweigeschossige Fachwerk- und Backsteinhäuser, prägen noch heute das Gesicht Övelgönnes und machen den besonderen Reiz dieser Idylle aus.

Ein Anziehungspunkt für alle Schifffahrtsbegeisterten weit über Hamburg hinaus ist der **Museumshafen Övelgönne**, der 1977 von einem privaten Verein am Anleger Neumühlen eingerichtet wurde. Viele historische Schiffe haben hier – endgültig – Anker geworfen, so das legendäre Feuerschiff Elbe 3, der schwimmende Leuchtturm in der Elbmündung, und viele Segler, die früher den Hauptteil des Verkehrs auf der Elbe bewältigten.

Die weitere Wanderung führt unmittelbar am Ufer entlang. Zur Linken geht der Blick über die Elbe, zur Rechten hinauf zu **Schröders Elbpark**. Das dicht mit alten Eichen bestandene Parkgelände ist der Rest eines riesigen Gartens, den Johann Heinrich Freiherr von Schröder Anfang des 19. Jhs. anlegen ließ, „damit er in den Sommermonaten der Erholung und Pflege des Familienlebens diene". Wohl um den Garten mit Leben zu füllen, zeugte Schröder zwölf Kinder. Einer seiner vielen Nachfahren, der Londoner Bankier Helmut Schröder, verschenkte das Gelände in den 50er Jahren des 20. Jhs. schließlich an die Stadt Hamburg. (Das freiherrliche „von" scheint schon vorher abhanden gekommen zu sein.) Den sich nun gut einen Kilometer am Ufer hinziehenden **Hindenburgpark** musste die – damals noch nicht zu Hamburg gehörende – Stadt Altona im Jahre 1928 teuer kaufen.

Teufelsbrück, unser Ziel, ist gleich hinter dem Hindenburgpark erreicht. Vielleicht ist Teufelsbrück nur ein Etappenziel, denn nahtlos lässt sich der nächste Abschnitt des Elbuferwanderweges bis Blankenese anschließen (▸ Seite 158). Man kann auch den hier beginnenden und sich ins „Landesinnere" erstreckenden **Jenischpark** (▸ Seite 156) erkunden, um dann zum S-Bahnhof Klein Flottbek zu gehen. Wer wirklich früh aufgestanden ist, schafft womöglich auch noch den dort gelegenen **Neuen Botanischen Garten** (▸ Seite 154). Oder man besteigt am Anleger Teufelsbrück die Fähre und setzt nach Finkenwerder über, der ehemaligen Elbinsel, die ebenfalls erkundet werden will (▸ Seite 126).

Restaurant Teufelsbrück
Elbchaussee 322
☎ (0 40) 82 31 08 16
Tgl. 12–24 Uhr
Restaurant mit anspruchsvoller Küche, schöner Ausblick über die Elbe, im Sommer auch von der Terrasse aus

Café Engel
Auf dem Fähranleger Teufelsbrück
☎ (0 40) 82 41 87
www.restaurant-engel.de
Mo–Sa 11–22.30 Uhr, So 10–22.30, Uhr (10–14.30 Uhr Brunch)
Thront wie ein Gewächshaus auf dem Anleger, hervorragende Aussicht, nicht nur Café-, sondern auch Restaurantbetrieb. Unter dem Café Engel bietet ein Imbiss Verpflegung und Erfrischung für eilige Gäste.

ok &
Hochkamp
Klein Flottbek
(Botanischer Garten)
Othmarschen
Bahrenf
Blankenese &

Start
Klein Flottbek
S1 S11
alle 5–10 Min.
MetroBus 21
alle 5–10 Min.

**Neuer Botanischer
Garten**

Karte ▸ Seite 151

**Botanischer Garten der
Universität Hamburg**
Ohnhorststraße
22609 Hamburg
((0 40) 42 81 64 76
www.bghamburg.de
Tgl. 9 Uhr bis 1,5 Stunden
vor Sonnenuntergang
Eintritt frei

Am Eingangshäuschen
werden diverse Druck-
werke zum Thema Garten
und Botanik angeboten.
Auch ein „Führer durch
den Neuen Botanischen
Garten" ist hier erhältlich.
Monatlich neu erscheint
ein kleiner Plan, auf dem
die aktuell besonders
sehenswerten Pflanzen
verzeichnet sind.

NEUER BOTANISCHER GARTEN

Klingende Hölzer

**Ob eine Lektion in Botanik oder einfach nur
Spaziergänge inmitten exotischer Pflanzen
– im Botanischen Garten Hamburg kommen
Wissbegierige und Erholungssuchende gleichermaßen auf ihre Kosten.**

Neuer Botanischer Garten nennt sich die Anlage in Klein Flottbek in Abgrenzung zum Alten
Botanischen Garten. Letzterer ging im Zuge der
Internationalen Gartenbauausstellungen 1963 und
1973 in der Gartenanlage Planten un Blomen auf.
Eröffnet wurde der Neue Botanische Garten 1979,
angelegt ist er auf dem Gelände des Norderparks
der berühmten „Ornamented Farm" von Caspar
Voght (▸ Jenisch Park, Seite 156).

Wer sich bei einem Rundgang nach rechts
wendet und den Garten entgegen dem Uhrzeigersinn durchwandert, findet nahe dem Eingang
zunächst einen Nutzpflanzengarten. Alle europäi-
schen Nutzpflanzensorten von Getreide und Kohl-
gewächsen über Leguminosen und Solanaceen bis
zu Zwiebeln sind hier übersichtlich versammelt.
Und wenn wir jetzt wissen, dass Erbsen und
Bohnen zu Leguminosen, Paprika, Tomaten und
Kartoffeln aber zu den Solanaceen gehören, dann
haben wir schon die erste Lektion in Botanik ab-
solviert. Es folgen Giftpflanzen – Kinder an die
Hand nehmen! –, Iris und Rosen.

Der weitere Weg führt in den „größten Araukarienwald Deutschlands". Was wir gerne glauben, zumal wir nicht wissen, ob es in Deutschland
einen zweiten Wald aus diesen eigenartigen chile-
nischen Nadelbäumen gibt. Obwohl die Hamburger Bäume mit ihren großen, spitzen Nadeln noch
längst nicht ausgewachsen sind und chilenisches
Format erreicht haben, blühen sie hier regelmäßig und bilden auch Früchte (oder nennt man das
Zapfen?).

Durch den Araukarienwald gelangt der Besucher in die pflanzengeografische Abteilung, im
nördlichen Bereich des Botanischen Gartens gele-

gen. Sie gliedert sich in mehrere Abschnitte, die den unterschiedlichen Naturräumen entsprechen: nordamerikanische Prärie, Polarregion und Alpenraum sind ebenso vertreten wie einheimische Pflanzenwelten, wozu etwa Heide, Hochmoore und Salzwiesen gehören. Besonderer Anziehungspunkt der pflanzengeografischen Abteilung ist der Japangarten, der neben japanischen Pflanzen auch die japanische Gartenkunst repräsentiert.

Kernstück des Neuen Botanischen Gartens ist das „System". Wie der Name andeutet, ist dieser Bereich, der sich auf einer großen, offenen Rasenfläche im Zentrum des Gar-

Japanischer Garten

tens erstreckt, in der Art eines systematischen Stammbaumes aufgebaut, der die stammesgeschichtliche Entwicklung der Pflanzen deutlich macht. Planzenfamilien einer Ordnung werden gemeinsam in einem der vielen Beete kultiviert, die durch kleine Plattenwege miteinander entsprechend ihrer Entwicklungsgeschichte verbunden sind.

Beim Weg zurück zum Ausgang lohnt noch eine Wanderung durch den Rhododendronhain oder durch den Bambuswald mit bis zu sechs Meter hohen Stämmen (manche sagen Halme). Auch ein Abstecher in den Bauerngarten und den Arzneipflanzengarten lohnt sich. Die Abteilung für Mittelmeerflora, durch die uns der Rest des Rundweges führt, präsentiert unter anderem einen uralten, knorrigen Olivenbaum, den man aus seiner mediterranen Heimat hierher verpflanzt hat, und der im Winter mit einem transportablen Gewächshaus vor der Kälte Hamburgs geschützt wird.

Riech-, Hör- und Tastgarten
Auf keinen Fall sollte man den Botanischen Garten verlassen, ohne den Riech-, Hör- und Tastgarten besucht zu haben. Hier können sich die Besucher nicht nur an den Duftorgeln mit diversen pflanzlichen Düften zudröhnen, sondern auch das Dendrophon ausprobieren – eine Art Instrument, mit dem sich die verschiedenen Holzarten nach dem Klang unterscheiden lassen. Verblüffend, wie unterschiedlich die Hölzer der einzelnen Bäume klingen! Unser persönlicher Lieblingssound: Esche.

JENISCHPARK

Ein Park mit Aussicht

Der vielleicht schönste, auf jeden Fall der bekannteste Park an der Elbchaussee ist der Jenischpark. Dabei geht er eigentlich auf einen Bauernhof zurück.

Start
Klein Flottbek
S1 S11
alle 5–10 Min.

Stadtausflug
Instenhäuser
Ernst Barlach Haus
Jenischhaus

Rückfahrt
auf der Elbchaussee
mit dem SchnellBus 36
ab Haltestelle Teufels-
brück
alle 15–30 Min.

Karte ▸ Seite 151

Ernst Barlach Haus
Baron-Voght-Straße 50a
☏ (0 40) 82 60 85
www.barlach-haus.de
Di–So 11–18 Uhr
Eintritt 6 €, ermäßigt 4 €,
Familienkarte 7 €

Jenischhaus
Museum für Kunst und
Kultur an der Elbe
Baron-Voght-Straße 50
☏ (0 40) 82 87 90
Di–So 11–18 Uhr
Eintritt 5 €,
Kinder und Jugendliche
bis 18 J. frei

Kombiticket für Ernst
Barlach Haus und Jenisch-
haus: 8 €

Allerdings war dieser Bauernhof kein gewöhnlicher Landwirtschaftsbetrieb, sondern eine „Ornamented Farm". Der reiche Hamburger Kaufmann Johann Caspar Voght ließ 1797, inspiriert von seinen Englandreisen, diese Mischung aus Mustergut und Landschaftsgarten anlegen. Der ursprüngliche Park war sehr viel größer als der heutige Jenischpark, dieser umfasst nur den ehemaligen Süderpark. Auf anderen Teilen der „Farm" entstanden unter anderem der Neue Botanische Garten (▸ Seite 154) und ein Golfplatz. Dem Begründer kam es darauf an, das Schöne mit dem Nützlichen zu verbinden und eine Ackerreformwirtschaft mit einer empfindsamen, „der Natur abgelauschten" Gestaltung zu verknüpfen.

Dass sich Voghts Reformgedanken nicht auf die Botanik beschränkten, sondern auch den Menschen einbezogen, davon kann man sich schon auf dem Weg vom S-Bahnhof über die zum Park führende Baron-Voght-Straße überzeugen. Mit der Hausnummer 52 stehen hier die so genannten **Instenhäuser**, die Voght ab 1786 hatte bauen lassen. Insten waren Einlieger, fest angestellte Arbeiter des Gutes mit Wohnrecht. Die elf erhaltenen Häuser sind in einer Reihe aneinander gebaut, sie stellen also eine frühe Reihenhaussiedlung dar. Durch die geschickte Raumaufteilung ließ es sich in den einheitlich gehaltenen Häuschen für eine Familie recht behaglich wohnen, obwohl die Wohnfläche nicht einmal 30 qm beträgt. Heute sind die vorbildlich restaurierten Häuser eine begehrte Adresse bei Singles.

Die Instenhäuser stehen schon am Nordrand des heutigen Jenischparks. Bevor man die ganze Parklandschaft in ihrer Weite genießt, bietet sich ein Besuch des **Ernst Barlach Hauses** an. Der weiße

Atriumbau im typischen Stil der 60er Jahre liegt etwas versteckt im Park, doch weisen Schilder den Weg. Das Haus beherbergt eine Skulpturensammlung, 400 Zeichnungen, das druckgrafische Werk und ein Archiv des expressionistischen Bildhauers, Zeichners und Schriftstellers.

Alles andere als versteckt zeigt sich das **Jenischhaus** im Park: Majestätisch auf einer kleinen Anhöhe gelegen präsentiert es sich in strahlendem Weiß. Das im Jahre 1832 für den Senator Martin Johann Jenisch, der 1828 den voghtschen Besitz kaufte, nach Plänen von Gustav Forsmann und Karl Friedrich Schinkel errichtete Landhaus ist ein Juwel des Klassizismus. Heute ist das Jenischhaus eine Außenstelle des Altonaer Museums, es zeigt Mobiliar und Einrichtungen von der Spätrenaissance bis zum Jugendstil.

Einblicke in den Jenischpark

Als Jenisch, der übrigens der Patensohn des Caspar Voght war, den Besitz seines Patenonkels kaufte, wurde der Süderpark entsprechend dem damaligen Zeitgeschmack weiterentwickelt und erhielt eine neue Nutzung. Allerdings bewahrte Jenisch die Ackerstrukturen, den Solitärbaumbestand und eine Waldparzelle im Herzen des Parks und legte sein eigenes Konzept quasi wie ein zweites Netz darüber. Dieser klassische Landschaftsgarten mit seinen noch immer ablesbaren Felderkammern ist weitgehend bis heute erhalten geblieben. Das Besondere allerdings konnte von keiner noch so geschickten Gartengestalterhand geschaffen werden: der freie Blick über die Elbe, der sich von hier aus bietet. Stellen Sie sich also auf der Terrasse des Jenischhauses zwischen die mächtigen Säulen und genießen Sie den grandiosen Ausblick über den Strom.

Museums-Café
im Jenischhaus
Di–So 11–18 Uhr
Untergebracht im ehemaligen Billardzimmer des Senators. Eine der stilvollsten Möglichkeiten, in Hamburg Kaffee zu trinken. Bei schönem Wetter auch im Außenbereich.

kenese ⊖
Hochkamp ⊖⊟
Klein Flottbek ⊟⊖
(Botanischer Garten)
Othmarschen
Bahrenfeld ⊟

ELBUFERWEG 2

Für Strandläufer

Die Schuhe in die Hand nehmen und mit den Füßen im Wasser waten – das kann man tatsächlich auf dem Weg zwischen den beiden Fähranlegern Teufelsbrück und Blankenese.

Wanderer, denen das Wasser zu kalt ist oder die den Beteuerungen zur Wasserqualität der Elbe misstrauen, können selbstverständlich trockenen Fußes auf dem gut ausgebauten Weg nach Blankenese kommen. So rechte Urlaubsstimmung will aber nur bei einer Wasserwanderung aufkommen. Andererseits lohnt es sich auch, der Landseite einige Aufmerksamkeit zu widmen.

So führt schon kurz hinter Teufelsbrück die Elbschlosstreppe hoch zur Elbchaussee. Und dort zum **Elbschlösschen**, einem kleinen, klassizistischen Bau von 1804, der jetzt unter Denkmalschutz steht. Entworfen wurde er von dem berühmten dänischen Architekten Christian Frederik Hansen, der mit vielen Bauten das Gesicht der Elbchaussee prägte.

Kaum zurück am Strand geht schon wieder eine Treppe nach oben, die Jacobstreppe. Sie führt zu dem bekannten, gleichnamigen Restaurant mit seiner noch bekannteren Lindenterrasse. Max Liebermann hat sie gleich auf zwei Gemälden verewigt. Angelegt wurde die Terrasse von dem französischen Kunstgärtner Daniel Louis Jacques, nachdem er die Witwe des 1790 gestorbenen Wirtshausbesitzers Nicolaus Poridom Burmester geheiratet hatte.

Über dem Elbuferweg ragt bald das satte Grün des Hirschparks auf. Ein Abstecher hinauf zu dieser Anlage lohnt auf jeden Fall. Fast 25 ha groß ist der **Hirschpark** und bietet damit Gelegenheit zu ausgedehnten Spaziergängen. Aber der beliebte Park hat noch mehr aufzuweisen. Berühmt ist die 200 Jahre alte Lindenallee; uralte freistehende Bäume, Solitärbäume, schmücken die großzügigen Freiflächen. Manche ihrer Äste berühren den Boden und dienen den Kindern als Klettergerüst.

Start
Teufelsbrück
SchnellBus 36
alle 15–30 Min.

Wanderung
Elbschlösschen –
Hirschpark – Baurs
Park – Blankenese
Fähranleger

Die Route bietet sich
als Fortsetzung von
Elbuferweg 1 an
(▸ Seite 150)

Länge
ca. 6 km

Rückfahrt
S1 **S11**
Blankenese alle 5–10
Min. oder
SchnellBus 36
alle 15–30 Min.

Louis C. Jacob
Restaurant und Hotel
Elbchaussee 401
Nienstedten
☎ (0 40) 82 25 50
Mo–Fr 12–14.15 und
18.30–21.45 Uhr,
Sa/So 12.30–14.15 und
18.30–21.45 Uhr
Eines der berühmtesten
Restaurants der Stadt mit
der legendären Linden-
terrasse

Seinen Ursprung hat der Park in den Aktivitäten Johann Cesar VI. Godefroys. Auf diesen schwerreichen Kaufmann geht auch das Hirschgehege zurück. Godefroy war leidenschaftlicher Jäger, doch blieb ihm wenig Zeit, in den Wäldern zwischen Rissen und Blankenese auf die Pirsch zu gehen. Wenn der Jäger nicht zum Hirsch kommt, muss eben der Hirsch zum Jäger kommen. Heute landen die Tiere natürlich nicht mehr vor den Flinten der Pfeffersäcke, sondern können von den Besuchern bestaunt werden. Architektonisches Schmuckstück des Parks ist das Witthüs, ein reetgedecktes Haus nahe der Elbchaussee. Von 1950 bis zu seinem Tode 1959 wohnte hier Hans Henny Jahnn, der berühmte Dramatiker, Schriftsteller und Orgelbauer; heute ist darin ein Restaurant untergebracht.

Neben dem Hirschpark nimmt sich der nächste, **Baurs Park**, fast bescheiden aus. Er reicht bis zum Strandweg hinab – diesen Namen hat unser Elbuferweg mittlerweile angenommen. Statt der einst berühmten Kleinarchitektur, mit der sein Schöpfer Georg Friedrich Baur die Anlage schmückte, markiert heute ein im klassischen Rot-Weiß gehaltener Leuchtturm den Baurs Park.

Gleich hinter Baurs Park beginnt das Treppenviertel von **Blankenese** (▸ Seite 160). Wer sich bis jetzt vorm Treppensteigen gedrückt hat, wird womöglich auch hier vor der Anstrengung fliehen – und zwar mit der Fähre vom Anleger Blankenese ins Alte Land nach Cranz. Das ist nicht mal eine schlechte Idee – wie man auf Seite 128 erfahren kann.

Witthüs Teestuben
Elbchaussee 449a
Im Hirschpark
☎ (0 40) 86 01 73
Café tgl. 14–19 Uhr, Restaurant Di–So 19–23 Uhr, So ab 10 Uhr
Nicht (nur) Teestube mit Sommerterasse, sondern auch Restaurant der gehobenen Kategorie.
Im plüschigen Ambiente Gerichte der verfeinerten Regionalküche.

Start
Blankenese
S1 S11 alle 5–10 Min.

Stadtspaziergang
Goßlers Park – Hesse-
park – Treppenviertel –
Süllberg

Karte ▸ Seite 159

**Gourmet-Restaurant
Seven Seas**
Süllbergsterrasse 12
✆ (0 40) 8 66 25 20
Mi–So ab 18.30 Uhr,
Mo/Di Ruhetag

**Bistro
Süllbergterrassen**
Süllbergsterrasse 12
✆ (0 40) 8 66 25 20
Tgl. 8–23 Uhr
Auf dem Gipfel des Süll-
berges gelegen, mit ent-
sprechendem Ausblick,
Sommerterasse

BLANKENESE

Treppauf, treppab

**Jede Wette, dass Sie sich bei diesem Ausflug
mindestens einmal verlaufen werden. Das
Treppenviertel des Blankeneser Süllbergs ist
aber auch ein wahres Labyrinth – allerdings
ein äußerst malerisches.**

Nach der Ankunft am Blankeneser S-Bahnhof
bietet sich vor der Erkundung des Treppenviertels
zunächst ein Besuch des benachbarten **Goßlers
Park** mit dem Goßlerhaus an. Wie auf einer Bühne
erhebt sich auf einer sanften, rasenbewachsenen
Anhöhe der klassizistische Prachtbau. Nach der
Renovierung im Jahre 1999 erstrahlt das Gebäude wieder in blütenreinem Weiß. Wenn man die
Blankeneser Bahnhofstraße hinunterbummelt,
zweigt auf halber Strecke ein Weg nach rechts
zum **Hessepark** ab. Wie Goßlers Park ist auch der
Hessepark in den 20er Jahren des 20. Jhs. von der
Gemeinde Blankenese erworben worden und steht
seitdem der Öffentlichkeit zur Verfügung.

Vom Hessepark ist es nur ein Katzensprung
zur Erkundung des Treppenviertels und zur Besteigung des Süllberges. Der **Süllberg** ist eine
steil zum Elbufer abfallende Anhöhe von 75 m.
Zweimal wurde hier in fernen Zeiten eine Burg
errichtet, aber beide Male hatte sie nur wenige
Jahre Bestand. Der Berg blieb ungenutzt und
unbewohnt. Im Jahre 1837 erkannte schließlich
ein cleverer Gastronom den Wert der exponierten
Lage mit dem herrlichen Ausblick und eröffnete
hier einen Milchausschank, aus dem sich bald ein
bekanntes Ausflugslokal entwickelte. Der Bau mit
seinem runden Aussichtsturm sollte an eine alte
Burg erinnern. Nach aufwändiger Renovierung
ist die Anlage jetzt wieder eröffnet und bietet
mit dem Edelrestaurant Süllbergterrassen den
anspruchsvollen und betuchten Ausflüglern ange-
nehme Rast.

Bedingt durch die Lage am Hang sind viele
Wege in Blankenese als Treppen angelegt. Die
Namen erinnern an die Bewohner der Häuser, zu

denen sie führten: Bartmanns Treppe, Bornhodts Treppe, Schlagemihls Treppe, Schnudts Treppe. Kröger, Lesemann und Möller haben ebenso ihre eigene Treppe wie die Broers und die Östmanns. Die längste Treppe ist die Strandtreppe, die von der Blankeneser Hauptstraße hinunter zum Elbstrand führt. Ein Besuch dieses **Treppenviertels** lohnt auf jeden Fall. Schön anzusehen und meist vorbildlich gepflegt sind die vielen alten, zum Teil reetgedeckten Häuser, in denen früher die Lotsen, Kapitäne und Schiffbauer lebten. Heute gehört ein solches Haus zu den begehrtesten Immobilien in Hamburg. Für den Fremden stellt sich das Treppenviertel allerdings als dreidimensionales Labyrinth dar. Wenn man sich verlaufen hat, ist es am einfachsten, sich immer bergab zu halten. So gelangt man irgendwann zwangsläufig zum Strandweg am Ufer der Elbe.

Unterhalb des Süllbergs liegt der Fähranleger, von dem aus die Fähre ins Alte Land nach Cranz verkehrt (▸ Seite 128). Wer keine Zeit oder keine Lust auf eine Schifffahrt hat, der muss sich nach dem Bummel am Ufer der Elbe überlegen, wie er den Rückweg bewältigt. Da trifft es sich gut, dass es die „Bergziegen" gibt. Die kleinen Spezialbusse, die den Süllberg mit seinen schmalen verwinkelten Gassen verkehrstechnisch erschließen, führen als Ringlinie 48 zurück zum S-Bahnhof. (Eine Fahrt mit der „Bergziege" ▸ Seite 162.) Wer aber zu den Fitten und Mutigen gehört, der wählt den Weg zu Fuß treppauf mitten durch das Treppenviertel – und hat spätestens jetzt die Chance, sich zu verlaufen.

Ahrberg
Strandweg 33
☎ (0 40) 86 04 38
Tgl. 10–24 Uhr
Fischgerichte und Hausmannskost in plüschigem Ambiente

Blankenese

…dorf ⟨⟩
Iserbrook ⟨⟩
Blankenese ⟨⟩
Hochkamp 🚉
Klein Flottbek 🚉 ⟨⟩
(Botanischer Garten)
Othmar…

BUS 48

Eine Bergziegentour

Hamburgs ungewöhnlichste Buslinie ist mit Sicherheit die Linie 48, eine Ringlinie, die vom S-Bahnhof Blankenese startet. Und warum die kleinen Busse Bergziege genannt werden, wird auf der Fahrt schnell klar.

Start
Blankenese
SchnellBus 48
alle 10–20 Min.
ab Ⓢ Blankenese

Bustour durch Blankenese
Baurs Park – Strandtreppe – Elbterrassen – Leuchtturm – Römischer Garten

Seit 1959 ist die Bergziege ein Teil Blankeneses. Schon damals fuhr sie dieselbe attraktive und spektakuläre Strecke wie heute. Die Bergziegen sind kleine wendige Busse, eigens für diese Strecke angefertigt, damit sie gut durch die engen Gassen des Treppenviertels kommen. Steigungen schafft die Bergziege spielend: Den Waseberg mit immerhin 15 % Steigung nimmt sie ohne zu meckern.

Eine Rundfahrt mit dem originellen Bus sollte sich kein Blankenesebesucher entgehen lassen. Die Linie 48 führt durch das Treppenviertel Blankeneses (▸ Seite 160), über das Falkensteiner Ufer und das Villenviertel um die Oesterleystraße. An der Oesterleystraße hält der Bus sowohl zu Beginn als auch zum Schluss der Fahrt.

Die nächste Station heißt Auguste-Baur-Straße und erschließt den nebenan liegenden **Baurs Park**. Der hat aber nichts mit Auguste, einer sozial engagierten Blankeneserin, zu tun, sondern verdankt seinen Namen dem Altonaer Kaufmann Georg Friedrich Baur. Dieser ließ den Park anlegen und bestückte ihn mit allerlei Schmuckachitektur: Mehrere Tempel, eine künstliche Turmruine, eine Orangerie und diverse Grotten gehörten dazu. Ein chinesischer Turm befand sich dort, wo heute ein moderner Leuchtturm steht. Von all den Bauten blieb nichts erhalten. Auch von der ursprünglichen Parkanlage ist nur noch ein Rest übrig, eben der heutige Baurs Park.

An der Haltestelle **Strandtreppe** sollte aussteigen, wer das Treppenviertel erkunden will. Die Strandtreppe ist die längste der zahlreichen Treppen und führt – man kann es sich denken – hinunter bis zum Strand. Es soll im Trep-

Kaffeegarten Schuldt
Süllbergsterrasse 30
☏ (0 40) 86 24 11
April–Okt.
Di–So 14–22 Uhr
Nov.–März
Fr, Sa, So 13–18 Uhr
Kleines Traditionscafé mit traumhaftem Blick über das Treppenviertel und die Elbe.

penviertel 4864 Stufen geben – amtlich gezählt. An der Haltestelle Beckers Treppe bietet sich die Möglichkeit, Sagebiels Fährhaus zu besuchen und von dort einen herrlichen Blick über die Elbe zu werfen. Einen ähnlich schönen Blick hat man von den **Elbterrassen**, zu denen man von Krögers Treppe aus gelangt, einer der nächsten Haltestellen der Bergziege. Von den Elbterrassen kann man ein kleines Stück hinunter zum „Rutsch" gehen. Das ist eine der längsten Treppen in Blankenese, und sie endet genau am Strandweg an der Haltestelle Krumdal. Eine ideale Abkürzung also.

Wer nicht aussteigt, der lässt sich mit der Bergziege hinunter fahren zur Landungsbrücke von Blankenese. Sie wird auch „Bull'n" genannt, nach einem kleinen flachbödigen Transportschiff, das hier einst als improvisierte Landungsbrücke diente. Die

Blankenese Treppenviertel

nächste Haltestelle, Krumdal, liegt direkt an einem Leuchtturm. Der steht zwar schon im Wasser der Elbe, doch kann man trockenen Fußes über einen Steg vom Strand aus auf die Aussichtsplattform gelangen.

Am Falkentaler Weg klettert die Bergziege vom Elbufer hinauf zum Elbhöhenweg. Hier, an der Station Elbhöhenweg, sollte man aussteigen, um den **Römischen Garten** zu besichtigen. Nach einem steilen Aufstieg ist bald der **Waseberg** erklommen. Am Waseberg liegt auch der Bismarckstein, ein 88 m hoher Aussichtsberg mit weitem Blick nach Westen.

Über die Richard-Dehmel-Straße geht es zum **Hessepark**. An der nächsten Station, der Oesterleystraße, nimmt der Bus wieder die alte Strecke auf. Wir bewegen uns also bei der Rückfahrt zum S-Bahnhof auf bekanntem Gebiet.

Start
Blankenese
S1 **S11** alle 5–10 Min.

Wanderung
Blankenese – Falkensteiner Ufer – Wedel

Länge
ca. 10 km

Rückfahrt
S1 ab Wedel
alle 10–20 Min.

Am Elbstrand

FALKENSTEINER UFER

Wandern am Strom

Die Elbe weist den Weg: zu sehr imposanten Hochufern, zu verborgenen historischen Gärten und urwüchsigen Naturschutzgebieten.

Am Blankeneser Fähranleger bietet sich die Möglichkeit, über eine Reling gebeugt auf Elbwellen zu schauen: Der **Leuchtturm**, der ein paar hundert Meter weiter flussabwärts schon im Wasser der Elbe zu sehen ist, lässt sich zwar nicht besteigen. Es wurde aber extra an der Außenwand eine Aussichtsplattform angebracht, die sich vom Ufer trockenen Fußes erreichen lässt. Und welche Aussicht bietet sich? Rechts vor uns schweift der Blick über die mittlerweile zusammengewachsenen, unbewohnten Elbinseln Neßsand und Schweinesand ins Alte Land – und links über das Mühlenberger Loch. Besser: Über die Reste des einstigen Biotops. Denn der größte Teil des Mühlenberger Lochs wurde mit Milliardenaufwand zugeschüttet, um dort jetzt die Erweiterungsbauten der Finkenwerder Flugzeugfabrik von Airbus Industries zu errichten.

Schöne Ausblicke bieten sich im weiteren Verlauf der Wanderung immer wieder, sowohl vom Uferwanderweg, der bald nach Blankenese nicht mehr Strandweg, sondern **Falkensteiner Ufer** heißt, als auch vom teils bewaldeten, teils zu Parks umgestalteten Hochufer aus. Allerdings ist der Aufstieg nicht immer ganz bequem. So geht es zum Schinckels Park über den Falkentaler Weg recht steil bergauf. Auf keinen Fall versäumen darf man aber den nächsten schmalen Weg das Ufer hinauf, denn er führt uns zum **Römischen Garten**. Dieser eher kleine Park ist die wohl schönste Grünanlage Hamburgs – und zudem fast noch ein Geheimtipp. Äußerst gepflegt zeigt der Garten sich in mediterranem Stil.

Wanderer, die noch genug Zeit haben, legen die Strecke nach Wedel nicht am Strand zurück, sondern auf dem Steilufer. Hier kann man sich zwar leicht verlaufen, zumal eine Beschilderung

Auf dem Weg zum Falkensteiner Ufer

praktisch nicht vorhanden ist, aber man stößt auch immer wieder auf wunderschöne Flecken.

Im **Sven-Simon-Park** wartet neben dem landschaftlichen Reiz auch ein Museum der besonderen Art auf Besucher: Das Puppenmuseum zieht mit seinen niedlichen Exponaten nicht nur kleine Kinder in seinen Bann. Vor allem ältere Damen erweisen sich als begeisterungsfähige Besucherinnen.

Ein letztes Naturerleben bietet sich noch einmal im Naturschutzgebiet Wittenberger Heide. Danach beginnt hinter der Grenze nach Schleswig-Holstein ein Industriegebiet. Eine Ölraffinerie und ein Heizkraftwerk verstellen uns den Weg. Das Industrieareal kann man direkt am Wasser über den Grenzweg umgehen, ebenso über die Straße Tinsdaler Weg. Der Tinsdaler Weg führt uns am schnellsten ins historische Zentrum der Stadt **Wedel** (▸ Seite 168).

Puppenmuseum Falkenstein – Sammlung Elke Dröscher
Grotiusweg 79
☏ (0 40) 81 05 81
www.elke-droescher.de
Di–So 11–17 Uhr
Eintritt 5 €,
Kinder 3 €
Zweimal im Jahr Sonderausstellungen

Start
Rissen
S1 alle 10–20 Min.

(Rad-)Rundwanderung
Rissen – Klövensteen – Rissen

Länge
ca. 10 km

Ponywaldschänke
Babenwischenweg 28
☎ (0 40) 81 23 53
Tgl. ab 11 Uhr,
April–Sept. bis 22 Uhr
Okt.–März bis 21 Uhr
Regionale Küche mit
jeweiligen Spezialitäten
der Saison

KLÖVENSTEEN

Für Pferdefreunde

Der Klövensteen, ein großes Wald- und Weidegebiet im Westen der Hansestadt, ist ein traditionelles Ausflugsgebiet der Hamburger. Allerdings ist der Klövensteen in den letzten Jahren etwas in Vergessenheit geraten und gilt vielen ausschließlich als Reiter-Eldorado.

Tatsächlich lassen sich die landschaftlichen Schönheiten dieses Gebietes an der westlichen Stadtgrenze besonders gut vom Sattel aus erleben. Aber ein Pferd braucht es dazu nicht, ein Drahtesel leistet ebenso gute Dienste. Ein besonderer Vorteil ist natürlich, dass wir das Fahrrad bequem in der S-Bahn bis zum Bahnhof Rissen mitnehmen können. Versuchen Sie das mal mit einem Pferd.

Vom S-Bahnhof ist man über den nahen Klövensteenweg schon bald in einem Kiefernwald. Am Walderholungplatz sollte man nach links in den Feldweg 84 einbiegen, über den man zum Wildgehege gelangt. Wildschweine, Hirsche und Rehe kann man hier aus nächster Nähe beobachten. Wer einen besonders guten Einblick in die einzelnen Gehege haben möchte, der besteigt eine kleine Aussichtsplattform und entdeckt so

Reiterinnen im Klövensteen

womöglich noch einige scheuere Exemplare. Im südlich des Wildgeheges liegenden Waldgebiet stößt der Spaziergänger auf mehrere malerische Teiche. Offiziell keine Badeseen bieten sie doch die Möglichkeit zu einem erfrischenden Bad auf eigene Verantwortung.

Zurück auf dem Klövensteenweg geht es weiter zur Ponywaldschänke, einem beliebten Familien-ausflugslokal. Hoffentlich gut gestärkt geht es auf den für Radler idealen und gut ausgeschilderten Wirtschaftswegen in nördlicher Richtung in den eigentlichen **Staatsforst Klövensteen**. Auf dem Weg wechseln immer wieder kleinere Waldgebiete mit Pferdekoppeln. Zahlreiche private Reitställe verteilen sich über den Klövensteen.

Spätestens auf der Fahrt über die ruhigen Waldwege des Klövensteen sollte man sich über-legen, ob der Ausflug zurück nach Rissen führen soll, oder ob Wedel das Ziel der Fahrt ist. Wer sich für Wedel entscheidet, lernt noch eine andere schöne Landschaft kennen: das ausgedehnte Moor-gebiet, das sich auf schleswig-holsteinischem Boden an den Klövensteen anschließt. Kraba-tenmoor, Buttermoor, Butterbargs-moor und Sandbargsmoor heißen die einzelnen ineinander überge-henden Moore. Auf gut befestig-ten Wegen, auf denen man auch unbedingt bleiben sollte, erreicht man mit dem Rad in südlicher Richtung mühelos die Wedeler Vororte Haidehof und Marienhof.

Eine kürzere Tour bietet sich als Alternative besonders für Fa-milien mit kleineren oder nicht so radbegeisterten Kindern an: Sie führt vom Wildgehege über den Sandmoorweg zum Egen-büttelweg und dort rechts zum riesigen Waldspielplatz (schon am Rande von Marienhof gelegen).

Restaurant
Reitstall Klövensteen
Uetersener Weg 100
22869 Schenefeld
☎ (0 40) 8 30 69 92
Di–So 12–22 Uhr,
Fr–Sa 12–23 uhr,
So/Fei 11.30–21.30
Im Sommer ab 12 Uhr
(Di–Fr) bzw. 11 Uhr (Sa/So)
Biergarten, Spezialitäten
sind Fisch- und Wildge-
richte

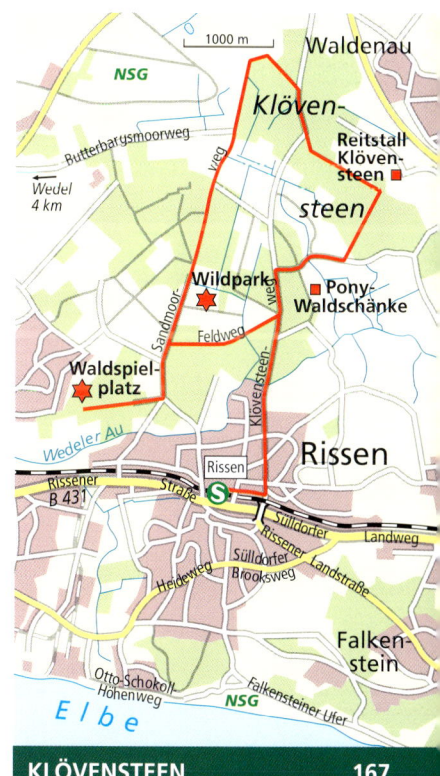

S11

Wedel   Rissen   Sülldorf   Iserbrook   Blankenese   Hochka...   Klei...

Start
Wedel
S1 alle 10–20 Min.

Stadtausflug
Altes Zentrum – Ernst-
Barlach-Museum –
Buddelschiffmuseum

Karte ▸ **Seite 175**

Heimatmuseum Wedel
Küsterstraße 5
☎ (0 41 03) 1 32 02
Do–Sa 14–17 Uhr,
So 11–17 Uhr
Eintritt frei

Roland

WEDEL

Barlach & Buddelschiffe

Besonders für Ausflügler, die lieber auf längere Fußmärsche verzichten, ist ein Besuch Wedels ideal, liegt doch das sehenswerte Ensemble historischer Bauten gleich hinter dem S-Bahnhof.

Die Kirche, das Pastorat und weitere gepflegte Bauten bilden den Kern des alten Wedel. Zentrum ist der Roland, eine etwas ungeschlachte Sandsteinfigur Karls des Großen mit Schwert und Reichsapfel von 1651. Der Reichsapfel ist das 1465 erstmals erwähnte Zeichen des Marktfriedens und der Marktgerechtigkeit. Die einstige wirtschaftliche Bedeutung Wedels gründete sich auf den Ochsenmarkt, der im 16. und 17. Jh. seine Blüte erlebte. Bei Wedel gab es eine Furt, auf der die Herden durch die Elbe getrieben werden konnten. Tausende von Tieren aus ganz Norddeutschland wechselten hier alljährlich den Besitzer. Noch heute erinnert daran der stets im April stattfindende traditionelle Wedeler Ochsenmarkt. Mittlerweile werden dort auch Junggesellen angeboten.

Das **Heimatmuseum** Wedel zeigt stadtgeschichtliche Aspekte von der ersten urkundlichen Erwähnung Wedels im Jahre 1212 bis ins 20. Jh.: Elbschifffahrt, Industrialisierung, Arbeiterbewegung und Nationalsozialismus. Sein Domizil hat das Museum in einem spätklassizistischen Schulhaus von 1829 in der nahen Küsterstraße. Seit 1912 diente das Gebäude mit Unterbrechungen als Museum. Heute ist die Sammlung nach sozialgeschichtlich orientierten, zeitgemäßen Formen der Museumsarbeit gestaltet. Sonderausstellungen aus den Bereichen Kunst, Kulturgeschichte und Volkskunde ergänzen die Dauerausstellung.

Ein Museum ganz anderer Art lockt Besucher von weit her nach Wedel. Das **Ernst-Barlach–Museum** im Geburtshaus Ernst Barlachs (1870–1938) in der Mühlenstraße. Das Museum zeigt eine repräsentative Sammlung nicht nur des plastischen, sondern auch des grafischen, zeichnerischen und literarischen Schaffens des Künstlers. Eine umfangreiche Fotodokumentation veranschaulicht die verschiedenen Lebensstationen des Künstlers, dessen Werke im Nationalsozialismus als „entartet" gebrandmarkt waren (Für Barlachfans gleichfalls ein Muss: das Ernst-Barlach-Haus im Jenischpark ▸ Seite 156). Das Museum präsentiert zu-

Im Buddelschiffmuseum

dem wechselnde Sonderausstellungen, in denen bildende Künstler und Schriftsteller der klassischen Moderne sowie Kunst und Literatur der Gegenwart dargestellt werden.

Das dritte Museum des heutigen Ausflugs bietet nun wieder etwas völlig anderes. Das **Buddelschiffmuseum** präsentiert über 200 Buddelschiffe, die von dieser traditionellen Seemannskunst Zeugnis ablegen. Von der HMS Victory in der riesigen 40-Liter-Flasche bis zum kleinsten Buddelschiff der Welt – der Besucher kann es nur durch eine Lupe betrachten! – reicht die Palette. Von alten Seemannsarbeiten aus dem 19. Jh. bis zum letzten Stand der Buddelschifftechnik, Schiffe aus Kork, Glas oder Elfenbein – alles ist hier ausgestellt. Kleine Kärtchen geben Auskunft über die verschiedenen Techniken wie die Schiffe in die Flasche kommen.

Das Buddelschiffmuseum liegt schon nicht mehr im historischen Stadtkern, sondern im Schulauer Fährhaus an der Elbe, dem bekannten Willkomm Höft (▸ Seite 170). Über Bahnhofstraße und die Straße Rollberg gelangt man dorthin; so wird dieser Ausflug doch noch zu einer echten Wanderung.

Ernst-Barlach-Museum
Mühlenstraße 1
☎ (0 41 03) 91 82 91
Di–So 10–18 Uhr
Eintritt 5 €, Kinder 4 €

Buddelschiffmuseum
Im Schulauer Fährhaus
Parnaßstraße 29
☎ (0 41 03) 92 00 16
www.schulauer-faehrhaus.de
April–Okt.
Tgl. 10–18 Uhr,
Nov.–März
Sa/So 10–18 Uhr
Eintritt 2 €,
im Museumsshop große Auswahl an Buddelschiffen von 5 bis 200 €.

Stuhlmanns Galerie-Café
Am Marktplatz 3
☎ (0 41 03) 8 96 66
Mo 18.30–24 Uhr, Di–Sa 15–24 Uhr, So 10–24 Uhr
Kaffee und – besser noch – Tee trinkt man hier in historischem Ambiente in einem Haus von 1693

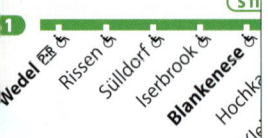

Schiffe und Schafe

Rummelplatzatmosphäre der maritimen Art und grenzenlose Beschaulichkeit – Hamburgs westliche Nachbarstadt Wedel bietet ein Ausflugsprogramm der Gegensätze.

Start
Wedel
S1 alle 10–20 Min.

(Rad-)Wanderung
Willkomm Höft –
Fährmannssand

Länge
ca. 5 km einfach

Karte ▸ Seite 175

Restaurant
Schulauer Fährhaus
Parnaßstraße 29
22880 Wedel
☏ (0 41 03) 9 20 00
Tgl. 9 Uhr bis Sonnen-
untergang
www.schulauer-faehrhaus.
de

Willkomm Höft
Schiffsbegrüßungsanlage
☏ (0 41 03) 92 00-15

Alles andere als ein Geheimtipp ist das **Willkomm Höft** am Schulauer Fährhaus. Der Ausflugsklassiker, von einem geschäftstüchtigen Gastronomen ersonnen, lockt seit Generationen Touristen an. Die Attraktion der schon zur Institution gewordenen Einrichtung ist die Schiffsbegrüßungsanlage. Aus mehreren Lautsprechern dröhnt es hier über die Elbe, sobald ein Schiff – jedenfalls eines mit mehr als 500 Bruttoregistertonnen – das Willkommhöft passiert. Die Schiffe, die hier die Elbe hinauf- und hinunterfahren, werden mit den Nationalhymnen der Länder, in denen sie registriert sind, begrüßt oder verabschiedet. Dazu gibt es für die Landratten an den Kaffeetischen des Schulauer Fährhauses technische und geografische Erläuterungen aus dem berufenen Mund erfahrener Fahrensleute.

Mehr als 150 brandaktuelle Nationalhymnen haben die maritimen Discjockeys auf Lager. Genauer: Auf der Festplatte, denn technisch ist die Einrichtung trotz des – womöglich absichtlich kultivierten – 50er-Jahre-Charmes auf der Höhe der Zeit. Schade nur, dass heute so viele Schiffe ausgeflaggt sind, also ihren offiziellen Heimathafen in steuerlich günstigen, exotischen Staaten haben. Was Wunder also, wenn einem, während das Bier langsam warm wird, abwechselnd die Hymnen von Liberia und Panama ins Ohr schallen. Und dass man ins Schulauer Fährhaus nicht des Essens wegen kommt, ist ohnehin klar. Über den aktuellen Stand der Schiffsbewegungen und -begrüßungen kann man sich auch von zu Hause aus informieren – dank der am Willkomm Höft installierten Webcam (www.willkommhoeft.de). Der hohe technische Standard der Einrichtung wurde ja bereits lobend erwähnt...

Das Kontrastprogramm zum Schiffsbegrüßungsrummel findet sich gleich um die Ecke. Dort nämlich beginnt die Deichstraße – und bei Kilometerstein Null der Deichausflug. Wie weit er gehen soll, hängt von der Zeit, der Ausdauer und dem Fortbewegungsmittel ab. Die langsamen Fußgänger wandern auf der Deichkrone und können die schöne Aussicht sowohl über die Elbe, als auch über die Wedeler Marsch genießen. Links und

Willkomm Höft

rechts an der Deichböschung verlaufen gerade, ebene, asphaltierte Wege, die ideal zum Radfahren sind. Auch Inlineskater haben den Deich zu ihrem Revier erklärt. Wer auf Rädern oder Rollen unterwegs ist, mag sich also aussuchen, welcher Blick ihm lieber ist: der über das satte Grün der Marsch oder der auf die Ozeanriesen, die auf der Elbe zum Greifen nahe vorbeifahren – auf ihrem Weg nach Liberia oder Panama. Am besten auf der einen Seite des Deiches hin und auf der anderen zurück! Lästiges Hindernis allerdings sind die Schafgatter, die in regelmäßigen Abständen zum Bremsen zwingen. Die Schafe selbst lassen sich von den Ausflüglern nicht beeindrucken.

Fußgänger können sich als Ziel die Schäferei und Gaststätte **Fährmannssand** ausgucken. Radfahrer sind wie im Fluge viele Kilometer weit vom Ausgangspunkt entfernt. Je weiter die Fahrt geht, desto menschenleerer wird die Landschaft. Und wo der weite Horizont den Eindruck erweckt, es gäbe nichts als Himmel, könnte man immer weiter fahren. Aber Vorsicht: Genügend Zeit für den Rückweg einkalkulieren. Denn auf dem bewahrheitet sich bestimmt die alte Radlerregel: Der Wind kommt immer von vorn.

Gasthaus Fährmannssand
Fährmannssand
((0 41 03) 23 94
Mo/Di Ruhetag,
Mi–So 11–18 Uhr
Bei gutem Wetter auch
länger

Im Reich des Wachtelkönigs

Nordwestlich von Wedel dehnt sich – von Gräben und Wasserläufen durchzogen – die Haseldorfer Marsch aus, eine Landschaft von urwüchsiger Schönheit. Und ein Eldorado für Radwanderer, Naturfreunde und Ornithologen.

Start
Wedel
S1 alle 10–20 Min.

Radrundwanderung
Wedel – Fährmanns-
sand – Hetlinger Schan-
ze – Haseldorf – Wedel

Länge
ca. 30 km

Karte ▸ Seite 175

Der Start zu einer Rundfahrt durch die Haseldor-fer Marsch ist schon beim vorigen Ausflugstipp Fährmannssand und Willkomm Höft (▸ Seite 170) beschrieben: Es geht auf oder am Elbdeich zwischen Schafen hindurch zum Gasthaus und zur Schäferei **Fährmannssand**.

Für die Rundfahrt geht es nun von Fährmanns-sand weiter am Elbdeich entlang, bis ein schmaler Weg zur **Carl-Zeiss-Vogelstation** des NABU (Naturschutzbundes Deutschland) abzweigt. Von eigens für die Besucher eingerichteten Beobachtungsposten aus kann man zu jeder Jahreszeit die unterschiedlichsten Vogelarten beobachten.

In dem 2160 ha großen „Naturschutzgebiet Haseldorfer Binnenelbe mit Elbvorland", das der eigentlichen Haseldorfer Marsch vorgelagert ist, brüten zahlreiche Vogelarten, darunter auch gefährdete wie Bakassine, Uferschnepfe, Blaukehlchen, Tüpfelsumpfhuhn, Rohrdommel, Eisvogel, Rohrweihe, Neuntöter und der Wachtelkönig. Wen diese Aufzählung der Ornithologen nicht beeindruckt, der ist vielleicht mit dem Hinweis, dass sich hier sogar der Seeadler, das Wappentier Deutschlands, wieder angesiedelt hat, von dem ökologischen Wert des Gebietes zu überzeugen.

Die Entstehung der heutigen Marschlandschaft, über die man bei der Weiterfahrt vom Deich aus blickt, ist geprägt durch die Dynamik der Elbe. Der Fluss hat im Laufe der Zeit ständig sein Bett verlagert; noch vor wenigen Jahrhunderten war die Haseldorfer Binnenelbe das Hauptstrombett. Durch das Absetzen von Schwebstoffen als Folge

Gasthaus Fährmannssand
Fährmannssand
☎ (0 41 03) 23 94
Mo/Di Ruhetag,
Mi–So 11–18 Uhr
Bei gutem Wetter auch
länger

NABU Carl-Zeiss-Vogel-station
☎ (0 40) 69 70 89-0 oder
(0 1 60) 6 54 79 28
Mi, Sa/So/Fei 10–16 Uhr
Mitte April: Vogelkund-
liche Tage, Veranstaltun-
gen unter www.nabu-
hamburg.de

Am Elbdeich

von Ebbe und Flut bildete sich die nährstoffreiche Marsch. Es entstanden vielfältige, einmalige Lebensräume. Als in den 70er Jahren im Rahmen von Hochwasserschutzmaßnahmen auch an der Elbe neue Landesschutzdeiche errichtet wurden, änderten sich die Wasserverhältnisse und damit die natürlichen Lebensräume grundlegend. Große Teile der Flussmarsch wurden dem Einfluss der Gezeiten entzogen. Als Folge verschwanden aus diesem Gebiet die an den Gezeitenwechsel angepassten Pflanzenarten wie Wibels Schmiele und Schierlings-Wasserfenchel, die weltweit nur an der Elbe vorkommen.

Als Nächstes passieren wir die **Hetlinger Schanze**. Auf einer damaligen Elbinsel errichteten die Dänen 1659 eine Festung, die Hetlinger Schanze, die zusammen mit dem Fort in Glückstadt die Schiffahrt auf der Elbe sichern sollte. Heute ist von den 1764 geschleiften Anlagen nichts mehr zu sehen. Hätte sich nicht der Name erhalten, wäre diese Episode der dänischen Geschichte wohl weitgehend der Vergessenheit anheim gefallen.

Nach weiteren fünf Deichkilometern passiert man eine zweite Einrichtung unserer Vogelfreunde vom Nabu, das **Naturzentrum Scholenfleth** am Deich bei Haseldorf. Bald darauf ist die Pinnau erreicht, ein Flüsschen, dem die Stadt Pinneberg,

NABU Naturzentrum Scholenfleth
Haseldorf, Hafenstraße
☎ (0 41 29) 9 55 49 11
April– September
So 11–16 Uhr

Café Grothe
Bäckerei-Konditorei
Hohenhorst
Deichstraße 3
☎ 0 41 29/2 90
Di–Fr 6–12 und 14–18 Uhr,
Sa ab 6 Uhr und
So ab 8 Uhr durchgehend
bis 18 Uhr
Die beliebteste Bäckerei
der ganzen Marsch
(womöglich auch die
einzige). Von früh bis spät
stets gut besucht – von
Einheimischen wie Ausflüglern gleichermaßen.
Außenterrasse.

Zu den Sperrwerken
Pinnau und Krückau siehe
unter Glückstadt
▸ Seite 178

Haselauer Landhaus
Haselau
Dorfstraße 10
☏ (0 41 22) 9 87 10
Mo, Di, Do, Fr 7–22 Uhr
Sa/So 8–22 Uhr
Mi Ruhetag
Ausflugslokal in einem
schönen alten Stroh-
dachhaus

durch die es fließt, ihren Namen verdankt. Man
könnte jetzt die Pinnau über ein Sperrwerk passieren und weiter den Deich entlang bis nach
Glückstadt radeln. Allerdings muss man die un-
günstigen Zeiten berücksichtigen, zu denen die
Pinnau passierbar ist. Für die nach weiteren fünf
Kilometern in die Elbe mündende Krückau gilt
dasselbe (▸ Seite 178).

Wer nicht nach Glückstadt möchte, der fährt
am Ufer der Pinnau landeinwärts und schlägt
dann einen Bogen über **Haselau** nach **Haseldorf**,
dem Hauptort der Marsch. Die Wasserburg, die
sich einst hier befand, gehörte von 1494 bis 1736
den Grafen Ahlefeldt, die das Land eindeichen
ließen. Die Burg wurde 1805 durch das heutige
Herrenhaus ersetzt. Der meist verwendete Titel
Schloss für das vergleichsweise schlichte Bauwerk scheint etwas prahlerisch. Der zwischen den
Deichen eingebettete Schlosspark ist malerisch
und reich an seltenen Bäumen. Allerdings sind
Haus und Park noch heute in Privatbesitz der
Grafenfamilie, die ihr Anwesen auch als solches
ausschildert und nicht als touristischen Besich-
tigungspunkt betrachtet.

Am Rande der Parkanlage steht die evangelische Pfarrkirche St. Gabriel, die in ihren Ursprüngen auf das Jahr 1195 zurückgeht. Der Bau zeigt
sich heute als spätromanische Backsteinkirche.
Im Jahre 1599 wurde eine Gruftkapelle für den
ermordeten Gutsherren Detlef von Ahlefeldt angebaut. Das Innere der kleinen Kirche ist ein
Schmuckkästlein der Sakralkunst. Der Triumpf-
bogen zwischen Altarraum und Kirchenschiff
legt Zeugnis ab von den Anfängen dieses Got-
teshauses. Darunter hängt das älteste Stück der
Kirche: ein frühgotisches Triumphkreuz aus dem
frühen 13. Jh., im Originalzustand erhalten. Die
Bronzetaufe stammt aus dem Jahre 1445. Sofort
ins Auge fällt dem Besucher das so genannte Patronatsgestühl. Diese prachtvolle Loge des
Gutes Haseldorf wurde 1731 auf Veranlassung
des Patronatsherren Andreas von Schilden ein-
gebaut. Sie steht auch heute noch den jeweiligen
Besitzern des Gutes Haseldorf zur Verfügung. So
kann der Gutsherr sogar in der Kirche auf das

gemeine Volk herabblicken. Ob diese anachronistischen Gepflogenheiten tatsächlich bis in unsere Tage fortbestehen, war vor Ort leider nicht zu ermitteln. Über den Hetlinger Deich führt der Weg nach **Hetlingen**, einem Zentrum des Obstbaus. Auf dem letzten Abschnitt der Rückfahrt von Hetlingen durch die Wedeler Marsch nach **Wedel** finden sich noch einige Reste der Korbweiden, denen die Region einst den Namen Korbweidenland verdankte. Noch 1960 gab es hier 80 Betriebe, in denen Weidenkörbe geflochten wurden. Heute stehen die letzten Korbweiden nur noch in der schönen Gegend herum und erinnern an ein ausgestorbenes Handwerk.

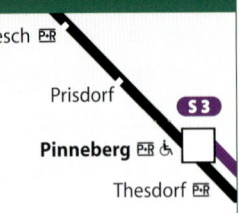

Start
Pinneberg
S3 alle 10-20 Min.
und
Bus 63 alle 30–60 Min.
oder

Radtour
Pinneberg –
Uetersen – Tornesch

Länge
ca. 16 km

Stadtbesichtigung
Rosarium
Klosterbereich
Langes Tannen

Rückfahrt
Bhf. Tornesch **R60** **R70**
ca. alle 20 Min. bis
Pinneberg, dann **S3**

Rosarium
Wassermühlenstraße 7
25436 Uetersen
☎ (0 41 22) 71 42 08
Ganzjährig geöffnet

UETERSEN

In die Rosenstadt

In Uetersen führen alle Wege zum Rosarium, dem berühmten Rosengarten. Daneben lohnen aber auch die weniger bekannten Anlagen des historischen Klosters und des Museums Langes Tannen einen Besuch.

Zunächst führt der Weg des Radwanderers von Pinneberg nach Uetersen. Am Bahnhof fährt man auf dem Weg An der Mühlenau in nordwestlicher Richtung nahe des Flüsschens entlang, das sich später mit der Pinnau vereinigen wird. Vorher biegen wir Radler in die Mühlenstraße ein und fahren dann über die Hauptstraße, die bald zu einer Landstraße wird, zum Dorf Appen. Am Dorfende biegen wir rechts nach Unter-Glinde ein. 1 km weiter, in Ober-Glinde führt die Pinneberger Chaussee nach kurzem Weg ins Städtchen Uetersen hinein.

In **Uetersen** führen tatsächlich alle Wege zum **Rosarium**, das in der Ortsmitte liegt. Die Rosenzucht im Raum Uetersen hat eine Tradition, die bis weit ins 19. Jh. zurückreicht. In Uetersen selbst war es der Gärtnermeister Ernst Ladewig Meyn, der 1880 eine Baumschule gründete und mit der Veredelung und Zucht der Rosen begann. Das großzügig gestaltete Rosarium konnte im Sommer 1934 eröffnet werden. Zwei weltbekannte Rosenzüchter des Gebietes, Wilhelm Kordes aus Sparrieshoop und Mathias Tantau aus Uetersen, waren die Initiatoren. In einer bunt gestaffelten Schaupflanzung wird heute ein breites Sortiment alter und neuer Park-, Beet-, Kletter- und Hochstammrosen gezeigt.

Auch außerhalb des Rosariums begegnen dem Besucher im Stadtbild von Uetersen immer und überall Rosen. Während Verkehrsinseln in anderen Städten mit dauergrünen so genannten Bodendeckern bepflanzt sind, blühen dort in Uetersen prächtige Rosenbüsche.

Der ehemalige **Klosterbereich** mit seinen historischen Gebäuden inmitten einer parkähnlichen

Anlage lohnt für Garten- wie für Architekturfreunde gleichermaßen einen Besuch.

Bedeutendstes Bauwerk ist die spätbarocke
Klosterkirche, 1748 bis 1749 aus Backstein errichtet. Kunstinteressierte sollten nicht versäumen,
den Innenraum zu besichtigen, den ein Decken-
fresko des italienischen Meisters Giovanni Batista
Innocenzo Colombo schmückt.

Das dritte grüne Ausflugsziel Uetersens liegt
nördlich des Stadtkerns, ist aber mit dem Rad
in einigen Minuten zu erreichen, auch zu Fuß
braucht man kaum länger. Es handelt sich um
Langes Tannen. Das Anwesen, das ursprünglich
Langes Neue Mühle hieß, beherbergt seit 1985
das Museum Langes Tannen. 1979 traf Werner
Lange kurz vor seinem Tode die Entscheidung,
seinen traditionsreichen Familiensitz der Stadt
Uetersen zu vererben, mit der Maßgabe ihn zu
einem Museum umzuwandeln. Die Museumsan-
lage besteht aus dem ehemaligen Wohnhaus der
Familie, einer Fachwerkscheune aus dem Jahre
1762 und den Überresten einer Mühle von 1796.
Die Bauten dienen als Museum - Wald, Wiesen
und Park als Erholungsgebiet. In den Räumen des
Herrenhauses wird heute die liebevoll aufbereitete
Schausammlung des „Museums zur Geschichte
der bürgerlichen Wohnkultur in Norddeutschland
von 1790 bis 1920" präsentiert.

Nach dem Besichtigungsprogramm in Uetersen
sind wir froh, dass Uetersen und das nordöstlich
gelegene Tornesch fast ineinander übergehen. So
ist man in kürzester Zeit am dortigen Bahnhof,
um gleich bequem nach Hause zu fahren.

Café Langes Mühle
Heidgrabener Straße
25436 Uetersen
☎ (0 41 22) 90 05 67
Mo,Mi, Fr/Sa/So 14–18 Uhr
In einem alten Mühlen-
stumpf auf dem Gelände
des Museums Langes
Tannen untergebracht,
selbstgebackener Kuchen
und kleine herzhafte
Gerichte

Museum Langes Tannen
Heidgrabener Straße
25436 Uetersen
☎ (0 41 22) 97 91 06
Mi/Sa/So 10–18 Uhr
Eintritt 2 €,
Kinder bis 15 J. frei

Die Stadt, das Glück und der König

Glückstadt, das malerische Städtchen an der Elbe, sollte vor allem einem Glück bringen: dem dänischen König Christian IV.

Dieser Monarch, der sich durch eine Reihe von Stadtgründungen auszeichnete und ohnehin eine beeindruckende Bauwut an den Tag legte, hatte Großes vor mit Glückstadt. Die Stadt sollte sein Tor zur Welt werden und dabei die schon damals bedeutende Handelsmetropole Hamburg überflügeln. Wie wir wissen, kam es dazu nicht.

Ein Fahrradausflug nach Glückstadt bietet sich als Ergänzung der Tour in die Haseldorfer Marsch (▶ Seite 172) an. Statt an der Pinnau nach Haseldorf abzubiegen, führt der Weg dann ganz einfach immer weiter an der Elbe entlang auf dem Deich nach Glückstadt. Dabei fährt man über die **Sperrwerke von Pinnau und Krückau**. Aber Achtung! Die Öffnungszeiten sind nicht ganz unproblematisch. Besonders die Rückfahrt mit dem Rad auf dem Deich nach Wedel ist wegen der frühen Schließzeiten der Sperrwerke an Werktagen für einen Ausflug mit Stadtbesichtigung sehr ungünstig. Um die Krückau zu überqueren, muss man außerhalb der Sperrwerkszeiten einen 20 km langen Umweg bis nach Elmshorn einplanen. Über die Pinnau führt schon in Neuendeich eine Brücke: Umweg 9 km.

Einerlei, ob man mit der Regionalbahn anreist, oder mit dem Fahrrad von Wedel nach **Glückstadt** kommt: In der Altstadt mit Markt und Hafen kann man sich leicht orientieren und findet die steinernen Zeugnisse der Vergangenheit dicht beieinander. 1615 hatte Christian IV. die Stadt mit ihren zwölf sternförmig vom **Marktplatz** abgehenden Straßen befestigen lassen. Mittelpunkt der Stadt ist die Kirche am Markt. Der Bau von 1618 ist die erste nach der Reformation errichtete Kirche Holsteins und wird auf der Turmspitze von

---

Sidebar

S 11

Wedel ⚶ · Rissen ⚶ · Sülldorf ⚶ · Iserbrook ⚶ · **Blankenese** ⚶ · Hochka...

Start
Wedel
S1 alle 10–20 Min.

Radwanderung und Stadtbesichtigung
Wedel – Glückstadt – Marktplatz – Hafenstraße

Länge
ca. 32 km einfach

Rückfahrt
Vom Bahnhof Glückstadt mit **R60** (nicht im HVV) nach Pinneberg oder Altona

Karten ▶ Seite 175 und 143

Sperrwerke
von Pinnau und Krückau:
Öffnungszeiten Mai–Sept.:
Sa, So, Fei: 9–13, 14-18 Uhr
Mo–Mi: ca. 9 – 15.15 Uhr
Do: ca. 9 – 13.45 Uh
Fr: ca. 9 – 12.15 Uhr
Im Winter sind die Sperrwerke durchgehend geschlossen!

Ton Vossbau
Am Altenfeldsdeich 3
25371 Seestermühe
☎ (0 41 25) 3 13
Mo und Mi Sa ab 18, So ab 12 Uhr, Apr.–Sept. auch Sa ab 12 Uhr
In dem alten Dorf Seestermühe zwischen Pinnau- und Krückaumündung gelegen. Regionale Küche mit frischen Produkten.

der Glücksgöttin Fortuna geziert, die eine dänische Königskrone trägt. Die Kirche ist in einem einheitlichen Barock gehalten, ganz in Grau, Weiß und Schwarz. Jünger als die Kirche ist das Rathaus. Es wurde erst 1872 errichtet; allerdings nach dem Muster des Vorgängerbaus aus dem Jahre 1642. Im Stil erinnert es an die Renaissancebauten Christians IV. in Kopenhagen.

Glückstadt

In der **Hafenstraße**, die unter Denkmalschutz steht, hat sich etwas von der alten Glückstädter Mischung erhalten, die eine starke dänische Prägung auszeichnet. Hingewiesen sei auf das Haus Nr. 46, das sich ein königlicher Proviantkommissar im Jahre 1697 bauen ließ. Jetzt beherbergt es eine Galerie. Die Nr. 40 war von Christian eigentlich als königliches Wohnhaus gedacht, dann schenkte er es aber seiner Geliebten Wiebke Kruse. Zwei weitere Bauten aus Glückstadts großer Zeit lohnen wegen ihrer architektonischen Pracht die Besichtigung: Das Palais Brockdorff, Am Fleth 43, 1631 für den dänischen Statthalter und Schwiegersohn Christians IV. errichtet, und das Palais Wasmer in der Königstraße 36, in dem in früherer Zeit das Obergericht für Holstein untergebracht war.

Nicht vom alten Hafen, sondern vom etwas nördlicher gelegenen Anleger startet eine Fähre nach Wischhafen am anderen Elbufer. Die Fahrt dauert nicht einmal eine halbe Stunde. Was wir schmerzlich vermissen, ist eine Fährverbindung nach Hamburg, die sich eigentlich anböte. Aber vielleicht hat Glückstadt immer noch nicht mit der alten Konkurrentin ihren Frieden gemacht.

Touristinformation
Große Nübelstraße 31
25348 Glückstadt
((0 41 24) 93 75 85
www.glueckstadt-tourist-info.de
April–Okt. Tgl. 9–18 Uhr
Nov.–April Tgl. 10–17 Uhr

Detlefsen-Museum
Im Palais Brockdorff
Am Fleth 43
22358 Glückstadt
((0 41 24) 93 76 30
Mi 14–17 Uhr,
(Juni–Aug. 14–18 Uhr)
Do, Sa 14–18 Uhr,
So 14–17 Uhr
Eintritt 2,50
Heimatkundliche Sammlung mit Geschichte des Walfangs

CITY

&

HAFEN

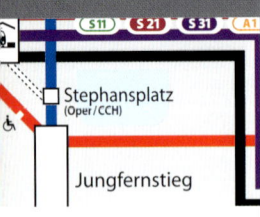

Plattdeutsche Pflanze

**Planten un Blomen heißt Hamburgs meistbe-
suchte Grünanlage. Das ist Plattdeutsch und
heißt Pflanzen und Blumen. Als Hamburger
weiß man das. Und man weiß wahrscheinlich auch, dass sich kein Ausflugsziel der
Stadt so bequem erreichen lässt.**

Planten un Blomen ist heute der Oberbegriff für
den Grüngürtel zwischen Millerntorplatz, Damm-
torbahnhof und Fernsehturm – ein Ausflugsziel
ins Grüne also, das mitten in der Stadt liegt und
daher mit den öffentlichen Verkehrsmitteln aus
allen Richtungen schnell und mühelos zu erreichen ist. Dieser Grüngürtel setzt sich zusammen
aus dem Gelände der im Jahre 1935 veranstalte-
ten Gartenschau Planten un Blomen – quasi dem
Ur-Planten un Blomen – , dem Alten Botanischen
Garten, den Kleinen und den Großen Wallanlagen. Wer heute Planten un Blomen besucht, den
erwartet ein themenreicher, aufwendig gestalteter
Park mit hohen ästhetischen Ansprüchen, zahllosen botanischen Raritäten und Freizeitattrak-
tionen, die anderswo nur gegen hohes Eintrittsgeld zu sehen sind.

Die Vergangenheit des Geländes als Schutz-
wallanlage der alten Stadt Hamburg lässt sich an
manchen Stellen noch erahnen. So am Zugang
Stephansplatz, wo der Blick über einen tief liegenden See schweift, der ein Überrest des einstigen Wallgrabens ist. Heute ist der See malerischer
Mittelpunkt des Alten Botanischen Gartens, besser
wäre: ehemaligen Botanischen Gartens. Attraktion
in diesem Bereich des Parks aber sind die Schau-
gewächshäuser. Anlässlich der internationalen
Gartenbauausstellung des Jahres 1963 errichtet,
gehören sie auch nach vier Jahrzehnten noch zu
den weltweit interessantesten. Sie sind wie das
nahe gelegene – und dem Hobbybotaniker hier
wärmstens empfohlene – Botanische Museum eine
Einrichtung der Universität Hamburg. Der Rundgang durch die einzelnen Gewächshäuser, die

Start
Stephansplatz
U1 alle 5 bis 10 Min.
MetroBus 4 + 5
mind. alle 10 Min.

St. Pauli
U3 alle 5 bis
10 Min.

Stadtausflug
Gewächshäuser –
Japanischer Garten –
Wasserlichtorgel

Planten un Blomen
((0 40) 4 28 54 47 23
Mai–Sept. tgl. 7–23 Uhr
Okt.–April tgl. 7–20 Uhr

Tropengewächshäuser:
März–Okt.
Mo–Fr 9–16.45 Uhr
Sa/So 10–17.45 Uhr
Nov.–Feb.
Mo–Fr 9–15.45,
Sa/So 10–15.45 Uhr
12.45–17.45 Uhr
www.plantenunblomen.
hamburg.de

miteinander verbunden sind, wird zu einer Reise durch mehrere Erdteile und Klimazonen. Gleich zu Anfang, in den Tropen, gerät der Besucher ins Staunen und Schwitzen: Die Pflanzen des tropischen Regenwaldes, unter denen der Weg hindurch führt, scheinen fast das Glasdach des Gewächshauses durchschlagen zu wollen. Tatsächlich täten sie das auch, wären nicht alpinistisch geschulte Gärtner damit beschäftigt, sie regelmäßig zu kappen.

Tropengewächshaus

Ähnlich exotisch ist der Besuch des Japanischen Gartens in Richtung auf den Fernsehturm, der sich ohnehin gut zur Orientierung eignet, weil er den ganzen Park überragt. Allerdings steht der Turm schon nicht mehr auf dem Gelände von Planten un Blomen. Der **Japanische Garten** wurde von dem berühmten Professor Joshikuni Araki im traditionellen japanischen Stil gestaltet. Pflanzen, Steine und Wasser bilden das verkleinerte und stark idealisierte Abbild einer natürlichen Landschaft. Der Garten fügt sich trotz seiner in sich geschlossenen, strengen Form überraschend harmonisch in die Parklandschaft Planten un Blomens ein. Mittelpunkt dieses authentischen Stückes Japan mitten in Hamburg bilden das Teehaus und die beiden Wasserläufe, die in einen stillen Teich münden. Japanische Gartenkunst und Lebensphilosophie werden hier anschaulich.

Ein besonderer Anziehungspunkt ist die **Wasserlichtorgel**. 1935 im Parksee installiert, ist sie bis heute in ihrer Größe und Art der Ausstattung weltweit einzigartig. Die farbigen Wasserlichtkonzerte sind schon seit Generationen ein beliebtes Sommernachtsvergnügen der Hamburger.

Wasserlichtkonzerte
am Parksee
Mai–Aug. tgl. 22 Uhr
Sept. tgl. 21 Uhr

Musikpavillon
Konzerte Mitte Mai bis
Mitte Sept. So ab 15 Uhr

Rein in die Stadt

Nachdem wir nun so oft raus ins Grüne gefahren sind, zum Schluss noch ein Tipp für eine Fahrt in die Stadt – natürlich auch mit den öffentlichen Verkehrsmitteln. Die Linie 112 ist der ideale Bus für eine Sightseeing-Tour durch das Hamburger Zentrum.

Eigentlich ist der 112er ein ganz normaler Linienbus. Er verkehrt zwischen den Stationen Braune Brücke in Hamm und Neumühlen/Övelgönne in Ottensen, verbindet also zwei Stadtteile miteinander, wie sie unterschiedlicher kaum sein können. Touristisch interessant ist die Strecke durch die Innenstadt und nach Övelgönne. Der Vorteil einer Sightseeing-Tour mit dem Linienbus: Man kann einfach aussteigen, die verschiedenen Sehenswürdigkeiten besichtigen und danach mit dem nächsten Bus weiterfahren.

Noch vor dem Einsteigen in den Bus an der Haltestelle Steinstraße lohnt ein Blick auf das schräg gegenüber stehende **Chilehaus** – ein Höhepunkt für Architekturfreunde. Das berühmte Kontorhaus, ein expressionistischer Klinkerbau des Architekten Fritz Höger aus dem Jahre 1924, erinnert in seiner Form an einen Ozeandampfer.

Kaum losgefahren muss der Kunstliebhaber den Bus schon an der nächsten Station Hauptbahnhof/Spitaler Straße wieder verlassen. Die Hamburger Kunsthalle gilt als das bedeutendste Kunstmuseum der Stadt. Sowohl klassische Kunst vom Mittelalter an, als auch Kunst der Gegenwart finden hier in einem kontrastreichen Gebäudekomplex aus klassizistischer Alter **Kunsthalle** und dem Neubau, einem weißen Kubus, einen repräsentativen Rahmen. Sollte Ihnen der Sinn mehr nach Konsum als nach Kunst stehen, so ist dieser Haltepunkt ebenso geeignet. Sowohl in der Spitaler Straße, einer reinen Fußgängerzone, als auch in der benachbarten Mönckebergstraße, einer nur für Busse und Taxis zugelassenen Straße, bietet eine Unzahl verschiedener Geschäfte eine überwälti-

---

Start
Steinstraße
Bus 112
alle 15 Min.
Start: Bushaltestelle
🅄 Steinstraße

Bustour rund um die Innenstadt
Chilehaus – Wallanlagen – Bummeln und Einkaufen – Kunst- und Kulturszene – St. Pauli – Altona

ATG Alster Touristik
Anleger Jungfernstieg
((0 40) 35 74 24 0
www.alstertouristik.de
April–Oktober
Alsterkreuzfahrten,
Alster-Rundfahrten,
Fleet-Fahrten,
Kanal-Fahrten,
Dämmertörn

Hamburger Kunsthalle
Glockengießerwall
((0 40) 4 28 13 12 00
www.hamburger-kunst-halle.de
Di–So 10–18 Uhr,
Do bis 21 Uhr
6 €, ermäßigt 4 € (ohne Sonderausstellungen),
Kinder und Jugendliche bis 18 J. frei

gende Auswahl. Eine besonders schöne Einkaufspassage ist das Levantehaus in der Möckebergstraße, das ehemalige Philipshaus.

Bei der Weiterfahrt führt uns die Route über die **Lombardsbrücke**. Von ihr wird die Wasserverbindung zwischen Binnen- und Außenalster überspannt. Zierde der massigen dreibogigen Brücke sind die gusseisernen Lampenkandelaber mit den Milchglaskugeln, fast schon ein Hamburger Wahrzeichen.

Blick über die Innenstadt

Im Sommer bietet sich ein schöner Ausblick aus den Fenstern des Busses nach rechts über die Außenalster mit ihren vielen kleinen Segelbooten. Links sieht man über die **Binnenalster**, in deren Mitte eine Fontäne aufsteigt, und auf den Jungfernstieg.

An der Haltestelle Ferdinandstor steigt aus, wer sich etwas die Füße vertreten will. Der Weg um die Binnenalster ist eine schöne Flanierstrecke. Eine Umrundung der **Außenalster** fast schon eine Wanderung – und zwar eine ab ins Grüne.

Am Stephansplatz, der nächsten Haltestelle, kommen Technikbegeisterte auf ihre Kosten. Nach fünfminütigem Fußweg bis zum Gorch-Fock-Wall steht man vor dem **Museum für Kommunikation**. Das Motto der Schau lautet: „Vom Wattenläufer zum Internet". Und was wir Heinrich von Stephan, dem Mann, nach der der Platz und damit die Haltestelle benannt ist, alles verdanken, das erfährt man auch in diesem Museum. Der Generalpostmeister hat unter anderem die Telefonzelle, die Postkarte und die Postverwaltung erfunden – alles Dinge, mit denen jeder schon einmal zu tun hatte.

Nur wenige Schritte weiter, in der Dammtorstraße, liegt eine der ersten Adressen der Ham-

Museum für Kommunikation
Gorch-Fock-Wall 1
☎ (0 40) 3 57 63 60
Di–Fr 9–17 Uhr
Sa/So/Fei 10–18 Uhr
3,50 €, ermäßigt 2 €
www.museumsstiftung.de

Museum für
Kommunikation

Hamburgische Staatsoper
Große Theaterstraße 25/
Dammtorstraße 28
☎ (0 40) 35 68 68
Spielplanauskünfte und
Kartenbestellungen
www.hamburgische-
staatsoper.de

**Laeiszhalle (Musikhalle
Hamburg)**
Johannes-Brahms-Platz
☎ (0 40) 34 69 20
Spielplanauskünfte und
Kartenbestellungen
www.laeiszhalle.de

**Johannes-Brahms-
Museum**
Peterstraße 39
☎ (0 40) 41 91 30 86
www.brahms-hamburg.de
Di, Do 10–13 Uhr
und 1. So im Monat
11–14 Uhr
Eintritt 3 €
ermäßigt 2 €

burger Kulturszene. Die **Hamburgische Staatsoper**
ist ein ebenso traditionsreiches wie international
berühmtes Theater der Hansestadt. Fast 330 Jahre
Operntradition und über 30 Jahre John Neumei-
er, der hier als Choreograph und Ballettdirektor
wirkt, bestimmen den Ruf des Hauses.

Vom Stephansplatz aus geht es wieder direkt
ab ins Grüne, nämlich in die herrlich gestaltete
Parkanlage **Planten un Blomen**. Diesem grünen
Juwel mitten in der Stadt, an dem die Strecke des
112er jetzt verläuft, ist ein eigenes Kapitel gewidmet (▸ Seite 182).

Nächste Haltestelle Johannes-Brahms-Platz.
Musikfreunde bitte alle aussteigen! Die Laeiszhalle
schwelgt in neobarocker Pracht und bietet sowohl
klassischen als auch modernen Konzerten einen
prunkvollen Rahmen. Einige Fußminuten weiter
zweigt vom Holstenwall, unserer Busstrecke, die
Peterstraße ab. Die kleine Straße ist fast ein Freilichtmuseum, ein vorbildlich wieder aufgebautes
Gebäudeensemble malerischer Barockhäuser. Das
Haus mit der Nr. 39 ist das **Brahmshaus**. Allerdings wurde der große Komponist hier nicht wie
oft behauptet geboren, – dieses Ereignis fand um
die Ecke in der Speckstraße in einem im II. Weltkrieg zerstörten Haus statt. Der Begeisterung der
Brahmsliebhaber, die hier im Johannes-Brahms-
Museum die zusammengestellten Exponate betrachten, tut das keinen Abbruch.

Ein Museum von anderem Kaliber erwartet
uns an der nächsten Haltestelle. Und der Name
der Station sagt es ja schon: **hamburgmuseum**.
So vielfältig wie die Hamburger Geschichte stellt
sich auch das Museum dar, das diese Geschichte
dokumentieren und bewahren soll. Decksaufbau-
ten eines alten Dampfers und an Umweltgiften
verendete Elbfische, sakrale Kunst des Mittelal-
ters und ein Luftschutzbunker aus der Zeit des
Nationalsozialismus – Höhen und Tiefen der Stadt
werden hier dem Besucher vor Augen geführt.
Publikumsmagnet schon für viele Generationen
romantischer und abenteuerhungriger Kinder: Der
Störtebeker-Schädel mit dem rostigen Original-
nagel, womit der abgeschlagene Kopf des populären Piraten auf dem Grasbrook, dem legendären

Richtplatz am Elbufer, auf einem Pfahl befestigt worden war.

Seit 2007 gibt es eine neue Dauerausstellung „Aufbruch in die Moderne". Darüber hinaus wird der spektakuläre Große Brand von 1842 anschaulich in Szene gesetzt.

Am nächsten Haltepunkt, der U-Bahn **St. Pauli**, beginnt eine Straße, die bei Seeleuten bekannt ist wie keine andere. Natürlich ist von der Reeperbahn die Rede, einer Vergnügungsmeile, die längst nicht mehr so sündig ist, wie sie einst war und heute noch besungen wird. Inzwischen haben sich Kunst und Kultur – meist der etwas schrägen Art – den Kiez erobert.

Bei der anschließenden Fahrt am Alten Elbpark vorbei fordert ein betagter Herr, dem wir schon bei unserem Ausflug nach Friedrichsruh (▶ Seite 76) begegnet sind, noch einmal Respekt: Bismarck. Mächtig thront der Eiserne Kanzler in Sandstein gehauen auf seinem Sockel. An den Landungsbrücken angekommen kann man seinen Weg auf dem Wasser fortsetzen. Die Fähre der Linie 62 nach Finkenwerder über Övelgönne legt hier ab.

Wer auf dem Landweg weiterfährt, kann noch am **Fischmarkt** einen Stopp einlegen. Nach einem Schlenker durch den nicht so schönen Teil von Altona hält der Bus am Bahnhof **Altona**, um uns abzusetzen. Zwar geht die Fahrt noch weiter über das Altonaer Museum und das Altonaer Rathaus, vorbei an Donnerspark und Rosengarten nach Övelgönne mit seinem Museumshafen. Aber das haben wir ja schon bei dem Ausflug am Elbuferweg bis Teufelsbrück (▶ Seite 150) kennen gelernt. Und außerdem sind wir da schon nicht mehr in der Stadt, sondern draußen im Grünen.

hamburgmuseum
Museum für Hamburgische Geschichte
Holstenwall 24
☎ (0 40) 42 81 32 23 80
Di–Sa 10–17 Uhr
So 10–18 Uhr
7,50 €, ermäßigt 4 €, bis 18 J. frei

Weitere Busse für Sightseeing-Touren:
MetroBus 6 + Bus 109 über Rathausmarkt, entlang der Alster nach Winterhude bzw. Havestehude.
SchnellBus 36 über Jungfernstieg und Gänsemarkt, an Planten un Blomen vorbei über die Reeperbahn zum Altonaer Rathaus und die ganze prächtige Elbchaussee hinunter nach Blankenese.

Wallanlagen

Start
Veddel (BallinStadt)
🚆 S 3 oder S 31 alle 5-10
Minuten,
5 Minuten Fußweg

Stadtausflug
Auswandererwelt
BallinStadt

**Auswandererwelt
BallinStadt**
Veddeler Bogen 2
20539 Hamburg
☏ (040) 3 19 79 16-0
www.ballinstadt.de
Tgl. 10–18 Uhr, letzter
Einlass 17 Uhr,
9,80 €
Kinder (5–12 Jahre) 6,50 €
Familienkarte (2 Erw., 2
Kinder) 22 €
Führungen:
Sa/So 10.40, 11.40, 12.40,
14 und 16 Uhr
6 €, Kinder 3 €
Pavillon 3
Souvenirshop und Restau
rant mit Außenterrasse
(kleine Gerichte, Kaffee
und Kuchen)

AUSWANDERERWELT BALLINSTADT

Ab nach Amerika!

**Auf dem Boden der historischen Auswande-
rerstadt auf der Veddel steht heute die BallinStadt. Hier kann man die Geschichten der
Auswanderer nacherleben, die über Hamburg in eine neue und unbekannte Welt
aufbrachen.**

Mit der S 3 oder S 31 geht es bis zur Station Ved-
del-BallinStadt. Von dort sind es fünf Minuten
Fußweg zur Auswandererwelt. Noch interessanter,
aber auch teurer ist es, mit der Hafenbarkasse
anzureisen. Alle zwei Stunden fährt die Maritime
Circle Line ab Landungsbrücke 10 direkt zum Anleger BallinStadt am Ballin-Park.

„Hallo! Ich heiße Maria und wohne in einem
kleinen Dorf in Österreich. Ich bin neun Jahre
alt und habe vor 150 Jahren gelebt, ich wurde
nämlich 1857 geboren. Meine Eltern wollen nach
Amerika ziehen. Sie sagen, dass es dort besser ist.
Aber Amerika ist sehr weit weg...“

So wie Maria mit ihren Eltern und Geschwis-
tern brachen zwischen 1850 und 1939 über fünf
Millionen Menschen von Hamburg aus in eine
neue Heimat auf. Die meisten zog es Richtung
Nordamerika, aber auch Brasilien, Argentinien,
Neuseeland oder Australien waren Ziele. Durch
sprechende Puppen erfahren Besucher der Ausstellung von Träumen, Hoffnungen und Wün-
schen, die die Menschen damals bewegten.

1901 wurden die Auswandererhallen eingeweiht. Albert Ballin, Generaldirektor der Reederei
Hamburg-Amerikanische Packetfahrt-Actienge-
sellschaft (HAPAG) ließ sie für die Emigranten, die
mit den Schiffen der HAPAG befördert wurden,
auf der Veddel bauen. In 30 Gebäuden waren
Schlaf- und Wohnpavillons, Bäder, Speisehallen,
Räume für ärztliche Untersuchungen, Kirchen und
Synagogen untergebracht. Zweck der Auswande-
rerstadt war es, den meist armen Menschen, die
auf ihre Überfahrt warteten, einen sicheren Ort
zur Verfügung zu stellen und die Ausbreitung von

Krankheiten zu vermeiden. Unterkunft und Verpflegung waren im Preis der Passagiertickets enthalten. Die Einrichtungen zeichneten sich für die damalige Zeit durch sehr gute hygienische Verhältnisse aus.

Im Pavillon 1 befinden sich die Kasse und das Familienforschungszentrum. Wer mehr über die Emigrationsgeschichte der eigenen Familie herausfinden möchte, kann hier kostenlos am Computer recherchieren. Es stehen unter anderem die Hamburger Passagierlisten der Schiffe von 1850 bis 1934 und Daten der amerikanischen Volkszählung von 1930 zur Verfügung.

Im Pavillon 2 erfährt man, warum Menschen ihre Heimat verließen und den Start in eine ungewisse Zukunft wagten. Man lernt den Gründer Albert Ballin kennen, und endlich beginnt die große Überfahrt im Auswandererhafen Hamburg.

Schiffsmodell in der Auswandererwelt

Schließlich zeigt die Ausstellung die Ankunft auf Ellis Island, der Einwandererstation im Hafen von New York. Nun kann man die Ankommenden auf ihrem Weg in die neue Heimat begleiten und verfolgen, ob sich Wünsche und Hoffnungen erfüllten. So wie bei Maria, dem Mädchen vom Beginn der Ausstellung: „Hello! Ich bin Maria aus Österreich. Aber jetzt heiße ich Mary. Wir sind tatsächlich ausgewandert. Die Überfahrt dauerte vier Wochen. Das Schiff war schrecklich voll mit Menschen. Obwohl ich es mir zuerst nicht vorstellen konnte, bin ich jetzt doch froh, dass wir nach Amerika ausgewandert sind."

In Pavillon 3 kann man durch rekonstruierte Schlafsäle gehen. Am Ende der Ausstellung erzählen Einwohner des heutigen Stadtteils Veddel, wie es Ihnen als Aus- und Einwanderer geht.

Hafenbarkasse
Ab Landungsbrücke 10 alle zwei Stunden (10 bis 18 Uhr) direkt zum Ballin-Park. Fahrzeit ca. 30 Min. Ab BallinStadt 10.30–18.30 Uhr.
Erwachsene und Kinder ab 7 Jahren: 5 € (2 Kinder bis 6 Jahre pro Erwachsener frei)
((0 40) 31 22 88
www.maritime-circle-line.de

Gut, dass wir nicht zurück fahren müssen.

Sie können Ihr Fahrrad in den U-, S-, A-Bahnen und auf vielen Buslinien sowie den Hafenfähren kostenlos mitnehmen: Mo-Fr vor 6 Uhr, von 9-16 Uhr und ab 18 Uhr, Sa, So und an Feiertagen ganztägig. Auf den Hafenfähren an allen Tagen ganztägig.

Auf allen R-Bahnlinien im HVV ist der Kauf einer HVV-Fahrradkarte zum Preis von 3,50 Euro pro Tag erforderlich. Diese Karte ist den ganzen Tag (ohne Sperrzeiten) für beliebig viele Fahrten gültig.

Infos · Fahrpläne · Service

www.hvv.de

040-19 449

Mehr als ein Ziel